中国語言語学情報 4

于康・張勤 編

テンスとアスペクトⅢ

原著 宋玉柱　　**訳** 張　　勤
　　　于根元　　　　吉川雅之
　　　劉寧生　　　　成田靜香
　　　張暁鈴　　　　于　　康
　　　劉月華　　　　森　宏子
　　　費春元　　　　原田寿美子
　　　徐　丹　　　　一木達彦
　　　戴耀晶　　　　王　占華
　　　張　黎　　　　村松恵子
　　　孔令達　　　　丸尾　誠
　　　斉滬揚　　　　中川裕三
　　　陸儉明　　　　伊藤さとみ
　　　任　鷹

好文出版

まえがき

　言語の中で中国語は、統語構造と意味表現の両者において極めて特徴のある存在であると言っても過言ではなかろう。言語類型学が重要視される今日、中国語における統語構造と意味表現の研究は、今までにもまして注目されつつある。普遍性を有するはずの言語学の理論と方法が中国語の現象も無理なく解釈できるとすれば、普遍性理論を構築する歩みを更に一歩進めたことになる。従って、中国語の研究成果が他の個別言語の特徴の究明や普遍性の帰納、理論の構築などに大きな手がかりを与える可能性は十分にあり得る。

　しかしながら、これまで中国語に関する研究論文や著書は中国語で書かれているものが多く、収集するのも労を要するので、中国語学の研究者以外の方々には殆ど読まれていないのが現状である。そこで、話題性のある中国語研究論文をテーマ毎に編集翻訳し、中国語学以外の研究者にも話題を提供するため、本シリーズを企画した次第である。

　本シリーズは、主に文法範疇と表現性を中心に次のテーマにより構成する。

1　語気詞と語気
2　テンスとアスペクト（Ⅰ）
3　テンスとアスペクト（Ⅱ）
4　テンスとアスペクト（Ⅲ）
5　助動詞・副詞の用法と表現性
6　受動構文と受動表現
7　使役構文と使役表現
8　補語構文とその表現性

　論文の選択編集にあたっては主に于康と張勤が担当するが、中国と日本の中国語研究に携わる方々にも意見を伺っている。選択編集に当たり、著名な学者の論文が必ずしも全て話題性を持つとは限らず、また論文の質に関する判断も個人差があるので、それらは基準とせず、話題性、換言すれば考えさせられる所があれば、選択基準をクリアするものとする。

翻訳作業は2人以上により行い、共同作業で相補うという形を取る。訳者によって個性的なものも見られるが、むしろこれが必要なことと考え、統一は図っていない。

　原著について、一言付け加えておきたい。原著にある術語等は著者によって、また同一著者であっても必ずしも同じ定義で使用されていないこと、また例文の出処の示し方、「注」の付け方、「参考文献」の表示等も著者によって異なる、ということである。原文の主張や特徴を損わない限り、ある程度の調整を加えるが、調整が不可能な場合はそのままにする。また読み手（読者）の便を考慮し、例文に逐次訳と訳文をつけ、節番号を付加した。

　本シリーズの企画と翻訳作業に当たり、言語学、日本語学及び中国語学研究に携わる方々（中国も含む）から激励の言葉を頂戴した。原著者との連絡や著作権の承認などについて、中国中央広播電視大学文法部助教授の任鷹博士から甚大な協力を賜った。ここで厚く御礼を申し上げたい。

　関西学院大学池内記念館で好文出版の尾方敏裕社長と時を忘れて語らったことが本シリーズ出版のきっかけとなった。出版を快諾して下さった後も尾方敏裕氏からは激励の言葉を度々頂いた。尾方敏裕氏の先見の明に敬意を表すると同時に、深く御礼を申し上げる。

編　者

目　次

まえがき／i

1　時間助詞「的」と「来着」について　　　　　　　　　　1
　　宋玉柱　／　訳 張勤・吉川雅之

2　動詞に後続する「着」について　　　　　　　　　　　19
　　于根元　／　訳 成田靜香・于康

3　「着」とそれに関連する2つの動態範疇　　　　　　　47
　　劉寧生　／　訳 森宏子・于康

4　「过」と「了」の関係についての試論　　　　　　　　77
　　張暁鈴　／　訳 原田寿美子・張勤

5　動態助詞「过$_2$」「过$_1$」「了」の用法比較　　　　　95
　　劉月華　／　訳 一木達彦・王占華

6　「着」について　　　　　　　　　　　　　　　　　125
　　費春元　／　訳 村松恵子・于康

7　中国語における「在」と「着（著）」　　　　　　　151
　　徐丹　／　訳 丸尾誠・張勤

8　動詞の後の「着」と「过」に関する意味分析　　　179
　　戴耀晶　／　訳 中川裕三・張勤

9　「着」の意味構造及びその文法的意味　　　　　　213
　　張黎　／　訳 于康・伊藤さとみ

10	言語成分の同一性から見た助詞「过」の帰属問題	231
	孔令達 ／ 訳 森宏子・于康	

11	静態的位置を表す「着」の意味と用法	247
	斉滬揚 ／ 訳 伊藤さとみ・于康	

12	「着 zhe」研究の補足	283
	陸儉明 ／ 訳 于康・伊藤さとみ	

13	静態的存在文における「V了」と「V着」の等価現象	299
	任 鷹 ／ 訳 伊藤さとみ・于康	

索引／317

1 時間助詞「的」と「来着」について

宋玉柱 著
張勤／吉川雅之 訳

1 はじめに

　文法理論においては、「テンス」(あるいは「時制」)と「アスペクト」は異なる文法範疇である。
　現代中国語の品詞において、「了 le」「着 zhe」「过 guo」など幾つかの助詞は、動作またはプロセスが置かれる状態を示すのに用いられるので、「アスペクト」の意味に相当する。ただそれらは形態変化の方式を用いないので、文法範疇とは称さない。だが、その文法的な役割は「アスペクト」の範疇に相当する。例えば、「了 le」は完了相を表す助詞なので、「了 le」を下接する動詞は過去の時間を表す語句においても、現代や将来の時間を表す語句においても用いられ、「テンス」とは異なる存在である。それを「体态助詞／アスペクト助詞」と称しても差し支えはない[1]。
　ところで、現代中国語には、時間を明示する助詞も存在しており、少なくとも「的 de」と「来着 laizhe」の 2 つを挙げることができる。以下では、この 2 つの時間助詞について論じる。

2 時間助詞「的 de」と「来着 laizhe」の共通性

2.1 　現代中国語には、何種類もの「的 de」があるが、それぞれ文法的な特徴が異なるので、別々の品詞に分属されている。その中でよく知られているのは、構造助詞「的 de」と語気詞「的 de」であるが、時間助詞「的 de」はあまり知られていない。時間助詞「的 de」とは次のような用例における「的 de」を指す。

　　（1）哦, 我 忘 了, 老爷 哪 一 天 从 矿 上 回 来 的?《曹禺选集》19页
　　　　　おお, 私 忘れる (了 le), 旦那様 どの 1 日 から 鉱山 帰る 来る (的 de)
　　　　おお、忘れてしまった。旦那様は何日に鉱山から帰ってきたの？
　　（2）你 在 哪儿 学 的 蒸 包子 呀?《老舍剧作选》242页
　　　　　あなた で どこ 学ぶ (的 de) 蒸す 饅頭 (呀 ya)
　　　　あなたはどこで饅頭蒸しを覚えたの？
　　（3）他 昨天 晚上 什么时候 回 来 的?《曹禺选集》20页

1

　　　　　　　彼　昨日　夜　何時　帰る　来る　（的 de）
　　　　　　彼は昨日の夜何時に帰ってきたの？
上記の例における「的 de」はそれぞれの文が述べられている動作が過去の時間において発生したことを明示するものである。このことは次の3点から証明を得ることができる。
　　1）ある文から「的 de」をとってしまうと、動作の時間が変えられてしまう。例えば（1）から「的 de」をとってしまうと、文が述べるのはまもなく起こることになり、将来テンスになってしまう。
　　2）ある文では、「的 de」をとってしまうと、意味が通じなくなる。例えば、（3）から「的 de」をとってしまうと、非文になる。これは時間詞「昨天晩上／昨日の夜」が指すのは過去の時間なのに、「什么时候回来／いつ帰って来る」が将来の時間を指すので、両者が矛盾するからである。時間助詞「的 de」を加えさえすれば、時間詞が表す過去の時間と一致することになる。このように「的 de」の役割は過去テンスを表すことにあるのである。
　　3）「的 de」は将来テンスが明示される文に用いられることが不可能である。例えば、「你明天什么时候回来的?／君は明日何時に帰って来たの」なら、非文である[2]。
　上の3点から分かるように、「的 de」は過去テンスを表す時間助詞である。

2.2　「来着 laizhe」も過去テンスを表す時間助詞であるが、その文法的意味は動作が近い過去において発生したことを表すものである、という考えは前から存在している。例えば、王力氏は『中国現代语法／中国現代語法』と『中国语法理论／中国語法理論』においていずれも「来着 laizhe」を「近過去相（recent aspect）」と称し、「近過去相の着眼点は『過去』ではなく、『近』である」と指摘している[3]。後に、ドラグゥノーフも似通った考えを示し、「語尾『来 lai（着 zhe）』は動作が遠くない過去に属する場合に用いられる」と述べた[4]。このような観点はまだ議論の余地があると考えられる。
　まず、中国語の「了 le」「着 zhe」は「アスペクト（aspect）」に類似する範疇に属するが、「アスペクト（aspect）」と異なり、「来着 laizhe」は時間を明示するだけなので、両者を混同してはならない。
　そして、いわゆる「近過去相」の「近」は明確な時間基準を持たない。これに

1　時間助詞「的」と「来着」について

ついて王力氏は次のように述べている。「いわゆる『近』がいつを指すかは、まったく話者の心理よって決まるものである。話者が出来事の存在はまだ身近にあると強調しようとすれば、昨日や一昨日、ひいては遠い過去の出来事についても『来着 laizhe』と言うことができ」、「話者が（往々にして会話において）近いと思えば、それで使えるのである。」[5] そうすれば、文法的意味を判断する客観的な基準が完全に失われることになる。確かに「来着 laizhe」は行われてあまり経っていない動作の場合に使えるだけではなく、だいぶ前に行われた動作についても使える。例えば：

（4）那会儿, 资本家 怎么 压迫、剥削 咱们 来着, 忘 啦？(北大編《现代汉语虚词例解》229頁)
あの時，資本家 どのように 圧迫する、搾取する われわれ （来着 laizhe），忘れる （啦 la）
あの時、資本家がどのようにわれわれを圧迫し、搾取していたのか、忘れたの？

（5）当日 你 父亲 怎么 教训 你 来着？(《红楼梦》第33回)
昔 君 父親 どのように 教えさとす 君 （来着 laizhe）
昔、君の父親がどのように君を教えさとしていたの？

しかし、以上のような文例において、話者が事柄の発生時間を近い昔のものとして把握しているかどうかは、分かりそうもないことである。

王力氏は更に「你妹妹原有玉来着／君の妹はもともと玉を持っていた」という例を挙げ[6]、次のように述べている。「もし『原／もともと』（『原来／もともと』）と『来着 laizhe』が呼応するなら、純然に過去を表すことになり、事柄の発生の遠近とは関係がない。」実は、「来着 laizhe」はここでその文法的意味を変えているのではなく、やはり動作が過去において行われたことを明示するのである。この場合の「過去」は、近い過去でもよいし、遠い過去でもよいわけで、「近い過去」という問題は存在しない。例えば：

（6）他 刚才 还 在 这儿 来着, 怎么 一转眼 就 不 见 了。(《虚词例解》299頁)
彼 さき まだ 居る ここ （来着 laizhe），どうして 瞬間に すぐ 〜ない 見える （了 le）
彼は先までここにいたのに、どうして急に見えなくなったの？

（7）昨天 家里 问 我 来着 么？(《红楼梦》第65回)

3

昨日　家　尋ねる　私　（来着 laizhe）　（么 me）
昨日家のものは私のことを聞いていたか？

（8）我 前儿 听见 秋纹 说，妹妹 背地里 说 我 来着。（《红楼梦》第82回）

私　おととい　聞こえる　秋紋（人名）　言う，妹　裏　言う　私　（来着 laizhe）

おととい秋紋ちゃんが言っているのを耳にしたけど、そちらは裏で私のことを話していたって？

（9）我们 前几天 还吃 来着，用 桃花 瓣 配 上 新 摘 的 柳树 芽儿。（《曹雪芹》239页）

我々　前　幾日　まだ　食べる　（来着 laizhe），用いる　桃の花　弁　配合する　（上 shang）　新たに　摘む　（的 de）　柳の木　芽

私たちは先日まだ食べていたのよ、桃の花びらに摘んだばかりの柳の芽を和えて。

（10）上个月 重庆 开 会，遇 到 老 吴，他 还 问 你 来着。（《虚词例解》299页）

先月　重慶（地名）　開く　会議，出会う　（到 dao）　さん　呉，彼　また　尋ねる　君　（来着 laizhe）

先月重慶で会議に出たとき、呉さんに出会った。彼はまた君のことを聞いていましたよ。

（11）几年 前，曹 丞相 把 袁 给 灭 了，做 了 冀州牧。在 那 时候，你们 派遣 了 使 臣 去 向 丞相 致贺 来着？（郭沫若《蔡文姬》）

幾年　前，曹　宰相　（把 ba）　袁（苗字）　（给 gei）　滅ぼす　（了 le），なる　（了 le）　冀州牧（官職名），に　あの　時，君たち　派遣する　（了 le）　特使　行く　に　丞相　祝賀を表す　（来着 laizhe）

何年か前、曹宰相が袁を滅ぼして、冀州牧になった。ああいう時に、君たちは特使を派遣して丞相に祝意を表しに行っていたのですね。

上の例に現れる時間は「剛才」から「几年前」までと指す時間は同じではないが、いずれも過去に起こった動作を表すものである。したがって、「来着 laizhe」は過去テンスを表す時間助詞である[7]。

以上の分析で分かるように、助詞「的 de」「来着 laizhe」は動作が発生した過去テンスを明示する時間助詞である。では、この２つの時間助詞はどんな違いを持っているのであろうか。これが本論が明らかにしようとする規則である。

3 「的 de」「来着 laizhe」の違い

「的 de」と「来着 laizhe」の違いについて、以下のいくつかの角度から考察を加えることができる。

3.1 文法役割における両者の違い

「的 de」と「来着 laizhe」ではそれぞれ強調する成分が異なるが、これは、次の例文を比較することではっきりする。

（a）我 早晨 七点钟 吃 的 早饭。
　　　僕　朝　七時　食べる　(的 de)　朝ご飯
　　僕は朝七時に朝食を食べたのだ。

（b）我 早晨 七点钟 吃 早饭 来着。
　　　僕　朝　七時　食べる　朝ご飯　(来着 laizhe)
　　僕は朝七時に朝食を食べていた。

（a）が強調したのは時間が「朝7時」だということであるのに対し、（b）が強調したのは「朝食を食べる」という動作である。このことは両例文の文法的なストレスの違いから証明を得ることができる（﹏﹏は文法的ストレスを示す）。

上記の例から次のことが言える。時間助詞「的 de」を伴う文（以下「的」構文と略称する）が強調する成分は一般的に述語の前の成分――連用修飾語、主語である。それに対して、時間助詞「来着 laizhe」を伴う文（以下「来着」構文と略称する）が強調するのは動作そのものであり、述語と（目的語があれば）目的語を含める成分である。

連用修飾語は、さまざまな意味類型に分類できるので、「的」構文が強調する連用修飾語もその意味類型から言えば、さまざまなものがある。例えば：

(i) 方法や動作様式を強調するもの

(12) 鲁贵：你 怎么 进 来 的？
　　　鲁大海：铁门 关 着，叫 不 开，我 爬 墙 进 来 的。(《曹禺选集》117页)

　　　鲁贵：　おまえ　どのように　入る　来る　(的 de)
　　　鲁大海：鉄門　閉める　(着 zhe)，呼ぶ　～ない　開ける，僕　はいあがる　塀　入る　来る　(的 de)

　　　鲁贵：おまえはどのようにして入ってきたの？
　　　鲁大海：鉄門が閉めてあって、どう呼んでも開かないので、塀によじ

登って入ってきたのよ。
（ⅱ）場所を強調するもの
（13）你 在 哪儿 学 的 蒸包子 呀？（《老舍剧作选》242页）
　　　君 で どこ 学ぶ （的 de）饅頭蒸し （呀 ya）
　　　君はどこで饅頭蒸しを学んだの？
（14）十几年 不见，他 从 哪儿 钻 出 来 的？（《人民文学》1980年第3期74页）
　　　十何年 ～ない 見かける，彼 から どこ 通り抜ける 出る 来る （的 de）
　　　十何年会わなかったが、あいつどこから出てきたの？
（15）跑 什么，哪儿 学 来 的 这些 野相？（《曹禺选集》332页）
　　　走る なに，どこ 習う 来る （的 de）これら しつけの悪い格好
　　　なんで走りやがる？どこからそんなしつけの悪いまねを覚えてきたんだ？
（ⅲ）時間を強調するもの
（16）占姐 丢 了？有 这 等 事？什么时候 丢 的？（《曹雪芹》58页）
　　　占姐 見失う （了 le）？ある この ような こと？いつ 見失う （的 de）
　　　占姐が見失った？そんなことがあるの？いつ見失ったの？
（17）你 什么时候 种 的？还乡团 打 回 来 的那 一 年 你 种 的 吧？（《小说月报》1980年第4期44页）
　　　君 いつ 植えた （的 de）？還郷団 攻撃する 帰る 来る あの 1 年 君 植える （的 de）（吧 ba）
　　　君いつ植えたの？還郷団が攻撃して帰ってきたあの年に植えたのか。
（18）大孩子 就 放 在 周公馆，刚 生 的 孩子 她 抱 在 怀里，在 年 三十 夜 里 投 河 死 的。（《曹禺选集》61页）
　　　上の子ども （就 jiu）預ける に 周公馆，～たばかり 生まれる （的 de）子ども 彼女 抱く に 胸中，に 大晦日 夜 中 飛び込む 川 死ぬ （的 de）
　　　彼女は上の子を周公館に預け、生まれたばかりの子を胸に抱き、大晦日の夜に川に身を投じて死んだのだ。
（ⅳ）原因を強調するもの
（19）你 可 记得，他 为什么 处死 的？（《曹雪芹》194页）
　　　君 （可 ke）覚えている，彼 なぜ 処刑する （的 de）
　　　君は覚えているか、彼がなぜ処刑されたということを？

6

このほかに、また対象を強調するもの(「为妹妹拿的/妹のためにとったのだ」)、方向を強調するもの(「我眼瞅着他往村外走的/彼が村の外へ歩いて行ったのをこの目で見たのだ」)などがある。要するに、各種の連用修飾語がいずれも「的」構文において強調されることが可能である。

「的」構文が主語を強調する例は以下の通りである。

(20) 谁 告诉 你 的?(《曹禺选集》30頁)
　　　誰　教える　君　(的 de)
　　　誰が君に教えたのか。

(21) 周朴园:谁 指使 你 来 的?
　　　鲁侍萍:命. 不 公平 的 命 指使 我 来 的。(同上64頁)
　　　周朴園:　誰　指図する　君　来る　(的 de)
　　　鲁侍萍:　運命,～ない 公平　(的 de)　運命 指図する 私 来る　(的 de)
　　　周朴園:誰の指図で来たの?
　　　鲁侍萍:運命だ。不公平な運命が私を来させたのだ。

(22) 四凤 给 老爷 拣 的 衣裳,四凤 不 会 拿?(同上48頁)
　　　四鳳　に　旦那様　選ぶ　(的 de)　服,四鳳　～ない　～はずだ　取る
　　　四鳳が旦那様ために服を片づけたのだから、彼女が持っていったということはない?

(23) 太太 要 您 来 的?(同上87頁)
　　　奥様　～させる　あなた　来る　(的 de)
　　　奥様が来させたのですか。

そのほかに、「昨天晚饭我们吃的面汤/夕べの晩ご飯は私たちが食べたのはかけそばだ」のように、「的」構文は目的語を強調することもできるが、このタイプの文は多くはない。これについては、後で検討し、ここでは詳しく述べない。

上で述べたように、「的」構文の役割と異なって、「来着」構文が強調するのは連用修飾語や主語ではなく、述語と目的語を伴う場合はその目的語を含める動作そのものである。このことは先述の対照からすでに明らかになっているのであるが、さらにいくつかの例を挙げよう。

(24) 您 看见 来着?(《曹禺选集》15頁)
　　　あなた　見かける　(来着 laizhe)
　　　あなたが見かけたの?

(25) 前儿 还 特特的 问 他 来着 呢。(《红楼梦》84回)

7

おととい　まだ　わざわざ　たずねる　彼　(来着 laizhe)　(呢 ne)
おとといまだ彼のことを尋ねていたのよ。
(26) 你 听见 二爷 睡梦 中 和 人 <u>说话 来着</u> 么?(《红楼梦》109回)
あなた　耳にする　二爺　夢　中　と　人　話をする　(来着 laizhe)　(么 me)
二爺が夢で人と話をしていたのを耳にしたか?
(27) 我 不 在 家, 你 半夜 才 回 来, 你 <u>干 什么 来着</u>?(《曹禺选集》9页)
わたし　~ない　いる　家, 君　夜中　やっと　帰る　~て来る, 君　する　なに　(来着 laizhe)
私が家にいなかった時に、君は夜中になって家に帰ってきたそうだが、なにをしていたの?

指摘しておかなければならないのは、いつも文末に位置する時間助詞「来着 laizhe」は、主語と述語、目的語が揃う構文においては、それは常に述語と目的語との構造に附くものであり、目的語に附くものではないことである。このことは次の2文の対比からもはっきり読み取ることができる。
　(A)　昨天 晚饭 你们 吃 <u>的</u> 什么?
　　　　昨日　晩ご飯　君たち　食べる　(的 de)　なに
　　　　昨日の晩ご飯は君たちはなにを食べたの?
　(B)　昨天 晚饭 你们 吃 什么 来着?
　　　　昨日　晩ご飯　君たち　食べる　なに　(来着 laizhe)
　　　　昨日の晩ご飯は君たちはなにを食べていたの?
「来着 laizhe」が述語と目的語の構造の全体に被さっているもので、それによって強調されるのは述語と目的語を含める完全な動作である。

3.2　使用条件上の違い

「的 de」と「来着 laizhe」の使用条件の違いについて、ここでは主に述語動詞の性質から観察した場合、以下の注意すべき点に気づく。
　(Ⅰ)「来着 laizhe」は非一回性動詞とだけ共起することができ、一回性動詞と共起することができない。それに対して、「的 de」はどちらの動詞とも共起することができる。
　動詞の中には、例えば、「生／生まれる」「死／死ぬ」「参加（革命）／（革命に）参加する」「上（大学）／（大学に）上がる」「入（党）／（党に）入る」のように、それが表す動作が、主語によって示される人物にとって一回しか発生せ

ず、繰り返して発生することが不可能なものがある。このような動詞は「一回性動詞」と呼ぶことができる。また動詞の中には、主語が示す人物にとって繰り返し発生することができるものがある。「吃（饭）／（ご飯を）食べる」「洗（脸）／（顔を）洗う」「写（字）／（字を）書く」などがそういう動詞であるが、これらは「非一回性動詞」と呼ぶことができる。

時間助詞「来着 laizhe」は非一回性動詞と共起することができるが、一回性動詞とは共起することができない。例えば：

Ａグループ
(28) 今天 早晨 七点钟 我 吃 早饭 来着。
　　　今日 朝 7時 私 食べる 朝ご飯 （来着 laizhe）
　　　今日の朝7時に私は朝ご飯を食べていた。
(29) 昨天 这 时候 我 洗 脸 来着。
　　　昨日 この 時 私 洗う 顔 （来着 laizhe）
　　　昨日のこの時、私は顔を洗っていた。
(30) 今天 上午 我 在 家 写 文章 来着。
　　　今日 午前 私 で 家 書く 文章 （来着 laizhe）
　　　今日の午前私は家で文章を書いていた。

Ｂグループ
(31) *我 1933年 生 来着。
　　　私 1933年 生まれる （来着 laizhe）
　　　私は1933年に生まれていた。
(32) *去年 他 死 来着。
　　　去年 彼 死ぬ （来着 laizhe）
　　　去年彼は死んでいた。
(33) *抗战 后期 我 参加 革命 来着。
　　　抗日戦争 後期 私 参加する 革命 （来着 laizhe）
　　　抗日戦争後期に私は革命に参加していた。

上のＡグループは動詞がみな非一回性動詞なので、文として成立するが、Ｂグループは動詞が一回性動詞なので、非文となる。

時間助詞「的 de」は、使用において「来着 laizhe」のような制限がなく、非一回性の動詞、一回性の動詞のいずれとも共起することができる。例えば：

Ａグループ

(34) 我 早晨 七点钟 <u>吃</u> <u>的</u> 早饭。
　　　　私　朝 7時　食べる　(的 de)　朝ご飯
　　　　私は朝7時に朝ご飯を食べたのだ。

(35) 他 在 火车站 <u>洗</u> <u>的</u> 脸。
　　　　彼　で　駅　洗う　(的 de)　顔
　　　　彼は駅で顔を洗ったのだ。

(36) 你 什么时候 <u>写</u> <u>的</u> 这篇 文章?
　　　　あなた　いつ　書く　(的 de)　この　文章
　　　　あなたはいつこの文章を書いたのか?

Bグループ

(37) 我 1933年 <u>生</u> <u>的</u>。
　　　　私　1933年　生まれる　(的 de)
　　　　私は1933年に生まれたのだ。

(38) 他 1978年 <u>死</u> <u>的</u>。
　　　　彼　1978年　死ぬ　(的 de)
　　　　彼は1978年に死んだのだ。

(39) 小李 解放后 <u>参加</u> <u>的</u> 革命工作。
　　　　李さん　解放後　参加する　(的 de)　革命仕事
　　　　李さんは解放後革命仕事に参加したのだ。

(40) 你 什么时候 <u>上</u> <u>的</u> 大学?
　　　　あなた　いつ　上がる　(的 de)　大学
　　　　あなたはいつ大学に上がったのか。

Aグループは非一回性動詞で、Bグループは一回性の動詞であるが、「的 de」はそのいずれとも共起することができ、上の例文はみな成立する。

（Ⅱ）「的」構文の述語になるのは動作動詞だけで、非動作動詞は「的」構文に入ることができない。それに対して「来着」構文の述語には、動作動詞も非動作動詞もなることができ、制限が存在しない。次の例を比較してみよう。

Aグループ

(41) a 我们 昨天 <u>洗澡</u> 来着。
　　　　　私たち　昨日　風呂に入る　(来着 laizhe)
　　　　　私たちは昨日風呂に入っていた。
　　　b 我们 昨天 洗 <u>的</u> 澡。

　　　　　　私たちは　昨日　(洗澡=風呂に入る)　(的 de)　(洗澡=風呂に入る)
　　　　　　私たちは昨日風呂に入ったのだ。
(42) a　他 前天 <u>去</u> <u>的</u> 图书馆 来着。
　　　　　　彼　一昨日　行く　(的 de)　図書館　(来着 laizhe)
　　　　　　彼は一昨日図書館に行っていた。
　　　b　他 前天 <u>去</u> <u>的</u> 图书馆。
　　　　　　彼　一昨日　行く　(的 de)　図書館
　　　　　　彼は一昨日図書館に行ったのだ。

Bグループ

(43) a　他 刚才 在 这儿 <u>坐</u> <u>着</u> 来着。
　　　　　　彼　さき　に　ここ　座る　(着 zhe)　(来着 laizhe)
　　　　　　彼はさきここに座っていた。
　　　b　*他 刚才 在 这儿 <u>坐</u> <u>着</u> 的。
　　　　　　彼　さき　に　ここ　座る　(着 zhe)　(的 de)
　　　　　　彼はさきここに座っていたのだ。
(44) a　当时 你 <u>在</u> 哪儿 来着?
　　　　　　当時　あなた　いる　どこ　(来着 laizhe)
　　　　　　当時あなたはどこにいたか。
　　　b　*当时 你 <u>在</u> 的 哪儿?
　　　　　　当時　あなた　いる　(的 de)　どこ
　　　　　　当時あなたはどこにいたのか。

　Aグループの例文の動詞は動作動詞であり、「的」構文も「来着」構文も成立する。Bグループでは、動詞が非動作動詞なので、「来着」構文だけ成立し、「的」構文は成立しない。
　従って、存在を表す存現構文は、過去時を明示するには、「来着 laizhe」だけ附加することができ、「的 de」を付けることができない。比較してみよう。

(45) a　上午 桌子 上 放 着 一 本 书 <u>来着</u>。
　　　　　　午前　机　上　置く　(着 zhe)　1　冊　本　(来着 laizhe)
　　　　　　午前机の上に本が1冊置いてあった。
　　　b　*上午 桌子 上 放 (着) <u>的</u> 一 本 书。
　　　　　　午前　机　上　置く　(着 zhe)　(的 de)　1　冊　本
　　　　　　午前机の上に本が1冊置いてあったのだ。

3.3 否定形式における違い

「的」構文と「来着」構文は否定形式においても違いが存在する。
「的」構文の否定形式は主に強調しようとする成分の前に「不是」を付ける形をとる。例えば：

(46) 我 <u>去年</u> 来 <u>的</u> 天津。
　　　私　去年　来る　(的 de)　天津
　　　私は去年天津に来たのだ。
　　　否定形式 → 我 <u>不是</u> <u>去年</u> 来 <u>的</u> 天津。
　　　　　　　　私　～ない　(是 shi)　去年　来る　(的 de)　天津
　　　　　　　私は去年天津に来たのではない。

(47) 老王 上个月 结 <u>的</u> 婚。
　　　王さん　先月　(<u>结婚</u>＝結婚する)　(的 de)　(<u>结婚</u>＝結婚する)
　　　王さんは先月結婚したのだ。
　　　否定形式 → 老王 <u>不是</u> <u>上个月</u> 结 <u>的</u> 婚。
　　　　　　　　王さん　～ない　(是 shi)　先月　(<u>结婚</u>＝結婚する)　(的 de)
　　　　　　　　(<u>结婚</u>＝結婚する)
　　　　　　　王さんは先月結婚したのではない。

(48) <u>我</u> 写 <u>的</u> 第一章，(他 写 <u>的</u> 第二章。)①
　　　私　書く　(的 de)　第 1 章
　　　私が第 1 章を書いたので、(彼は第 2 章を書いたのだ。)
　　　否定形式 → <u>不是</u> <u>我</u> 写 <u>的</u> 第一章。
　　　　　　　　～ない　(是 shi)　私　書く　(的 de)　第 1 章
　　　　　　　私が第 1 章を書いたのではない。

(49) <u>太太</u> 叫 我 来 <u>的</u>。
　　　奥さん　～させる　私　来る　(的 de)
　　　奥さんが私を来させたのだ。
　　　否定形式 → <u>不是</u> <u>太太</u> 叫 我 来 <u>的</u>。
　　　　　　　　～ない　(是 shi)　奥さん　～させる　私　来る　(的 de)
　　　　　　　奥さんが私を来させたのではない。

否定形式の場合において強調される成分の前に「不是」が付けられるので、

---

① 訳者注：下線は訳者による。逐語訳は下線部のみを示す。

「的」構文の肯定形式の場合も強調される成分の前に「是」が付けられることがある。その場合結果的には、文は1種の「是……的」構文となる。例えば：

(50) 侍萍：你 这 手枪 是 哪儿 弄 来 的？
　　 鲁大海：从 矿 上 带 来 的。(《曹禺选集》82页)
　　　 侍萍：あなた この ピストル （是shi） どこ 入手する 来る （的de）
　　　 鲁大海：から 鉱山 （上shang） 持つ 来る （的de）
　　　 侍萍：あなたのピストルはどこで入手したの？
　　　 鲁大海：鉱山から持ってきたのだ。

(51) 小妞子 是 去年 今天 死 的，(《老舍剧作选》32页)
　　　 小妞子 （是shi） 去年 今日 死ぬ （的de）
　　　 小妞子は去年の今日死んだのだ。

(52) 是 你 引诱 的 我！(《曹禺选集》45-46页)
　　　 （是shi） あなた 誘惑する （的de） 私
　　　 あなたが私を誘惑したのだ！

「来着」構文は否定形式がないため、否定の意味を表すには、動詞の前に否定副詞「没有meiyou」をつけ、同時に「来着laizhe」を外すことで表現するほかない。すなわち「没有meiyou」と「来着laizhe」は同一の文に現れることができないわけである。比較してみよう。

(53) 你 刚才 说 什么 来着？
　　　 我 没有 说 什么。
　　　 あなた さき 話す なに （来着laizhe）
　　　 私 〜なかった 話す なに
　　　 あなたはさきなにを話していたの？
　　　 別になにも言わなかったよ。

(54) 昨天 上午 你 在 家 念书 来着？
　　　 昨天 上午 我 没有 在 家里 念书。
　　　 昨日 午前 あなた で 家 読書する （来着laizhe）
　　　 昨日 午前 私 〜なかった で 家 中 読書する
　　　 昨日の午前あなたは家で読書していたの？
　　　 昨日の午前私は家で読書していなかった。

3.4 文中での位置の違い

「的 de」と「来着 laizhe」は文中での位置が同じではない。一般の「的」構文において「的 de」は常に述語動詞の後に附くが、目的語を伴う場合は、述語の後、目的語の前に位置する。例えば：

(55) 你 昨天 晚上 什么 时候 回 来 的?（《曹禺选集》20頁）
　　あなた 昨日 夜 いつ 帰る 来る （的 de）
　　あなたは夕べいつ帰ってきたの？

(56) 你 从 哪儿 听 的 这些 闲话?（同上312頁）
　　あなた から どこ 聞く （的 de） これら 文句
　　あなたどこからそんな文句を聞いたの？

「是」を伴う「的」構文であれば、「的 de」は述語動詞の後と文末の2つの位置が可能である。例えば：

(57) 是 你 引诱 的 我!（《曹禺选集》45-46頁）
　　—— 是 你 引诱 我 的!
　　（是 shi） あなた 誘惑する （的 de） 私
　　—— （是 shi） あなた 誘惑する 私 （的 de）
　　あなたが私を誘惑したのだ！
　　—— あなたが私を誘惑したのだ！

(58) 我 是 去年 春天 买 的 这 本 书。
　　—— 我 是 去年 春天 买 这 本 书 的。
　　私 （是 shi） 去年 春 買う （的 de） この 冊 本
　　—— 私 （是 shi） 去年 春 買う この 冊 本 （的 de）
　　私は去年の春にこの本を買ったのだ。
　　—— 私は去年の春にこの本を買ったのだ。

上掲の例文がみなそうであるように、「来着 laizhe」の位置はふつうは文末である。もちろんその後に語気詞が現れることはある。例えば：

(59) 你 听见 二爷 睡梦 中 和 人 说话 来着 么?（《红楼梦》第109回）[8]
　　あなた 耳にする 二爺 夢 中 と 人 話をする （来着 laizhe） （么 me）
　　二爺が夢で人と話をしていたのを耳にしたか。

(60) 前儿 还 特特的 问 他 来着 呢。（同上第84回）
　　おととい まだ わざわざ たずねる 彼 （来着 laizhe） （呢 ne）
　　おとといまだわざわざ彼のことを尋ねていたのよ。

14

もし目的語が比較的に長くてしかもフレーズの場合は、「来着 laizhe」は述語動詞の後に置くこともできる。ただこの場合は、述語と目的語との間にポーズがなければならない。例えば：

(61) 老太太 吩咐 来着，不要 旁人 进 屋 里 来。(《曹雪芹》81页)
　　　老婦人 言いつける （来着 laizhe)，〜ない ほしい 他の人 入る 部屋 中 来る
　　老太太が言いつけていたよ。他の人が部屋に入らないようにと。

(62) 他 和 我 说 来着："早知担 了 个 虚名，也 就 打 正经 主意 了。"(《红楼梦》第109回)
　　　彼 と 私 話す （来着 laizhe)："早く 知る 背負う （了 le) 個 虚名，も （就 jiu) 立てる まともな 定見" （了 le)
　　彼は私に話していた。「早くから虚名を背負ってしまうことを知っていたら、まともに腹が決まっていたのに」と。

4 「的₂」

「的 de」を伴う文の中で、その「的 de」の文法的な意味が上述の「的 de」と異なる文が存在する。例を見よう。

(63) 你，你 跟 江泰 闹 的 什么 把戏？(《曹禺选集》299页)
　　　君，君 と 江泰 やる （的 de) なに たくらみ
　　君、君は江泰となにをたくらんでいるの？

(64) 你提人家干嘛？问 你 画 的 什么？(《相声集》129页)
　　　聞く 君 描く （的 de) なに
　　君が他人様のことを話してどうするんだ？君がなにを描いているかを聞いてるんだぞ。

(65) 你们 过 的 什么 节？(《曹禺选集》335页)
　　　君たち 過ごす どんな 節句
　　君たちはどうやって節句を過ごしているのだ？

(66) 老太爷怎么样？这 摆 的 什么 阔气？（同上336页）
　　　これ 〜そぶりを示す （的 de) なに 豪勢なふるまい
　　旦那様はいかがですか。こんな豪勢なふるまいをしてどうするんですか。

(67) 过 的 什么 革命化 春节？搞 的 什么 "开门红"？！(《人民文

学》1979年第11期）

　　　過ごす　（的 de）　なに　革命化　春節？やる　（的 de）　なに　"よいスタート"
　　なんの革命化春節を過ごしているの？なんの「よいスタート」をきるの？

(68) 四凤，你到厨房去看一看，<u>看看给老爷做的什么素菜</u>。(《曹禺选集》24页)

　　　見る　見る　に　旦那様　つくる　（的 de）　なに　精進料理
　　四鳳、厨房に行って、旦那様にどんな精進料理をつくっているのか、ちょっと見て来なさい。

　以上の例文における「的 de」は過去を表すものではないので、上述の時間助詞「的 de」とは異なるものである。例えば、(66)の「这摆的什么阔气？／こんな豪勢なふるまいをしてどうするんですか」はその場で問い詰めている場面なので、過去かどうかの問題が存在しない。(67)の「看看给老爷做的什么素菜／旦那様にどんな精進料理をつくっているのか、ちょっと見て来なさい」も料理がすでにできているのではなく、ちょうどつくられている最中の可能性もある。時間助詞「的 de」と区別するために、この「的 de」を「的₂」と称することにする。

　「的₂」のある文は、明らかに２つの特徴を持つ。１つは、目的語が疑問詞「什么／なに」か、「什么／なに」に修飾される成分であること、もう１つは、「的₂」の後に「是 shi」を附加して全文を判断文に変えることができることである。例えば(63)は「你跟江泰闹的是什么把戏？／君は江泰とやっているのはどんなたくらみだ？」とすることができる。このほかに、このタイプの文にはよく詠嘆語気または疑問語気が伴われるが、陳述語気は極稀にしか現れてこない。

　（「是 shi」の附加が可能だという）２つ目の特徴からすれば、「的₂」は構造助詞「的 de」と非常に類似するようであるが、「的₂」は明らかに語気を示す働きを持っており、これは構造助詞にはない働きである。このように「的₂」は非常に変わった助詞なので、その文法的意味と帰属の問題（性質の問題）は更なる研究を待たなければならない。

5　「来着₂」

　「的₂」の場合と同様に、「来着 laizhe」の用法においてもふつうの「来着 laizhe」と異なるものが存在している。例を見よう。

(69) 今儿个 是 什么 日子 来着？（京剧《桃花扇》）
　　　今日　（是 shi）　なに　日　（来着 laizhe）
　　　今日はどんな日でしたっけ？
(70) 你 老家 是 什么地方 来着？
　　　あなた　故郷　（是 shi）　どこ　（来着 laizhe）
　　　故郷はどこだったっけ？
(71) 第 一 句，是 什么 词 来着．(《相声集》8頁）
　　　第 1 句，（是 shi）　どんな　単語　（来着 laizhe）
　　　最初の文はどんな単語でしたっけ？
(72) 莫非 她 在 这儿，怎么 说 来着？啊，体验 生活 哪？(《老舎剧作选》179頁）
　　　～ではなかろうか　彼女　で　ここ，どのように　言う　（来着 laizhe)？　そう
　　　体験する　生活　（哪 na)
　　　ひょっとしたら彼女はここで、あれ、なんと言うの？そうだ、生活を体験しているのじゃない？
(73) 老太太听了骂道："这小蹄子！偏说我今儿肯花钱，我 哪 天 不 肯 花 钱 来着？"(《曹雪芹》126頁）
　　　私　どの日　～ない　すすんで～する　使う　金　（来着 laizhe)
　　　老婦人は聞いて叱った。「この小蹄子め！何でまた私が今日気前がいいと言うんだい、私はいつけちけちしたことがある、ていうんだ？」

　この種の用法の「来着 laizhe」においては、過去を表す働きが明確なものではない。(69) は「今儿个／今日」のことを言っているのであるから、当然現在時なのに、「来着 laizhe」が用いられている。また (70) は「老家／故郷」のことを問題にしているので、時間上の変化があり得ないが、やはり「来着 laizhe」が使われている。

　以上の用例を観察すれば、ある特徴が明らかになってくる。すなわち、以上の用例中の「来着 laizhe」はみな省くことができ、その場合は、語気において何らかの影響があっても、文の意味にとっては大した影響はない。(時間助詞「来着 laizhe」は決して省くことができず、省いてしまったら、非文となる。) 従って、「来着₂」は語気詞の 1 種であると考えられる。

　（筆者付記：邢公畹先生は本文の初稿を査読してくださり、張宝敏氏からは多くの用例を提供していただいた。ここに感謝の意を表したい。）

注

1）呂叔湘編『現代漢語八百詞／中国語用例辞典』のように、それを「動態助詞」と称する文法書もある。しかしこの種の助詞は動詞の後だけではなく、形容詞の後にも用いられるので、「動態」はテクニカル・タームとしてその働きを概括することができない嫌いがある。
2）ドラグゥノーフ『現代漢語語法研究／現代中国語文法研究』（中訳本）p.91 を参照すること。
3）王力『中国語法理論／中国文法理論』（上）p.292。傍点は原著にあったものである。
4）ドラグゥノーフ『現代漢語語法研究／現代中国語文法研究』p.119。
5）『中国現代語法／中国現代文法』（上）p.322。
6）同上、p.323。
7）呂叔湘編『現代漢語八百詞／中国語用例辞典』では、「文中に時間詞がなければ、『来着 laizhe』の文はふつう近い過去に起こったことを指す」（p.312）と指摘しているが、これは正しい。しかしこれによって「来着 laizhe」から「近い過去」という文法的意味を帰納することはできない。なぜなら上の用例によってすでに明らかになったように、「来着 laizhe」はさまざまな時間語句と共起することができ、両者の間は一致するものだからである。
8）『現代漢語八百詞／中国語用例辞典』は、「『来着 laizhe』は文中に『誰／誰、什么／なに』がある特定疑問文にしか用いられ、一般疑問文には使えない」とし、「他发言来着吗？／彼は発言していたの？」のような文は規範的ではないと考えている（p.312）。このような考え方は言語事実に合わない。実際は、「来着 laizhe」は YES-NO 疑問文に用いられるのである。本例の他に次の用例もある。「昨天家里問我来着么？／昨日家の者は私のことを聞いていたか？（『紅楼夢』65 回）」「您看見来着？／あなたが見かけていたの？（『曹禺選集』p.15）」「在那時候，你们派遣了使臣向丞相致賀来着？／ああいう時に、君たちは特使を派遣して丞相に祝意を表しに行っていたのですね？（郭沫若『蔡文姫』）」

原文：「関於時間助詞"的"和"来着"」，中国語文，1981年第4期

2 動詞に後続する「着」について

于根元 著

成田靜香／于康 訳

　現代中国語において、動詞の後に「着zhe」①が付くかどうかは、語順と関係があると見られる。以下の例を見てみよう。
　（1）我 在 大门口 坐 着。②
　　　　私　で　正門　坐る　（着zhe）③
　　　　私は正門のところで坐っている。
　（2）我 等 在 大门口。
　　　　私　待つ　で　正門
　　　　私は正門のところで待っている。
　（3）我 坐 在 大门口 等 着。 1)
　　　　私　坐る　で　正門　待つ　（着zhe）
　　　　私は正門のところで待っている。
　（4）衣服 在 铁丝 上 挂 着。
　　　　服　で　鉄線　上　掛ける　（着zhe）
　　　　服が鉄線に掛かっている。
　（5）衣服 晾 在 铁丝 上。
　　　　服　干す　で　鉄線　上
　　　　服が鉄線に（掛けて）干されている。
　（6）衣服 挂 在 铁丝 上 晾 着。
　　　　服　掛ける　で　鉄線　上　干す　（着zhe）
　　　　服が鉄線に掛けて干されている。

---

① 訳者注：ローマ字は中国語の発音を示したものである。
② 訳者注：用例中、(69)、(70)、(77)～(80)、(82)以外の下線は訳者による。用例文末の句読点は訳者が適宜補ったものである。
③ 訳者注：相当する表現が日本語にないものは原漢字を示す。

上の例では、動詞が「在zai＋方位・場所を表す語句」①の後に置かれた場合（以後、略して「後置」とする）、その後に「着zhe」が付いているが、「在zai＋方位・場所を表す語句」の前に置かれた場合（以後、略して「前置」とする）、その後に「着zhe」は付いていない²⁾。この問題を分析するため、まず、この現象と関係のある、歴史的な状況を以下に見ることとする。同時に、現代中国語と近代中国語における動詞の後の「着zhe」の使用上の差違をも分析する。

　古代中国語においては、動詞が「于yu」②によって構成される方位・場所を表す前置詞フレーズの後に置かれることは極めて希であって、ほとんどその前に置かれた。その後、中古中国語の口語から、次第に、動詞が前置詞フレーズの後に置かれることが多くなった³⁾。敦煌変文③は早期口語の早いものであると言える。王重民ほか編『敦煌変文集／敦煌変文集』（人民文学出版社、1957）は校記・付録を除いた字数がほぼ50万字あまりである。そこでは、「在zai」の「于yu」からの分化がさらに進んでおり、動詞の前置・後置は併用され、前置がなお多い。前置が約150例、後置が約100例見られる⁴⁾。前置と後置の比率が3対2である⁵⁾。後置のものは、たとえある文の後文であっても、「着zhe」が付いていない。例えば：

　（7）故 来 入 寺 听 经, 在 善法堂 前 坐,

　　　　　　　　　　　　（『敦煌変文集』巻2 「廬山遠公話」p.183）④
　　　　故に 来る 入る 寺 聞く 経, で 善法堂 前 坐る
　　　故に来たりて、寺に入り経を聞き、善法堂の前に座り、

　その原因の1つは、変文中の助詞「着zhe」は未だ完全には文法化されていないということである。『敦煌変文集』全体の中で、動詞に後続する「着zhe」は、70例を越えない。例えば：

　（8）为 未 得 方便, 却 还 分付 与 阿婆 藏 着。

　　　　　　　　　　　　　　（『敦煌変文集』巻8 「捜神記一巻」p.883）

---

① 訳者注：「方位」とは「方向・位置」のことである。
② 訳者注：古代中国語についても現代中国語の発音を示しておく。
③ 訳者注：「変文」とは唐代から五代に流行した説唱文学のことである。文字によって記されたものが、敦煌で発見されたので「敦煌変文」とも言う。
④ 訳者注：詳細な作品名と頁数は訳者の成田によって補足したものである。以下同。

　　　　ため　未だ　得る　時宜，却って　返す　頼む　に　義母　隠す　（着zhe）
　　　未だ時宜を得ていないため、義母に返し、隠しておくよう頼んだ。
　その一方、後置の動詞の後に「地de」が付いていることは極めて少ない。例えば[6]：
（9）二　将　勒　在　帐　西角头　立　地。
　　　　　　　　　　　　　　　　（『敦煌変文集』巻1 「漢将王陵伝」p.38）
　　　　2　将　馬を繋ぐ　に　陣幕　西の角　立つ　（地de）
　　　2人の将は陣に張った幕の西の角に馬を繋ぎ、立っていた。
　注意すべきは、方位・場所を表す語句の前に「在zai」がない時、その前の動詞に「着zhe」を付けることができるということである。例えば：[7]
（10）即　捉　剑　斩　昭王，作　其　百　段，掷　着　江　中，
　　　　　　　　　　　　　　　　（『敦煌変文集』巻1 「伍子胥変文」p.21）
　　　　すぐに　つかむ　剣　斬る　昭王，作る　それ　100　切れ，捨てる　（着zhe）
　　　川　中
　　　すぐに剣をとって昭王を斬り、細かく切り刻んで、川の中に捨てた、
（11）于　是　获取　珍宝，脱　下　幡旗，埋　着　地　中，
　　　　　　　　　　　　　　　　（『敦煌変文集』巻1 「李陵変文」p.91）
　　　　～において　ここ　取る　珍宝　脱ぐ　下ろす　旗，埋める　（着zhe）　地　中
　　　ここにおいて珍宝を取り出し、旗を下ろし、それらを土の中に埋め、
（12）单于　殊　常　之　义，坐　着　我　众　蕃　之　上，
　　　　　　　　　　　　　　　　（『敦煌変文集』巻1 「李陵変文」p.92）
　　　　単于　異なる　常　の　義，坐る　（着zhe）　私　多い　蛮族　の　上
　　　　　（ぜんう）
　　　単于は常の義に背き、我らあまたの蛮族の上に据え、
（13）老母　便　与　衣裳，穿　着　身　上。（『敦煌変文集』巻2 「舜子変」p.133）
　　　　老母　すぐに　与える　衣裳，着る　（着zhe）　身体　上
　　　老母はすぐに服を与え、着せた。
（14）此　小儿　三　度　到　我　树　下　偷　桃，我　捉　得，系　着　织机　脚　下，
　　　　　　　　　　　　　　　　（『敦煌変文集』巻2 「前漢劉家太子伝」p.162）
　　　　この　小児　3　度　至る　私　樹　下　盗む　桃，私　捉える　得る，繋ぐ　（着zhe）　織機　脚　下
　　　この子は3度も私の木の下に来て桃を盗みました、そこで私は捉え

21

　　　　て、織機の脚に縛り付けたのです、
（15）作 法 书 符 一 道，抛 着 盆 中，
　　　　　　　　　　　　　（『敦煌変文集』巻2「葉浄能詩」p.222）
　　　　行う 法 書く 符 一 回，放る （着zhe） 盆 中
　　　　道教の法を行い符を書き、盆の中に放ち、
（16）阿 娘 不 忍 见 儿 血，擎 将 泻 着 粪 堆 傍。
　　　　　　　　　　　　　（『敦煌変文集』巻3「孔子項託相問書」p.235）
　　　　母 ～ない 忍ぶ 見る 子供 血，捧げ持つ （将jiang） 流す （着zhe） 糞
　　　　山 傍ら
　　　　母は子の血を見るに忍びず、血を捧げ持ちて糞の山の傍らに流す。
（17）在 于 郭 欢 地 边 杀 兄，抛 着 丛 林 之 中，
　　　　　　　　　　　　　（『敦煌変文集』巻8「捜神記一巻」p.871）
　　　　で 郭歓 土地 辺 殺す 兄，捨てる （着zhe） 林 の 中
　　　　郭歓の土地の近くで兄を殺し、林の中に捨て、
（18）鬼 众 嗔 信 越 诉，遂 截 头 手，抛 着 镬 中 煮 之。
　　　　　　　　　　　　　（『敦煌変文集』巻8「捜神記一巻」p.874）
　　　　鬼 衆 怒る 信 越訴，遂に 切る 首 手，投げる （着zhe） 釜 中 煮る これ
　　　　鬼たちは信の越訴に怒り、そこで首と手を切り、それを釜の中に投
　　　　じて煮た。
（19）惟 只 阿 娘 床 脚 下 作 孔，盛 着 中 央，
　　　　　　　　　　　　　（『敦煌変文集』巻8「捜神記一巻」p.883）
　　　　ただ ただ 母 寝台 脚 下 作る 穴，盛る （着zhe） 中央
　　　　しかたなく母親の寝台の脚の下に穴をあけ、中央に置き、
（17）と（20）を比較してみよう。
（17）在 于 郭 欢 地 边 杀 兄，抛 着 丛 林 之 中，
　　　　　　　　　　　　　（『敦煌変文集』巻8「捜神記一巻」p.871）
　　　　で 郭歓 土地 辺 殺す 兄，捨てる （着zhe） 林 の 中
　　　　郭歓の土地の近くで兄を殺し、林の中に捨て、
（20）遂 搅 典 尺，抛 在 一 边，（『敦煌変文集』巻2「㲞山遠公話」p.186）
　　　　遂に かき回す 典尺，捨てる （在zai） 一方

22

遂に典尺をかき回し、一方に捨て、

　上の例のように、「着zhe」が用いられたり、「在zai」が用いられたりしていることから、「着zhe」と「在zai」は互いに置き換えることが可能であるかのようである。更に広い範囲から見るならば、このような「着zhe」は前置詞化した動詞と見なすべきではないであろう。成分を置換しようとすると、限界がある[8]。そこで、動詞が前置されると、本来後に付く「着zhe」がしばしば隠れ、後置されると、「着zhe」が再び出現する、と考えられないだろうか。

　さらに注意すべきは、変文中には既に進行や持続を表す「在zai＋動詞」形式が見られることである。例えば：[9]

(21) 久 不 相 見， 心 中 在 思。（『敦煌変文集』巻2「韓朋賦一巻」p.137)
　　　久しい 〜ない （相xiang） 見える， 心 中 （在zai） 思う
　　　久しく見えざれば、心の中に思う。

(22) 燕 豈 在 称揚? 　　　　　　（『敦煌変文集』巻3「燕子賦」p.263)
　　　つばめ 〜か （在zai） 誇る
　　　つばめはどれほど誇っていたことか。

(23) 我 家 有 子 在 臨 胎， 　　（『敦煌変文集』第4巻「八相変」p.334)
　　　私 家 ある 子 （在zai） 臨む 孕む
　　　我が家に出産を控えている子がいる、

このような形式は五四運動前後に再び見られるようになった[10]。その原因は研究に値する。

　清末の『児女英雄伝／児女英雄伝』①は初期口語の最後のものと言える[11]。字数は全文58万字で、『敦煌変文集』と大差ない。その本文中の「在zai」は基本的に多義の「于yu」から分化したものである。後置の動詞はほぼ900例、前置は700例以下、後置と前置の比率は約3対2であり、それは『敦煌変文集』中の比率とちょうど反対である。後置動詞中約700例には後に「着zhe」を付けることができ、その中のほぼ4分の1には「着zhe」が付いている。変文において極めて少なかった動詞の後の「地de」に比べ、発展著しい。その原因の1つは助詞「着zhe」はすでに動詞から分化しているからである。動詞に後続す

---

① 訳者注：文光の作。道光（1821-1831）年間に作られ、光緒4年（1878）北京聚珍堂より刊行。

る「着zhe」は、本文中において、すでに3000例あり、『敦煌変文集』の43倍以上である。下に、前置と後置の例文を対照できるように例を挙げる、ただし最後の1例は前置と後置が同時に用いられているものである。

(24) 见　自己　依然　绑　在　柱　上,　　　（『児女英雄伝』第6回、p.80）
　　　　見る　自分　依然として　縛る　に　柱　上
　　　自分が依然として柱に縛りつけられているのに気付いた、

(25) 他　在　厅　柱　上　绑　着,　　　（『児女英雄伝』第6回、p.78）
　　　　彼　で　広間　柱　上　縛る　（着zhe）
　　　彼は広間の柱に縛りつけられていたのでございます、

(26) 给　它　放　在　盆架儿　上　罢!　　　（『児女英雄伝』第9回、p.128）
　　　（給gei）　それ　置く　に　洗面器棚　上　（罢ba）
　　　棚に置いておきなさいよ。

(27) 一　眼　看见　那　和尚　的　洗脸盆,　在　盆架　上儿　放　着,
　　　　　　　　　　　　　　　　　　　　　　（『児女英雄伝』第9回、p.127）
　　　一　目　見かける　あの　和尚　の　洗面器,　に　洗面器棚　上　置く　（着zhe）
　　　ふと、和尚の洗面器が棚の上に置いてあるのに気付き、

(28) 只　见　十三妹　的　那　匹　黑　驴儿,　拴　在　一　棵　树　上。
　　　　　　　　　　　　　　　　　　　　　（『児女英雄伝』第10回、p.145）
　　　ただ　見る　十三女　の　あの　頭　黒い　ろば,　繋ぐ　に　1　本　木　上
　　　十三妹の黒いろばが木に繋がれているのが見えました。

(29) 一　头　黄牛,　一　匹　葱白　叫驴,　都　在　空　槽　边　拴　着;
　　　　　　　　　　　　　　　　　　　　　（『児女英雄伝』第6回、p.90）
　　　1　頭　黄牛,　1　頭　薄青色　雄ろば,　すべて　に　空　かいば桶　側　繋ぐ　（着zhe）
　　　黄牛と薄青色の雄ろばが空のかいば槽の横に繋がれている、

(30) 张　太太　住　在　那　屋　里?　　　（『児女英雄伝』第12回、p.169）
　　　張　奥様　いる　に　どの　部屋　中
　　　張夫人はどの部屋においでだい。

(31) 安　官府　的　家眷　在　尽后　一　层　住　着。
　　　　　　　　　　　　　　　　　　　（『児女英雄伝』第11回、p.163）
　　　安　知事　の　家族　に　一番奥　1　棟　住む　（着zhe）
　　　安知事の御家族は一番奥の棟にお住まいです。

2　動詞に後続する「着」について

(32) 因 沿途 访问，都 说 褚 壮士 在 二十八棵红柳树 住 着。到了那里，才知他就住在吾兄的宝庄上。　　　（『児女英雄伝』第15回、p.225）
因る　道すがら　問う，みな　言う　褚　壮士　に　二十八棵紅柳樹　住む　（着zhe）
道すがら尋ねたところでは、褚どのは二十八棵紅柳樹にお住まいだとのこと。そこで二十八棵紅柳樹に参りましたところ、褚どのが兄上の荘園にいらっしゃるということを知ったのです。

(33) 抬 头 一 看，才 见 叶通 站 在 那里。
（『児女英雄伝』第34回、p.603）
上げる　頭　〜すると　見る，（才cai）　見る　葉通　立つ　に　そこ
頭を上げて見ますと、葉通がそこに立っておりました。

(34) 看见 他 的 跟班 毕政，在 身 后 站 着。
（『児女英雄伝』第34回、p.617）
見かける　彼　の　部下　祐筆，に　身体　後　立つ　（着zhe）
彼の部下の祐筆が、すぐ後に立っておりました。

(35) 忙忙 的 出 了 房 门儿，站 在 台阶儿 底下 等 着。
（『児女英雄伝』第4回、p.55）
急ぐ　（的de）　出る　（了le）　部屋　玄関，立つ　に　階(きざはし)　下　待つ　（着zhe）
急いで戸口を出、階の下に立って待ち受けました。

陳剛は「試論"着"的用法及其与英語進行式的比較／「着」の用法及び英語の進行形との比較」において、『紅楼夢／紅楼夢』第36回[①]には「随便睡着在床上／寝台の上で寝入っており」という文があり、これは『紅楼夢』の言語においては特殊で、変文に見られる用法であると考えている[12]。彼の言う変文の用法とは、先に挙げた「掷着江中／川の中に捨てた」等の10例である。この用法は『児女英雄伝』にも1例ある。

(36) 说 着，褚 大娘子 早 把 姑娘 拉 着 东边 来 站 着。
（『児女英雄伝』第24回、p.406）
言う　（着zhe），褚　女房　早く　（把ba）　娘　引く　（着zhe）　東の方　来る　立つ　（着zhe）

---

① 訳者注：清代の長編小説。全120回中、80回までは曹霑(でん)（？－1763）、字(あざな)は雪芹の作。『児女英雄伝』より50〜60年前の作品。

(鄧九公が)言う間に、褚の女房が早くも娘を東の側に引っ張って行って立たせます。

『紅楼夢』の特殊な用法は、『児女英雄伝』にも1例ある。

(37) 那么 大 个儿 了, 有 时候 还 揽 着 怀 里 睡。

（『児女英雄伝』第24回、p.388）

あんなに 大きい 背 （了le）, ある 時 まだ 引き寄せる （着zhe） 懐中 眠る

そこまで大きくなっているにもかかわらず、時には抱いて寝かしつけてやりさえしました。

これは、現代中国語で動詞が後置される場合、後に付く「着zhe」は添加されたものではなく、前置の時には隠れ、必ずしも現れなくてもよいものであることを示していると思われる。上のような例は多くないが、近似の例を捜すことは難しくない。『児女英雄伝』中の2例を見よう。

(38) 处处 摊子 上, 都 有 些 人 在 那里 围 着 吃 喝。

（『児女英雄伝』第38回、p.714）

至る所 屋台 上, みな いる いささか 人 で そこ 囲む （着zhe） 食べる 飲む

屋台には、どれも人々が群がって食べております。

(39) 见 那 门墙根 底下, 蹲 着 一 群 苦汉, 在 那里 吃 饭。

（『児女英雄伝』第39回、p.736）

見る その 塀の下 下, しゃがむ （着zhe） 1 群 貧民, で そこ 食べる 飯

その塀の所に、貧しい身なりの者たちがしゃがんで、ものを食べているのが目につきました。

(38)は「…围在那里吃喝／群がって食べている」に換えることができ、(39)は「蹲在那里吃饭／しゃがんでものを食べている」に換えることができる。しかし原文の「围／囲む」、「蹲／しゃがむ」はどちらも後に「着zhe」がついており、置き換えた後、「着zhe」が隠れたにすぎない。

本稿が最初に論及した点について、ここで次のようにまとめることができる。則ち、"在这儿/那儿[①]／ここ/あそこで" ＋動詞＋着zhe」に置き換えられる「動

---

① 訳者注：「这儿／ここ」・「那儿あそこ」は「这里／ここ」・「那里／あそこ」と同意。

詞＋"在这儿/那儿／ここ/あそこで"」中の動詞は後に「着zhe」が隠れている。この結論を補強する資料が他にもある。

1）「说着, 蹲下在那柜子底下,／と言いながら、簞笥の下にしゃがみ、」(『児女英雄伝』第 7 回、p.100) のように、「蹲／しゃがむ」が前置される場合、アスペクトを表す「下xia」が後続する。

2）「5 月25日之夜, 碰着东壁下, 书。／5 月25日の夜、東壁の下で記す。」(魯迅『華蓋集続編／華蓋集続編』[1]「半農の為『何典』に題記せし後に作る」)

3）「"伊困拉／彼は眠っている"は"伊困勒拉"とも言うことができる。これはどちらも"着zhe"の意味を持っているものである。しかし後者が"他睡着／彼は眠っている"を表しているのか、それとも"他睡着在那里／彼はあそこで眠っている"を表しているのか、筆者には決めかねる。どちらも通じるようではある。この点は上海語の特殊なところであるかもしれない。」(朱縷「"勒拉"和"拉"／"勒拉"と"拉"」、『陳望道語文論集／陳望道言語学論集』附録、p.302、上海教育出版社、1980)。

4）「…绿色的、圆鼓鼓的苞囊翘起在水面上。／緑色の、まん丸いつぼみが水面に顔をのぞかせている。」(葉蔚林『在没有航標的河流上／標識のない河の流れ』、『小説月報／小説月報』1981年第 5 期、p.12) 西南方言と湘方言の「起qi」には標準語の「着zhe」に相当するものがある。この文の「起qi」がそうであるならば、「翘起在…／顔をのぞかせている」はそのまま「翘着在……／顔をのぞかせている」と訳すことができる。

『児女英雄伝』中には「"正在／ちょうど～ている"＋動詞」が約50例あり、それらはほとんど時間を表しているようである。例えば：

(40) 姑娘 正在 看 着, 又 见 一 群 穿 孝 的 男女 迎接,

(『児女英雄伝』第23回、p.373)

娘　ちょうど～ている　会う　(着zhe)、また　見る　1　群　着る　喪服　(的de) 男女　迎える

娘が挨拶しておりますと、また喪服を着た男女が出迎えに参ります、

---

[1] 訳者注：初版は北京北新書局、1927年刊。『魯迅全集』第 3 巻（人民文学出版社、1981）所収。

(41) 正在 看 着, 一行 车马 进 了 一 座 客店。

『児女英雄伝』第38回、p.712)

ちょうど～ている 見る （着zhe）、一行 車馬 入る （了le） 1 軒 旅館

眺めているうちに、車馬の一行は旅籠屋に入りました。

「"仍在／なお"＋動詞」は1例で、「仍在／なお～ている」は動詞を修飾しているようである。

(42) 公子 听 了, 仍 在 絮叨, 老爷 早 有 些 怒意 了,

『児女英雄伝』第40回、p.791)

お坊ちゃま 聞く （了le）、なお ～ている くどい、旦那様 早い 持つ いささか 怒り （了le）

お坊ちゃまが、なおくどくどと何か言っておりますと、旦那様は怒りだし、

動詞が後置される形式は時間を表すこともある、例えば：

(43) 莫 不 是 我们 在 青云堡 住 着, 九公把他找来演锤给我们看看,他一锤子打碎了一块大石头的那人? 『児女英雄伝』第38回、p.704)

～ない ～ない （是shi） 私達 で 青雲堡 滞在する （着zhe）

私達が青雲堡にいたとき、九公が連れてきて鉄槌の腕前を披露し、一振りで大きな岩を打ち砕いた、あの人だね。

「在青云堡住（着)」は「～のとき」を意味している。

現代中国語において進行や持続を表す「在zai＋動詞」の由来はおそらく1つではない。唐代から継承され、「"在这儿/那儿／ここ/あそこで"＋動詞」から「这儿/那儿／ここ/あそこ」が脱落して、変化してきた可能性もあれば、「在zai＋動詞＋"的时候／のとき"」から「的时候／のとき」が脱落して、変化してきた可能性もある。さらに2つの状況が同時に併存する可能性もある。そこ他、「在zai」の直後の動詞に「着zhe」が付くことがまれであることも、原因の1つであるかもしれない。

『小説月報』1981年第4期には10篇の小説が収められており、字数は約13万。このうち動詞が後置されているものは400例以下、前置されているものは200例余である。後置と前置の比率は3.5対2であり、後置の比率は『児女英雄伝』より若干増えている。ただし、これによって後置の比率がいつまでも増加すると言えるわけではない。前置と後置にはそれぞれの用途があり、少なくとも現

代中国語の中ではそれぞれに発展している。習慣等の原因により、ある作家のある作品中には前置が後置より多いこともある。以上をまとめるならば、後置はおおむね前置より多いという状況がほぼ定着している。この『小説月報』1981-4の中では後置の動詞で後に「着zhe」が付けられるものが200例余、実際に「着zhe」が付いているものが100例近く、ほぼ半数を占める。『児女英雄伝』では４分の１だったことに比べれば、明らかに増加している。「在zai＋動詞」はほぼ150例で、前置に比べてやや少ないだけである。後置では「在zai＋方位・場所を表す語句」が文頭にあるものがかなり多い。いくつかの形式が交錯して用いられることによって、表現が多様になっている[13]。以下に数例のみ挙げる。

(44) 他 要 去 查查 淑珍 <u>在 不 在 看</u> 电影，

　　　　　　　　（『小説月報』1981-4、高暁声『水東流／水は東に流れる』p.5）

　　彼　～ようとする　行く　調べてみる　淑珍　～ている　～ない　～ている　見る　映画
　　彼は淑珍が映画を見ているかどうかを調べに行こうと考えた、

(45) <u>在 她 的 眼 里</u>，冯幺爸 在 乡场 上 不 过象 一 条 狗，只有朝
　　她摇尾巴的份。（『小説月報』1981-4、何士光『郷場上／田舎町で』p.11）

　　で　彼女　の　目　中，馮幺爸　で　田舎町　上　～ない　過ぎる　～のよう　１　匹　犬
　　彼女の目には、馮幺爸はこの田舎町の中で、まるで１匹の犬のように、彼女に尻尾をふるだけの存在だった。

(46) 她 伏 在 他 那 宽阔 胸脯 上，久久 地 抽泣 <u>着</u>。

　　　　　　　　（『小説月報』1981-4、王兆軍『在水煎包子舗裏／小さな食堂で』p.23）

　　彼女　伏す　で　彼　その　広い　胸　上，大変長く　（地de）　すすり泣く　（着zhe）
　　彼女は彼の広い胸に顔を埋めて、長い間すすり泣いていた。

(47) 他 好像 玩 <u>着</u> 一 张 什么 纸。

　　　　　　　　（『小説月報』1981-4、葉之蓁『我們正年軽／僕らは若かった』p.29）

　　彼　～ようだ　遊ぶ　（着zhe）　１　枚　何　紙
　　彼は紙で何かしているようだった。

(48) 她 正在 热情 而 得体 地 应酬 <u>着</u> 客人。

　　　　　　　　（『小説月報』1981-4、葉之蓁『我們正年軽』p.31）

　　彼女　ちょうど～ている　熱心に　しかも　手際よく　応対する　（着zhe）　客
　　彼女はちょうど熱心に、また手際よく客に応対しているところだった。

『敦煌変文集』以下、3つの資料における前置および後置の動詞の状況は大変興味深い。例えば変文における「哭于道／道で泣く」(『敦煌変文集』巻8孝子伝p.902)の「于yu」が「在zai」に変化しても、「哭在道」とは言わない。『児女英雄伝』における「说着／言う」は300例余りにも達するが、「说／言う」が前置になっているものは1例もなく、前置になっているのは同義語の「讲／語る」である。いくつかの動詞は理論的には前置・後置ともに可能であるが、実際には必ずしもその通りではなく、『児女英雄伝』に頻繁に現れる「帮／助ける」、「穿／通り抜ける」、「拉／引く」、「等／待つ」、『小説月報』1981-4に頻繁に現れる「等／待つ」、「盯／見つめる」、「帯／連れる」、「看／見る」は、それぞれの中に前置の例を見い出せない。『児女英雄伝』の中で前置である「落／落ちる」、「踢／蹴る」、「聚／集まる」、「跑／走る」、『小説月報』1981-4の中で前置の「戴／かぶる」、「搭／かける」、「落／落ちる」は、それぞれの中で後置の例を見い出せない。

　後置の動詞の相当数は「着zhe」を後に付けることができない。それらを識別することはふつう容易で、方法はすでにほとんど指摘されている。主な点は次のようになる。

1) 重点が事柄や場所を示すことにあり、動作を示すのではない場合[14]。
2) 将来実現する可能性がある、または実現できると仮定する動作。
3) 動詞の前に「曾经／かつて」、「已经／既に」等が付く場合がある。
4) 静態動詞が時間量を表す語句を伴う。動態動詞が時間量、動作の回数、時には事物の数量を表す語句を伴う。
5) 動詞の意味により「着zhe」が後に付けられない、あるいは既に別の形態を備えている。

その他、「在zai＋方位・場所を表す語句」が文頭にある場合、その後の成分を修飾することがあるが、後置の動詞の形態はそれと関係があるとは限らない。

　動詞が後置される形式において、後に「着zhe」が付けられないものを除けば、他はすべて後に「着zhe」を付けることができるものである。しかし「着zhe」を後に付けることができる後置の動詞であっても、『敦煌変文集』には「着zhe」が後に付いている例は1つもなく、『児女英雄伝』と『小説月報』1981-4ではそれぞれ約4分の3、過半数の後に「着zhe」が付いていない。「着zhe」を後に付けることができる後置の動詞の後に、「着zhe」を付けるかどうかは、意味

表現上の必要に因っていることもある。例えば、「着zhe」を後に付けることによって、具体的な動作が今まさに進行している、または持続していることを強調することになる。一方、「仍然／なお」、「一直／ずっと」、「从来都／従来いつも」、「还／まだ」などの後の動詞には、ふつう「着zhe」が付かない。その他、別の状況もある。まずいくつかの例を見よう。

(49) 那 张 老 有 程 相公 在 那里 陪 着,（『児女英雄伝』第12回、p.178）
　　　あの 張 さん ある 程 長官 ～ている あそこ 相手をする （着zhe）
　　　張さんには程長官が相手をしておりますが、

(50) 他们 也 不 在 此 相陪,　　　　（『児女英雄伝』第14回、p.209）
　　　彼ら も ～ない で ここ 相手をする
　　　彼らはそこで相手をするでもなく、

(51) 早 见 安 太太, 带 了 媳妇, 站 在 舱 门口 里 等 着。
　　　　　　　　　　　　　　　　（『児女英雄伝』第22回、p.361）
　　　早く 見る 安 奥様, 連れる （了le） 嫁, 立つ に 船の客室 入口 中 待つ （着zhe）
　　　奥様が嫁を連れて、船室の入口に立って待っているのに、早くも気付きました。

(52) 我 在 舍 下 候 着。　　　　（『児女英雄伝』第32回、p.553）
　　　私 で 家 下 待つ （着zhe）
　　　わしは家で待っとるぞ。

(53) 汤森 在 电话 里 抱怨 他 不 在 酒吧 等候。
　　　（『小説月報』1981-4、阮朗『泰利父子的眼泪／テリー父子の涙』p.73）
　　　トムソン で 電話 中 恨み言を言う 彼 ～ない （在zai） バー 待つ
　　　トムソンは電話で、彼がバーで待っていなかったことに恨み言を言った。

　上の例から見ると、後置の動詞で「着zhe」が後に付くのは単音節動詞で、「着zhe」が後に付かないのは2音節動詞である。ここから動詞の後の「着zhe」には動詞を複合音にする働きもあることがわかる。『敦煌変文集』の後置の動詞において「着zhe」を後に付けられるのは約80例、その内、単音節のものは4分の1しかない。そのような動詞が後文の末尾に置かれている場合、音節を飾るため、その動詞の前に虚辞「而er」が置かれていることがある。例えば：

31

(54) 有 青衣 女郎 在 門 外 而 行,

         （『敦煌変文集』巻 8 「捜神記一巻」p.869）
  ある 青い服 女 で 門外 （而er） 行く
 1人の下女が門の外を行くのを、

(55) 君 是 何 人 乃 在 我 前 而 立?

         （『敦煌変文集』巻 8 「捜神記一巻」p.872）
  あなた （是shi） 何人 すなわち で 私 前 （而er） 立つ
 あなたは誰、どうして私の前に立っているのか。

(56) 今 有 一 婆罗门 胡, 在 新妇 床 上 而 卧。

         （『敦煌変文集』巻 8 「捜神記一巻」p.879）
  今 ある 1 バラモン 異人, で 私 寝台 上 （而er） 臥す
 今、1人のインド人が私の寝台に横たわっています。

『児女英雄伝』中、後置で「着zhe」を後に付けられる動詞のうち、単音節で後文の末尾にあるものの場合、5分の4で「着zhe」が後に付いており、それ以外の場合、多音節のものも含めて「着zhe」が後に付いているのは50分の1しかない。『小説月報』1981-4においては、それぞれ60％余りと14％である。

別の状況の下で、動詞の後に「着zhe」が付いている場合にも、複合音化の作用を発揮していることがある。次の文の「走着／行く」と「行走／行く」を比較しよう。

(57) 此 去 带 了 一 口 灵, 旱路 走 着, 就 有 许多 不便。我 的 意
  思, 必须 仍 由 水路 行走, （『児女英雄伝』第20回、p.319）
  これ 行く 持つ （了le） 一 個棺, 陸路 行く （着zhe），（就jiu） 有る
  幾多 不便。私 の 考え，〜なければならない なお 〜より 水路 行く
 これから棺を運んで行くのに、陸路を行くとなると何かと不便ですから、私の考えでは、どうしても船で行かなければなりません。

形を整えるために、単音節動詞と同じように、多音節動詞の後に「着zhe」が付いていることもある。例えば：

(58) 象 在 千 山 万 峦 之 上 颠簸, 碾 着, 压 着, 截断 着, 破碎
  着。
  （『人民文学／人民文学』1980-12、茹子鵑『三榜之前／三度目の掲示』p.9）
  〜ように で 千 山 万 岳 の 上 揺れる, ひく （着zhe），押す （着zhe），

32

切断する　（着zhe），破砕する　（着zhe）

　　千山万岳の上で揺られ、つぶされ、押され、切断され、破砕されるかのようだった。

　動詞の後に「着zhe」が付くかどうかについては、次のような状況もある。

　「連動式」[①]と呼ばれる文の中で、前の動詞は後の動詞に対して、多少の修飾作用があり、前の動詞に「着zhe」が付いていると、後の動詞には一般に「着zhe」が付かない。例えば：

(59) 既 如 此，就 在 这里 坐 着 等 他 罢。
　　　　　　　　　　　　　　　　　　(『児女英雄伝』第14回、p.208)
　　既に ～ように これ，（就jiu）で ここ 座る （着zhe）待つ 彼 （罢ba）
　　そういうことなら、ここで待とう。

(60) 说 完，两个人 只 对 瞅 着 笑。　（『児女英雄伝』第38回、p.702)
　　　言う 一終わる，2 人 ただ 向き合う 見つめる （着zhe）笑う
　　と言って、2人は顔を見合わせて笑いました。

(61) 她 歪 着 头，笑 着，对 我 说。
　　　　　　　　　　　　(『小説月報』1981-4、葉之蓁『我們正年軽』p.25)
　　彼女 かしげる （着zhe）首，笑う （着zhe），に 私 言う
　　彼女は首をかしげて、微笑み、私に言った。

　1つの主語に対して複数の動詞が用いられている場合には、前の動詞の後に「着zhe」を付け、後の動詞には「着zhe」を付けないこともある。例えば：

(62) 便 挎 着 筐儿，扛 顶 纬帽 何 妨?（『児女英雄伝』第34回、p.609)
　　　たとえ～ても 提げる （着zhe）かご，かぶる 個 官帽 どうして 妨げる
　　かごを提げて、官帽をかぶったところで、差し支えないではございませんか。

(63) 他 穿 着 个 小 短 褂儿，光 着 两 条 小 腿儿，小 腿 乱 蹬 着，
　　　哇哇 地 哭。（魏巍『誰是最可愛的人／誰が最も愛すべき人か』）[②]
　　　彼 着る （着zhe）枚 小さい 短い 上着，むき出しにする （着zhe）2

――――――――――――――――

[①] 訳者注：「連動式」とは、述語が2つまたは2つ以上の、動詞または動詞フレーズの連用によって構成される文のことである。

[②] 訳者注：「人民日報／人民日報」1951年4月11日初載。

本 小さい 脚, 小さい 脚 でたらめに 動く (着zhe), ワーワー (地de) 泣く

彼は小さな短い上着を着、2本の細い脚をむき出しにして、細い脚をばたばたさせ、ワーワーと泣いている。

対の文が連用されている場合、特に2字句が対になっている4字句の場合、その中の動詞の後には、ふつう「着zhe」が付いていない。例えば：

(64) 安 老爷 安 太太 便 在 这边 暗暗 的 <u>排 兵 布 阵</u>, 舅太太 便 在 那边 密密 的 <u>引 线 穿 针</u>。　　　(『児女英雄伝』第24回、p.395)

安 旦那様 安 奥様 すぐに で こちら ひそかに (的de) 並べる 兵 布く 陣, 兄嫁様 すぐに で あちら ひそかに (的de) 引く 糸 通す 針

安の旦那様と奥様はこちらでひそかに手はずを整え、兄嫁様はあちらでひそかに伏線を仕掛けるのでございます。

(65) 喜 得 他 赶快 鞠躬 点头, <u>搬 椅 泡 咖</u>（咖啡也）。

(『小説選刊／小説選刊』1981-1、朱定『靓女港仔碰車記／美女と香港青年の衝突事故』p.51)

喜ぶ (得de) 彼 急ぐ お辞儀をする 頭を下げる, 運ぶ 椅子 入れる コーヒー

喜んだ彼は、急いであいさつをし、椅子を進めコーヒーを入れた。

文語においては短縮語の動詞の後にも、ふつう「着zhe」は付かない。例えば：

(66) 半日 公子 还 站 在 那里 呆望,　　　(『児女英雄伝』第5回、p.68)

しばらく 若様 まだ 立つ に あそこ 呆然と見やる

しばらくの間、若様はそこに立ちつくし呆然としていました、

「呆望／呆然と見やる」を口語表現に換えて比較しよう[15]。

(67) 那 时 三儿 在 旁边 正 呆呆 的 <u>望</u> 着 公子 的 胸脯子,

(『児女英雄伝』第6回、p.79)

その 時 三児 で 傍ら ちょうど ～ている ぼうっと (的de) 見やる (着zhe) 若様 の 胸

その時、三児は、若様の胸を、ぼうっと見ておりました、

また「便在棚里坐候。／と言うと小屋の中で座って待ちました。」(『児女英雄伝』第23回、p.376)の「坐候／座りて待つ」を口語に換えると「坐着等候／座って待つ」となる[16]。

習慣上「着zhe」が後に付かない動詞があり、付近の動詞に「着zhe」が付かないよう、影響を与える場合がある。

(68) 她 分明 看见 一 个 <u>剪</u> 齐 耳 短 发, <u>着</u> 浅 花布 学生装 的 姑娘, 胳膊 下 夹 着 厚厚 的 一 <u>叠</u> 讲义 课本, 在 江畔 的 夹道 浓 荫 中 匆匆 走 着,

　　　　（『小説月報』1981-3、林文詢・雨樵『春天的緑葉／春若菜』p.92）

彼女　明らかだ　見かける　1　個　切る　そろえる　短い　髪，着る　淡い　柄物　の布　学生服　の　少女，腕　下　はさむ　（着zhe）　分厚い　（的de）　1　束　講義要綱　教材，で　河畔　の　小径　濃い　蔭　中　あわただしく　歩く　（着zhe）

彼女ははっきりと見た、髪を短く切りそろえ、淡い柄物の学生風の服を着た少女が、脇に分厚い講義要綱をはさみ、川端の木陰の小径を急いで歩いて行くのを、

動詞「着／着る」の後には「着zhe」が付けられない。「着／着る」を「穿／着る」に換えれば、その後に「着zhe」を付けることができる。そうすれば、「剪／切る」の後にも「着zhe」を付けることができる。

　動詞の後に「着zhe」が付くかどうかは、形式の変化によってでなければ解釈できないと思われる場合がある。例えば：

(69) 庄 门 上 <u>高悬</u> 一面 粉油 大字 "探花 及 第" 的 坚匾。迎门 墙 上, <u>满 贴 着</u> 泥金 捷报 的 报条。（『児女英雄伝』第36回、p.668）

荘園　門　上　高く　懸ける　1　枚　胡粉　大きい　字　「3位　及第」　の　縦額。玄関　塀　上，完全に　貼る　（着zhe）　金泥　合格通知　の　紙

荘園の入り口の門の上高く、胡粉で大書した「探花（3位）及第」の縦額が掲げられ、正面の入り口の塀には金泥の合格通知がべったりと貼られておりました。

(70) 她 拎 着 脸盆 漱口 缸子 在 前面 <u>走</u>, 我 抱 着 铺盖 在 后面 亦 步 亦 趋 地 <u>跟 着</u>, （『小説月報』1981-4、葉之蓁『我們正年軽』p.26）

彼女　提げる　（着zhe）　洗面器　歯磨きコップ　で　前　歩く，私　抱える　（着zhe）　布団　で　後　また　歩く　また　歩く　（地de）　付く　（着zhe）

彼女は洗面器とコップを提げて前を歩き、私は布団を抱えて、後について歩いていた、

　もう1つの重要な原因は使用習慣の変化である。例えば、変文における「着zhe」は動詞目的語フレーズの後に付けられることがある。

(71) 能 者 严 心 <u>合 掌 着</u>, （『敦煌変文集』巻4「太子成道経一巻」p.287）

```
                    あた
                   能う は 謹しむ 心 合わせる 掌    (着zhe)
             能うは心厳かに掌を合わせ、
    (72) 各 请 敛 心 合 手掌 着,
                     (『敦煌変文集』巻5「金剛般若波羅密経講経文」p.441)
             各々 請う 落ち着かせる 心 合わせる 掌    (着zhe)
             各々請う、心を落ち着かせ手を合わせ、
    (73) 若 不 是 □ 死王 押 头 着, (『敦煌変文集』巻7「三身押座文」p.827)
              もし ～ない (是shi) □ 死王 押す 頭    (着zhe)
             もし□死王の頭を押すにあらざれば、
```

これは変文の中では特殊な用法ではなさそうである。次の例もこのような用法である。

    (74) 君 畏 去 时, 你 急 捉 我 着 还 我 天衣, 共 君 相 随。
                             (『敦煌変文集』巻8「捜神記一巻」p.883)
             あなた 恐れる 行く 時, あなた 急ぐ 捕まえる 私 (着zhe) 返す 私 天
             の羽衣, に あなた (相xiang) 従う
             あなたは私が逃げることを恐れていらっしゃいますが、あなたが今すぐ私を捕まえ、私に羽衣を返して下されば、わたしはあなたについていきます。

「着zhe」のところで区切れば、意味が読みとれるようになる。

このような用法は『児女英雄伝』にもあるが、現在は一部の方言色の強い作品にのみ見られる。例えば：

    (75) 就是 这样, 我 保 姐姐 着;   (『児女英雄伝』第30回、p.521)
             (就是jiushi) このよう, 私 保証する 姉   (着zhe)
             それなら、私はお姉様につきますわ、

上海語で助詞「着zhe」に相当する「勒勒」は、通常、動詞目的語フレーズの後に用いられる。例えば：

    (76) 伊 勒 门口头 等 我 勒勒。
             彼 (勒) 入り口 待つ 私   (勒勒)
             彼は入り口で私を待っている。

『児女英雄伝』では「着zhe」が後に付いているものの、現代中国語ではほとんど「着zhe」が付かないものもある。例えば：

(77) 我 这 可 是 头 一 遭儿 <u>看见</u> <u>着</u> 你 这个 样儿。
(『児女英雄伝』第20回、p.321)
　　　私 これ （可ke） （是shi） 最初 1 回 見かける （着zhe） あなた その 様子
　　　あんたのそんな様を初めて見たよ。
(78) 便 是 伯母 和 你 张家 妹子 <u>来</u> <u>着</u> 也 近便，(『児女英雄伝』第24回、p.395)
　　　すなわち （是shi） 伯母さん と あなた 張家 妹 来る （着zhe） も 近くて便利だ
　　　そこなら伯母さんや張ちゃんが行くのにも近いし、

『児女英雄伝』に見られる用法で、現代中国語においても「着zhe」を後に付けることができるものでありながら、実際にはほとんど使われなくなっている具体的な例がある。例えば：

(79) 姐姐 <u>听听</u> <u>着</u> 罢, 我 还 有 话 呢。(『児女英雄伝』第26回、p.431)
　　　姉 ちょっと聞く （着zhe） （罢ba）, 私 まだ 有る 話 （呢ne）
　　　お姉様お聞きになって、まだお話がありますの。

現代中国語において、ＡＡ式・ＡＢＡＢ式の重ね型動詞の後に「着zhe」は付かない。

(80) 覚得 <u>比</u> <u>着</u> 夏后氏 五十 而 贡 的 那 章 考据 题 还 难 些。
(『児女英雄伝』第33回、p.586)
　　　思う より （着zhe） 夏后氏 50 而して 貢す （的de） あの 章 考証 問
　　　題 さらに 難しい いささか
　　　「夏后氏は50にして貢す」の章の考証よりも難しいと思いました。
(81) 一 天, 老 夫妻 两 个 <u>同</u> <u>着</u> 媳妇 正 计议 家事,
(『児女英雄伝』第36回、p.665)
　　　1 日, 老 夫婦 2 人 と （着zhe） 嫁 ちょうど～ている 相談する 家の問題
　　　ある日、老夫婦が嫁と家の中の問題について相談しておりますと、

現代中国語において、上の「比／より」と「同／と」は前置詞であり、それらの後には「着zhe」が付かない。

(82) 你 看 这 安 太太 这 一 拜, <u>叫</u> <u>着</u> 天下 作 儿女 的 看 着, 好不 难过。
(『児女英雄伝』第40回、p.775)
　　　あなた 見る この 安 奥様 この 1 拝む, ～させる （着zhe） 天下
　　　～たる 子女 （的de） 見る （着zhe）, とても 切ない
　　　奥様のこの礼は、人の子たる者の心を大きく揺さぶるものでござい

37

ます。
(83) 第一件万难,是这等远路,不好<u>请着</u>父母同行。
『児女英雄伝』第40回、p.783)
第　1　件　困難,　(是shi)　これほど　遠い　道,　～ない　(好hao)　請う　(着zhe)　父母　同行する

最も困っていたのは、そんな遠方であっては、両親に一緒に行ってもらうわけにいかないことです。

現代中国語では、「兼語フレーズ」①の中の使役動詞の後に「着zhe」は付かない[17]。

現在、「有着／有る」をよく使う人がいる。これは『児女英雄伝』には全く見られないものである。前置詞あるいは接続詞の「和／と」の後に「着zhe」を付ける用法にも、おそらく生命力がない。例えば:

(84) 我要<u>和着</u>你,<u>和着</u>你的声音,<u>和着</u>那茫茫的大海,一同跳进那没有边际的没有限制的自由里去!②
私　～ようとする　と　(着zhe)　あなた,　と　(着zhe)　あなた　の　声,　と　(着zhe)　あの　広々とした　(的de)　大海

私はあなたと、あなたの声と、あの広々とした海と、共にあの限りなく広い自由の中へ飛び込みたい。

(85) 一张脸也憔悴得只见<u>一个尖尖的下巴</u>,<u>和着一双黯淡无光的大眼睛</u>。　　　(『小説月報』1981-4、何士光『郷場上』p.11)
1　個　尖がった　(的de)　あご,　と　(着zhe)　1　対　暗い　～ない　光　の　大きな　目

顔も憔悴して、尖ったあごと光のない大きな目だけが見えていた。

ところで現在、北方方言地域では「覚着／思う」と「覚得／思う」を混用している人が多い。これは『児女英雄伝』にも見られる。例えば:

---

① 訳者注:「兼語フレーズ」とは、1つのVOフレーズと1つの主述フレーズが重なり合って述語を構成している、つまり前のVOフレーズ中の目的語が、後の主述フレーズの主語を兼ねている文のことである。
② 訳者注:原文では出処を郭沫若『雷電頌』としているが、『郭沫若全集』(人民文学出版社、1982)に同名作品は収められていない。誤記かと疑われる。

(86) 他 两 个 自己 觉着 这 事 商量 了 一 个 停妥 严密,

『児女英雄伝』第4回、p.52)

彼　2　人　自分　思う　この　事　相談する　(了le)　1　個　適当妥当である　周到である

2人は、自分等ではぬかりなく謀ったつもりですが、

(87) 那 河台 心 里 更 觉得 是 安 老爷 瞧 他 不起,

『児女英雄伝』第2回、p.25)

その　総督　心　中　更に　思う　(是shi)　安　旦那様　見る　彼　一下げる

総督は心中いよいよ安老人にばかにされたと思い、

「覚着／思う」と「覚得／思う」の混用を可能にする原因の1つは、それらにおける「着zhe」と「得de」は軽声で読まれ、ほとんど同音になり、口語ではもちろんのこと、書いても区別がつきにくいということである。あるいは、口語では本来1つのものであったが、「着zhe」とも「得de」とも書かれ、2つの字で書かれるようになったことから逆に、口語の中で区別する人が出てきたということであるかもしれない[18]。次の例を見よう。

(88) 看着不由得心中却是可笑, 又是可怜; 想 着 这 番 情由, 又 不觉 得 着恼。　　　　　　　　　　　（『児女英雄伝』第5回、p.70)

思う　(着zhe)　これ　回　事情，また　覚えず　(着zhe)　怒る

何とも、心中おかしく、また情けなくもあり、この間のいきさつを考えると、何とも気がかりでございました。

(89) 那 就 叫 松棚儿, 不觉着 一 笑。　（『児女英雄伝』第14回、p.206)

それ　(就jiu)　〜という　あずまや，覚えず　少し　笑う

それであずまやというのですから、思わず笑ってしまいました。

ここにおける「不覚得」と「不覚着」はどちらも理解しにくいものだが、実際にはどちらも「不由得／思わず」であり、現在は通常「不由地」と書かれるものである。したがって、ここにおける「得」、「着」、「地」は口語では全て同音である。下の誤文における「覚得」、「覚着」の混用も、それを証明する例である。

(90) 不 少 人 觉着 吴 专员 笨抽 的 样子 觉得 可笑,

（『小説月報』1981-5、遅松年『普通老百姓／普通の庶民』p.60)

〜ない　少ない　人　思う　呉　専区長　おろかだ　(的de)　様子　思う　おかしい

39

多くの人が呉専区長のおろかな様子は滑稽だと思った、

「覚得／思う」と「覚着／思う」の混用は、この「得de」が「长得快／育つのが早い」、「吃得饱／お腹いっぱい食べる」のように、補語を導くものではなく、「覚得／思う」と「覚着／思う」の文法的役割が同じであることから起こる。ここで指摘しなければならないのは、ここでの「着zhe」は動詞の後に付く「着zhe」ではなく、「覚着／思う」を上海語で「覚勒勒」と言うことは絶対にないということである。

さらに次の例を見よう。

(91) 那个跑堂儿得见这光景是个官派，便不敢进房子，只 提 了 壺 开水 在 门 外 候 着。　　　　　　　(『児女英雄伝』第38回、p.712)
　　ただ 提げる (了le) やかん 湯 で 入り口 外 控える (着zhe)
その給仕は様子に気圧されて、中には入らず、お湯を提げて外に控えております。

(92) 夜里，父亲又走了，母亲 抱 了 妹妹, 拉 着 我, 硬 要 把 他 送 到 村口。　　　　　　(『広州文芸』1980-6、賈平凹『頭髪／髪』p.4)
　　母 抱く (了le) 妹、引く (着zhe) 私、無理矢理 ～ようとする (把ba)
　　彼 送る ―至る 村はずれ
夜、父がまた行こうとすると、母は妹を抱き、私の手を引いて、無理矢理、村はずれまで父を送りに行こうとした。

上の「提了／提げて」と「抱了／抱き」は「提着」と「抱着」に言い換えても全く構わない。「提／提げる」、「抱／抱く」、「拉／引く」のような動詞は何らかの状態を形成する動作が短時間で完了し、形成された状態が長く持続し得るものである。その動作が完了したと言うことは、状態が形成されたことを意味する。状態が形成されたと言うことも、動作が完了したことを意味する。重複によって平板にならないよう、ただし当然可能な範囲内で、時には「着zhe」と書き、時には「了le」と書くのである。しかし「着zhe」と「了le」の文法的意味は同じではなく、またそれらが同一のものでないことは言うまでもない。例えば、「屋里坐仔交关人」を「屋里坐着很多的人／部屋の中にたくさんの人が座っている」と訳し[19]、「门口立之一群人」と「台子浪放之一碗水」をそれぞれ「门口站着一群人／門のところにたくさんの人が立っている」、「桌上放着一碗水／テーブルの上に一杯の水を置いている」と訳すのは[20]、意訳であっ

て、上海語の文法の特徴を反映できてはいない。ここにおける「坐仔」、「立之」、「放之」は直訳すれば「坐了／座った」、「立了／立った」、「放了／置いた」である。助詞「着zhe」は上海語では「勒勒」と言い、「勒」とも言え、助詞「了le」も「勒」と言える。しかし、ここから上海語では進行や持続を表す助詞が、時には完了をも表し得ると考えることは、検討に値する。ついでに言うならば、「说着容易，做着难／言うは易く、行うは難し」を意訳した後、この中の「着zhe」は「動作の後の感情を表す」[21]という意見も検討に値する。

注意すべきは、「着zhe」と「了le」を連用しているものがあるということである。例えば：[22]

(93) 只 把 条 小 手巾儿 盖 着 了 脸儿，暗暗 的 垂 泪。

(『児女英雄伝』第40回、p.786)

ただ （把ba） 本 小さい ハンカチ 覆う （着zhe） （了le） 顔，ひそかに （的de） 垂らす 涙

小さなハンカチで顔を覆い、涙にむせんでいたのでございます。

(94) 上门 招亲 的 事，他 瞒 着 了 秦汉。

(『小説月報』1981-4、羅旋『白蓮／白蓮』p.49)

入り婿になる 婿入りをする （的de） 事，彼 隠す （着zhe） （了le） 秦漢

婿入りのことを、彼は秦漢に隠していた。

(95) 不过，手 又 停 住，两 眼 盯 着 了 女儿 的 颈子。

(『小説月報』1981-5、王振武『最後一簍春茶／最後の春摘み茶』p.85)

しかし，手 また 止まる （住zhu），両 目 見つめる （着zhe） （了le） 娘 の 首

しかし手は止まり、両目が娘の襟元にくぎ付けになった。

上の例の動詞の後の「着zhe le」は動作が完了した後、持続するという文法的意味を表しているかのようである。

口語で、動詞の前に「已经／既に」、「又／また」があって、動詞を修飾している場合、動詞の後に「着zhe」が付くならば、しばしば「着zhe」と「了le」が連用される。意味と語気の表現の必要から、1つだけ用いられることもあり、その場合「着zhe」が用いられることが多いようである。例えば：

(96) 小小 的 街子 上 已 聚 着 差不多 半 条 街 的 人，

(『小説月報』1981-4、何士光『郷場上』p.10)

41

細い (的de) 通り 上 既に 集まる (着zhe) ほとんど 半 本 通り (的de) 人

細い通りには、既に道半分を埋めるほどの人が集まっており、

(97) 张民主 的 蚊帐 里 又 在 "窸窸索索" 地 响 着。

(『小説月報』1981-4、葉之蓁『我們正年軽』p.29)

張民主 の 蚊帳 中 また ～ている 「かさかさ」 (地de) 鳴る (着zhe)

張民主の蚊帳の中で、また「かさかさ」と音がしていた。

(98) 你 将 走 而且 已经 在 走 着 一 条 与 我 不 同 的 道路。

(『小説月報』1981-4、徐懋庸『鶏肋／鶏肋』p.65)

おまえ ～ようとする 歩む しかも 既に ～ている 歩む (着zhe) 1 本 と 私 ～ない 同じ (的de) 道路

おまえはわしとは異なる道を進もうとし、しかも既に進んでいる。

以上、動詞の後の「着zhe」の使用状況を大まかに分析した結果、次のようないくつかの点がわかった。

〔1〕一般的には、中国語には形態が無い。しかし仔細に見れば、中国語の一部の動詞にはいくつかの形態がある、例えば一部の動詞の後に付く「着zhe」は持続か進行のアスペクトを表す。しかし、この形態的標識の表示は、多くの場合、語順、意味、音節、強調、簡潔な表現、多様な変化等の多方面の影響を受ける。その他、それ自体の使用習慣の変化の影響も受ける。時には、複数の影響を同時に受けることもある。

〔2〕「着zhe」を後に付けられるのはどういった動詞か、また方位・場所を表す「在zai」を含むフレーズについて、その前にも後にも置かれるのはどういった動詞で、実際に使用される頻度には違いがあるのかどうか、前にのみまたは後にのみ置かれるのはどういった動詞なのか。これらについては、さらなる調査が必要である。調査の過程においては、きっと興味深い現象が見い出されるであろう。

〔3〕「着zhe」の使用は画一的なものではなく、それは別の形態的標識の表示においても見られることである。例えば：

(99) 曹操 站 了 起来, 曹丕 也 站 起来, 但 曹操 叫 他 坐 下。

(『小説月報』1981-4、徐懋庸『鶏肋』p.64)

曹操 立つ (了le) ―あがる、曹丕 も 立つ ―あがる、しかし 曹操 ～させる 彼 座る (下xia)

曹操が立ち上がると、曹丕も立ち上がった、しかし曹操は丕を座らせた。
(100) 虽然 在 战争 中 多 次 遭遇 生命 的 危险,
(『小説月報』1981-4、徐懋庸『鶏肋』p.60)
～であっても で 戦 中 多い 回 遭遇する 命 の 危険
戦の中で何度も命の危険にさらされた、
(101) 可是 泰利 从来 没有 在 同伴 面前 表示 自己 的 想法。
(『小説月報』1981-4、阮朗『泰利父子的眼泪』p.88)
しかし テリー かつて ～ない で 同僚 面前 表す 自分 の 考え
しかしテリーは未だかつて同僚の前で自分の考えを言ったことがなかった。

3例中、(99)中の2つ目の「站／立つ」の後には「了le」が用いられていない。(100)中の「遭遇／遭遇する」と(101)中の「表示／表す」の後には「过guo」が用いられていない。

〔4〕「着zhe」の形態的標識の表示はそれほど厳密なものではなく、「了le」の形態的標識の表示もそれほど厳密ではない。互いに通じる部分もあり、一定の状況の下では一時的に置き換えることが可能である。置き換えが妥当であれば、生き生きとした表現になり、中国語の柔軟性を示す。しかし両者の文法的意味は異なり、両者が同一のものでないことは言うまでもない。

注
1）筆者は「坐在大门口等着」を「坐在大门口＋在大门口等着／門のところに坐っている＋門のところで待っている」であると見なす。
2）「在zai」には「在于／～にある」、「往／～の方へ」、「朝／～に」、「向／～へ」、「到／～まで」等の意味もある。ここで論じることは、それらに対し全くあてはまらないわけではないが、ここではそれらについて論じない。
3）王力主編『古代漢語／古代中国語』には次のような記述がある。「"于yu"による前置詞フレーズは、"对于／～について"を表す場合、必ず動詞の前に置かなければならないが、それ以外の場合には動詞の前に置かれることがたまにある程度である。(中略) しかし"宿于石门,坐于堂上／石門に住み、大広間に坐る"のように、多くは動

詞の後に置かれる。中古以来、動詞の前に置かれることがしだいに多くなったが、「古文」を書く人々は、多くの場合、古い文法を遵守した。」(上巻第2分冊p.421、中華書局、1978)
4) 本稿では概数を示す。多少の漏れはあるかもしれないが、論点には影響を及ぼさない。
5) 「于yu」によって構成される方位・場所を表す前置詞フレーズを含めても、前置と後置はやはり3対2である。
6) 動詞の後の「地de」については、他に3例ある。

　　①門 前 有 一 老人 立 地。(巻2「舜子変」p.129)
　　　門 前 いる 1 老人 立つ （地de）
　　　門の前に1人の老人が立っていた。
　　②其 耕夫 遂 耕 垄土 下 埋 地。(巻2「前漢劉家太子伝」p.161)
　　　其の 農夫 遂に 耕す 土まんじゅう 下 埋める （地de）
　　　そこで、その農夫は土を掘って、土まんじゅうの下に埋めた。
　　③人 前 並 地,
　　　　(巻3「燕子賦」p.253、「並」は「碰／出会う」であるべきと考えられる)
　　　人 前で 会う （地de）
　　　人前で会ったら、
上のほか、次の例も同じものであるかもしれない。
　　④悬 在 中庭 树 地, (巻2「舜子変」p.131)
　　　懸ける に 中庭 木 （地de）
　　　中庭の木に懸け、
張相『詩詞曲語詞匯釈／詩歌曲用語匯釈』ではde「"地de"は『語助の辞』なり、猶"看"のごとき也。」(p.317、中華書局、1979) としている。また胡竹安は『水滸伝』中の助詞"地de"の一部の用法は助詞"着zhe"の用法である、しかし"着zhe"の用法とは若干異なるとしている。「《水滸伝》里的助詞"地"／『水滸伝』中の助詞"地de"」(『中国語文／中国語文』1958年第1期所載)を見よ。
7) 「身不[骑马]，手不弯弓，口銜嚂火，送着上风／身は馬に乗らず、手に弓を引かず、口に火を含み、風上に送る」(『敦煌変文集』巻3「燕子賦」p.253) もこの類に属するかと考えられる。
8) 張相『詩詞曲語詞匯釈／詩歌曲用語匯釈』もこのような用法の一例として、古歌「琅

2　動詞に後続する「着」について

琊王歌」の歌詞「新买五尺刀,悬着中梁柱。／新たに5尺の刀を買い、家の中の梁に懸ける。」を挙げ、「"着zhe"は"在zai"の如し」としている（p.314）。本文に挙げた変文10例中、第3・第5・第7・第10は趙金銘「敦煌変文中所見的"了"和"着"／敦煌変文に見られる"了le"と"着zhe"」に既に挙げられている。彼は「この種の"着zhe"は前置詞に近く、前置詞化した動詞である、例文の中のものは"在zai"に置き換えられる」と考えている。『中国語文』1979年第1期を参照されたい。

9）「不事在作一个问法之人。／法を問う人ひとりに仕えず。」（巻1「冤山遠公話」p.186）、「当时在缧绁,／当時牢に繋がれていた、」（巻3「燕子賦」p.263）もこの例に属するかもしれない。また『敦煌変文集』中には「在zai＋形容詞」というものもある、例えば：「帝心娱情在炙。／帝の心は楽しむこと（在炙zai zhi）[①]。」（巻2「葉浄能詩」p.221）、「搅长河为苏酪,只在逡巡。／長い川をかき回してヨーグルトにするのも、ただ瞬時。」（巻5「維摩詰経講経文」p.534）。「在逡巡／たちまちの間に」については『敦煌変文集』巻1「捉季布伝文一巻」p.51、p.58も参照されたい。

10）蕭斧は「"在那里"、"正在"和"在"／"在那里／あそこで"と"正在／ちょうど～ている"と"在／～ている"について」で「第2段階は単独の"在／～ている"、すなわち"正在／ちょうど～ている"としての"在"の出現である。"在／～ている"によって動作の進行を表すことは、およそ五四運動前後に始まった」としている。『語法論集／文法論集』第2集、p.152、中華書局、1957。

11）筆者が用いたものは1980年広西人民出版社版で、書名は『侠女奇縁／女侠客奇縁』である。

12）『中国語文』1980年第1期、p.27。

13）『小説月報』1981年第3期、第5期においても第4期と大差ない。

14）李人鑑は「泰興方言中動詞的後附成分／泰興方言中の動詞の後続成分」において、「誰かがどこかで何かをするというのは、動作が進行している状態であることを意味する」としている。『中国語文』1957年第5期、p.18。これは見識ある意見である。しかし、一部の状況を排除する必要はある。

---

① 訳者注：「炙」が形容詞であるかどうかは定めがたい。項楚『敦煌変文選注／敦煌変文選注』（p.347、巴蜀書社、1990）は「炙」を誤字ではないかとし、黄征、張湧泉『敦煌変文校注／敦煌変文校注』（p.350、中華書局、1997）は「在炙」を「宴にいる者」を指すか、としている。

15) 2文はやや異なる。ここでは「呆望／呆然と見やる」と「呆呆的望着／ぼうっと見やる」だけを比較する。
16) ゆるやかな口語化が、後置動詞の後の「着zhe」が増加した重要な原因の1つであることがわかる。
17) 「你们大略着也未必知道。／おまえ達はきっと何も知らんだろう。」(『児女英雄伝』第15回、p.217)、「他连忙着到祠堂行礼，／彼はあわただしく祠堂へ行ってご挨拶を済ませ、」(『児女英雄伝』第40回、p.782) の「大略着／大体」、「连忙着／あわただしく」も現代中国語では用いられない。
18) 東北地方の多くの地域に「牽着不走，打着倒退。／引いても進まず、叩くと退く。」、「家鸡打着团团转，野鸡不打满天飞。／「家の鶏」は叩けばぐるぐる動き回り、「外の鶏」は叩かなければ空いっぱいに飛び回る。」という言葉がある。そして、少なくとも黒龍江合江地区では、知識人がこれを言う場合「着」を"zhe"と言い、文盲の人は"de"と言う。また「着」を「得」と書く人もいる。これは王克仲氏より教示を受けたことである。
19) 『松江人学習普通話手冊／松江出身者 標準語学習ハンドブック』上海教育出版社、1959、p.92。
20) 『嘉定人学習普通話手冊／嘉定出身者 標準語学習ハンドブック』上海教育出版社、1959、p.86。
21) 『陳望道語文論集』pp.32-33。
22) 『児女英雄伝』に次のような例がある。「把个小丫头说的撅着了嘴，不敢言语。／と言ったものですから、下女の方は言いかけた言葉をひっこめてしまいました。」(第35回、p.643)「一阵奚落，奚落得两个傻丫头只撅着个嘴。／と叱りつけ、叱りつけられた2人の下女は言葉もありません。」(第38回、p.702)。前者中の「了le」は「个ge」の誤りかと疑われる。

原文：「关于动詞後附"着"的使用」、語法研究与探索（1）、北京大学出版社, 1983年

3 「着」とそれに関連する2つの動態範疇

劉寧生 著
森宏子／于康 訳

1 状態の持続と動作の進行

1.0 現代中国語の標準語の動態[①]助詞「着 zhe」が、状態の持続と動作の進行の両方を表すということはすでに周知の事実である。木村英樹（1983.2）はこの２つの「着 zhe」の区分を試み、状態の持続を表す「着 zhe」を補語的動詞接尾辞とし、動作の進行を表す「着 zhe」をアスペクト辞とした[②]。「接尾辞」という名称にはなお議論の余地が残るが、本稿は基本的に木村の分類に同意するものである。それを踏まえ本稿はさらに議論の範囲を広げ多方面に論拠を求めたい。

1.1 「着 zhe」は動詞が文法化を経て助詞となり、次第に中国語の動態表現における２つのサブカテゴリー――状態の持続と動作の進行――を形成した。通時論的には、両者は同時に発生したものではない。事実上、まず状態の持続の「着 zhe」が発生し、その後動作の進行の「着 zhe」が発生した（筆者には「着 zhe」を通時的に論じたものが別にあるので、今は詳細を省く）。

1.2 状態の持続と動作の進行の違いは、現代中国語の一部方言では、より顕著に表現される。呉語[③]、閩語[④]、広東語では、状態の持続を表す場合は、標準語「V着」に対応した形式を用いるが、動作の進行を表す場合は、別の助詞を使用したり（広東語）、あるいは副詞を用いる（呉語、閩語）。
　呉語には標準語の「着 zhe」に対応する助詞が２つある。「仔」と「勒勒」

---

① 訳者注：中国語学では「動態」はよく「アスペクト」の意味に用いられる。
② 訳者注：「アスペクト辞」は木村英樹氏の用語。
③ 訳者注：主に上海や蘇州等の方言を指す。
④ 訳者注：主に福州や海南島等の方言を指す。

47

である（梅祖麟 1980.3、于根元 1981.1）。梅祖麟氏は呉語の「仔」は中古漢語の「着 zhe」であると明言する。蘇州語では「仔」は動作の完了と状態の持続の両方を表す。前者は標準語の「了」に相当し、後者は「着 zhe」に相当する。例えば、「开仔门睏①／开了・着门睡／ドアを開けて寝る・ドアを開けたままで寝る」、「掮仔根扁担走过来／扛了・着根扁担走过来／天秤棒をかついで歩いてくる・天秤棒をかついだままで歩いてくる」、「骑仔马寻马／骑了・着马找马¹⁾／馬に乗って馬を探す・馬に乗ったままで馬を探す」である。しかし、標準語において「着 zhe」のみが使え「了 le」は使えないという文では、蘇州語の「仔」は使えない。例えば、「他们正开着会呢／彼らは目下会議中である」、「说着说着哭起来／話しているうちに泣き出した」などのような文は、蘇州語では他の表現を用いなければならない。つまりそれは蘇州語には状態の持続を表す「V着」は存在するが、動作の進行を表す「V着」は存在しないということを物語っている。同様に、上海語の「V勒勒」も状態の持続を表すばかりで、動作の進行は表さない。

蘇州語や上海語では、動作の進行を表す場合、いずれも副詞を用いる。例えば、「天还勒（勒海）落雨。（蘇州・上海）／雨はまだ降っている。」、「俚勒（勒笃）吃饭。（蘇州）／彼は食事中である。」、「伊勒拉（勒里）谈话。（上海）／彼は話しをしている。」である。

閩語はやや事情が複雑であるが、動態範疇の文法形式には一貫性が見られる。汕頭（スワトウ）語や廈門（アモイ）語、福州語は、副詞で動作の進行を表し、助詞で状態の持続を表す。

李献璋はとりわけ次のような点を強調している。「着 zhe」（著）は動詞の前に置かれた場合、動作行為の進行や持続を表す。例えば、「汝著看什么货？／你在看什么？／あなたは何を見ているの？」、「著看猫仔著咬老鼠喇。／在看猫吃老鼠呢。／猫がネズミを食べるのを見ているの」。それに対し、「着 zhe」が動詞の後ろに置かれた場合、静止固定した動作状態の持続を表す。例えば、「狗在檐前企著／狗在屋檐下立着／犬が軒下に立っている」、「著坐著, 不当倒著／应坐着, 不能躺着／寝そべってないで座れよ」「汝且看著; 犹此提著／你既守著, 不如拿著／守るからには手に持っていたほうがよい」（李献璋

---

① 訳者注：下線は訳者による。以下同。

1950.12)。

　しかし、黄丁華は、上述の「著」[te] は「在」であるべきだと考えており、同時に次のような指摘をしている。「閩南語のアスペクト助詞『在』は、明らかに標準語の『着』である。ただし現在、閩南語の『在』は、静的持続を表すことのみに用いられ、動作の動的連続を表すことには用いられないという点を指摘しておかねばならない。例えば、『牽在[khan-te]／つないである』、『跪在[kui-te]／ひざまずいている』、『插在[tshaʔ-te]／挿してある』、『摆在[pai-te]／並べてある』という表現は可能であるが、標準語の『走着／歩いている』、『跳着／飛び跳ねている』、『讨论着／討論している』は、閩南語では『在行[tekiã]』、『在跳[tethiau]』、『在讨论[teto-dun]』と言わなければならない。」（黄丁華 1958.2）

　広東語では、状態の持続と動作の進行は異なる助詞によって表現される。前者には「住」を、後者には「紧」や「开」を用いる。例えば、「有一个人，着住一件暖暖嘅长袍。／有一个人，穿着一件暖和的长袍。／暖かそうな長いコートを着ている男がいる。」「个人越发搅实佢件袍，围佢嘅身曙。／那个人越发搂紧他的那件袍子，围着他的身体。／その人はますます上着をぎゅっと抱きかかえるようにして服に身を包んだ。」、「佢食紧／开饭。／他吃着饭。／彼は食事をしている。」、「我睇紧／开书。／我看着书。／私は本を読んでいる。」である。

　呉語、閩語、広東語において、助詞を伴って状態の持続を表す動詞はいずれも上位に「置く」という意味を有するものである。これは初期白話と状況がまったく同じであり、中国語の諸方言とも共通し、また初期白話では状態の持続と動作の進行が区別されていたことを証明している。

　呉語や閩語が助詞と副詞を使い分けることによって、状態の持続と動作の進行を区別する現象は、また別の問題を証明することにもなる。呉語や閩語はいずれも歴史上のある時点の中国語が枝分かれして生まれたものである。閩語は、舌頭音（「端透定」）と舌上音（「知徹澄」）を区別せずに一律に舌頭音に発音することや、軽唇音（「非敷奉微」）と重唇音（「幫滂並明」）を区別せずに一律に重唇音に発音するという特徴から、唐代以前に形成されたものと推定される（袁家驊 1983.6）。当時、「着 zhe」の中心的な用法は「V着（＋方向位置成分）」であり、それはまったく現在の閩語の構造と一致する。閩語に見られるこのような現象は、唐以前には動作の進行を表す「着 zhe」がまだ存在してい

なかったということを示唆している。従って、中国語は通時的にまず状態の持続を表す「着 zhe」があり、それから動作を表す「着 zhe」が発生したという結論は、方言により裏付けられることになる。さらにはまた、呉語の状況も閩語とほとんど同じである。そうであるならば、北方官話における動作の進行を表す「着 zhe」の発生は興味深い現象といえ、曖昧な解釈では歯が立たない。

1.3　呂叔湘氏はいち早く「動作」と「状態」の対立に注目し、その関係について、「動作が完了すると、状態に変化する」と指摘している（呂叔湘 1982.8）。しかし、「結果を生じる動詞すべてがこのような状態持続相になれるのではない。例えば、『杀着鸡／トリを殺している』、『打着刀／刃をつくっている』などは動作の持続を表すだけであり、状態持続相を表すものではない。しかし、一部の動詞はそうではない。例えば、『圈着鸡／ニワトリを囲っておく』、『挎着刀／刀を腰にぶら下げておく』などは、真の状態持続相を表すものである。従って、行為の結果とは、『置く』という結果に限定されるものであり、この種の状態をもたらす動詞は、『置く』という意味を有する動詞である（『刻／刻む』、『画／画く』、『描／描く』など『造形』を意味する動詞を含む)」（陳剛 1980.1）。「受け手が動作完了後、特定の場所に付着あるいは留存するという意味を含意する動詞は、『着 d』（即ち状態の持続を表す『着』―劉注）を伴うことができるが、その意味を含意しない動詞は『着』を伴うことができない」（木村英樹 1983.2）。

　以上、状態の持続を表す「V着」についての共時論的分析は、動詞のサブカテゴリーの特徴に注目したものである。「着 zhe」の共時的様相と通時的様相は完全に一致する。これにより、現代中国語の「V着」を状態の持続と動作の進行に区別することがいっそう確かなものとなる。前述のように、動態を表す2種類のサブカテゴリーの違いは、異なる動詞の外部対立によって表される。そこで、動作を表す動詞を「V_1」とし、「V_1」に後続する「着 zhe」を「着$_1$」とし、状態を表す動詞を「V_2」とし、「V_2」に後続する「着 zhe」を「着$_2$」とする。「V_1着$_1$」と「V_2着$_2$」の対立は正に現代中国語の動態範疇における動作の進行と状態の持続の違いを反映するものである。

1.4　前述の状況を状態の持続と動作の進行の内部対立と見なす。その内部対

立を実現できる動詞は上位に「置く」という意味を有する動詞群である。例えば：

V₁着₁
（1）说 着 便 蹲 在 场 边 和 有翼 两个人 用 两根 草棒子 在 地 下 画 着 商量 了 一阵…①
話す （着 zhe） すぐ しゃがむ に 脱穀場 そば と 有翼 2人 用いる 2本 草の棒 に 地下 描く （着 zhe） 相談する しばらく
話しながらその場にしゃがみ、有翼と一緒に2人は2本の草の棒で地面に描きながらひとしきり相談をしていた…

V₂着₂
（1'）看 着 他们，再 看 看 自己 的 喜棚,寿堂,画 着 长板坡 的 挂屏，与 三 个 海碗 的 席面… （駱121）
見る （着 zhe） 彼ら、また 見る 見る 自分 の 祝いの部屋, 誕生祝いの式場, 描く （着 zhe） 長板坡 の 額縁, と 3 個 どんぶり の 料理
彼らをながめ、改めて自分の誕生祝いの小屋掛け、祭壇、長板坡が描いてある額縁、おおばん振る舞いの宴席を眺めると…

V₁着₁
（2）唐怀远 在 自 家 院子 里 往 自行车 后架 上 夹 着 东西。 (張 196)
唐懷遠 で 自分 家 庭 中 へ 自転車 荷台 上 挟む （着 zhe） もの
唐懷遠は自分の家の庭で自転車の荷台に荷物を挟んでいる。

V₂着₂
（2'）有 时候 也 把 半截 烟 放 在 耳朵 上 夹 着… （駱 194）
ある 時 も （把 ba） 半分 煙草 置く に 耳 上 挟む （着 zhe）
時には吸いさしを耳に挟んで…

V₁着₁
（3）他们 组 里 的 人 都 还 正在 地 里 装 着 筐子,中间 似乎 有 女人。（三 171）
彼ら 組 中 の 人 みな まだ 〜ている 田んぼ 中 つめる （着 zhe） カゴ、中 〜のようだ いる 女性

---

① 訳者注：傍点は原著者による。

彼らの組の者たちはまだ田んぼでカゴにつめている、なかに女性もいるようだ。

V₂着₂

（3'）有翼 从 箱 上 抱 下 个 装着 半筐 碎 莰叶 的 筐子 来 向 常有理 的 身 上 推。（三170）

有翼 から 箱 上 抱える おろす 個 つめる 半 カゴ くず タバコの葉 の カゴ くる に 常有理 の 体 上 押す

有翼はくずのタバコの葉が半分ぐらい入っているカゴを箱の上からかかえ下ろし常有理に押しつけた。

V₁着₁

（4）路明遥 从 书包 里 掏 出 芭蕾舞 鞋, 一面 往 脚 上 穿 着, 一面 对 妈妈 说。（張194）

路明遥 から カバン 中 取る だす バレエ シューズ, ～ながら に 足 上 履く（着 zhe）, ～ながら に 母親 言う

路明遥はカバンからバレエシューズを取り出し、足につけながら、母親に言った。

V₂着₂

（4'）她 下边 穿着 条 夹裤, 上面 穿着 件 青 布 小 棉袄, 没 系 钮扣。（駱212）

彼女 下 着る（着 zhe）本 ズボン, 上 着る（着 zhe）枚 青い 布 小さい 綿入れ, ～なかった かける ボタン

彼女は下にはズボンをはき、上にはボタンをかけずに青木綿の綿入れを着ていた。

V₁着₁

（5）她 一面 叫着, 一面 往 沙发 上 扔着 书包, 外衣…（張193）

彼女 ～ながら 叫ぶ（着 zhe）, ～ながら へ なげる（着 zhe）カバン, 上着

彼女は大声をあげながら、ソファーにカバンや上着を放り投げ…

V₂着₂

（5'）破 闷葫芦罐 还 在 地 上 扔着, 他 拾起 块 瓦片 看 了 看, 照旧 扔 在 地 上。（駱106）

壊れる 貯金箱 まだ に 床 上 投げる（着 zhe）, 彼 拾う あげる 枚 瓦のかけ

3 「着」とそれに関連する2つの動態範疇

ら 見る （了 le）　見る，やはり　なげる　に 床 上
壊れた貯金箱がまだ地面にちらかっていた、彼はかけらを拾いあげしげしげと見た後、またポイと捨てた。

V₁着₁

（6）可是 这时 大伙 只顾 挽 着 裤脚 向 前 跑,很 少 有 人 听 得 见。（耕）
しかし　このとき　みな　ひたすら　まくる　（着 zhe）　ズボン　すそ　へ　前　走る，とても　少ない　いる　人　聞く　〜できる
その時みなズボンのすそをまくって走るのに気を取られて、それを耳にした人はあまりいなかった。

V₂着₂

（6'）裤 腿 挽 着,袖子 撸 着,带 一 股 诱 人 的 野气…（全691）
ズボン　すそ　まくる　（着 zhe），そで　まくる　（着 zhe），帯びる　1　（股 gu）　誘う　人　（的 de）　粗野な雰囲気
ズボンのすそや服のそでをまくりあげ、人を誘惑する雰囲気を漂わせ…

V₁着₁

（7）没 管 祥子 听见 了 没有,她 抹 着 泪 跑 出去。（骆180）
〜なかった　関わる　祥子　聞こえる　（了 le）　ない，彼女　ぬぐう　（着 zhe）涙　走る　でていく
祥子の返事も聞かず、彼女は涙をぬぐいながらかけ出した。

V₂着₂

（7'）嘴唇 上 的确 是 抹 着 点 胭脂,使 虎妞 也 带 出 些 媚气。（骆48）
くちびる　上　確かに　（是 shi）　つける　（着 zhe）　紅　〜させる　虎妞　も　帯びる　だす　いくらか　媚態
くちびるには確かに紅がさしてあり、虎妞もやけに女っぽい。

以上各ペアの同形の「V着」の対立は、（音声的には同じであるが）意味と文法上において異なる2つのV、即ち「V₁」と「V₂」を区別しなければならないことを示唆している。

1.5　「動作」（後述するところの「出来事」）と「状態」という2つの意味範

曖が1つの動詞を2つの変異体に分ける。それについてLeechは次のように述べている。

　　「状態」か「出来事」かの選択は、英語の全ての動詞の用法に存在する。状態は、一面的で変化がなく、限定範囲もない。一方、出来事は、開始と終結があり、まとまりのある1つの統一体と見なすこともできれば、連続する出来事の一部や複数の出来事の一部を構成することもできる。両者の違いは、ちょうど可算名詞（複数形が可能な名詞：例えば、house/houses）と不可算名詞（複数形を作れない名詞：例えば、milk）の違いに喩えられる。とはいえ、名詞の場合は複数を表す接尾辞という文法マーカーがあるので、その棲み分けが比較的明瞭である。しかし動詞句には「出来事」を表すマーカーがない。しかも、名詞は（おそらくcakeというような単語以外は）通常どこかのグループに帰属させなければならないが、動詞は一般に中性で、「状態」から「出来事」へ、或いは「出来事」から「状態」へ転換することができる。

　　実際、もっとはっきり言えば、「状態」と「出来事」は意味レベルの用語であって、文法レベルの用語ではない。厳密に言えば、「状態動詞」や「出来事動詞」などと言うのは不適当で、「状態」や「出来事」の意味ないしは用法と言うべきである。（Leech1971、中訳文1983.4）

現代中国語において、上位に「置く」という意味を有する動詞が、「状態」と「動作」という異なる用法として用いられた場合、意味の違いが顕著に現れる。また、「V_2」と「V_1」の対立に依拠した意味項目の分類も十分可能である。例えば、『現代漢語辞典』では、「吊」と「跨」について次のように解説されている。「吊：①つるす：門前吊着两盏红灯／門の前に赤い提灯が2つぶら下がっている、②縄などでつりあげる、つりさげる：把和好的水泥吊上去。／よくこねたセメントをロープでつりあげる」。「跨：①片方の足をあげて前ないしは左右に大きく踏み出す：跨进大门／正門をまたいで入る、向左跨一歩／左の方へ1歩踏み出す、②両足を物体の両側に広げて座る、または立つ：跨在马上／ウマにまたがる、铁桥横跨长江两岸／鉄橋が長江の両岸にかかっている」。

　　「吊①」と「跨②」は「V_2」で、「吊②」と「跨①」は「V_1」である。

　　「V_2」と「V_1」の違いによって、同類の動詞の意味項目を分類することは

3 「着」とそれに関連する2つの動態範疇

難しいことではある。しかし、少なくとも文法研究においては、「状態」と「動作」という意味を拠り所として、「V_2」と「V_1」を区別することは必要なことである。実際、意味項目を分類する際、「V_2」と「V_1」の違いを出さないことの方が難しい場合もある。例えば、『現代漢語辞典』は「拉 la」について、次のように解説している。「①力で自分の方へ移動させる、または本人と共に移動させる：拉鋸／のこぎりを引く、拉纤／ロープを引っ張る、你把东西拉过来／物をここに引っ張ってきてくれ」。これは明らかに「V_1」としての解釈であるが、もし次のような「V_2」の用例に出くわしたら、説明不足であろう。例えば：

（8）四围 拉 着 歪歪扭扭 的 铁丝网。（劉205）
　　　周囲　引っ張る　（着 zhe）　曲がりくねる　の　鉄条網
　　　周囲には曲がりくねった鉄条網がひいてある。
（9）牲口市场在集市的尽头接近河滩的地方, 是个空场上定了些木桩. 拉着几根大绳, 大绳上拴着些牛、驴、骡、马。①（三204）
　　　引っ張る　（着 zhe）　いくつ　本　大きい　縄　大きい　縄　上　つなぐ　（着 zhe）　幾
　　　牛　ロバ　ラバ　馬
　　　家畜市は市の一番奥の川原に近い場所にあり、空き地には木のくいが打ってあり、太縄が何本が引っ張ってあり、牛やロバ、ラバやウマがつながれている。

1.6　内部に「V_1」と「V_2」の対立を有する動詞は、通常、辞書などでは「V_1」の解釈しか掲載されていない。ここでは「V_2」の意味特性についてすこし説明しておきたい。まず次の中英の用例を比較されたい。
Ⅰ　桌子 上 摆着 几 本 书。
　　テーブル　上　並べる　（着 zhe）　幾　冊　本
　　テーブルの上に本が何冊か並べてある。
Ⅱ　箱子 里 装着 一 套 二十四 件 的 茶具。
　　箱　中　入る　（着 zhe）　1　セット　24　点　の　茶器
　　箱の中に1セット24点の茶器が入っている。

---

① 訳者注：逐次訳は下線部のみを示す。

Ⅲ 头 上 裹 着 一 块 白 毛 巾。
　　　頭　上　巻く　（着 zhe）　1　枚　白い　タオル
　　頭に白いタオルを巻いている。
以上の3例に近似する英語は次のようである。
　Ⅰ' There are books on the table.
　Ⅱ' There is a tea service of twenty-four pieces.
　Ⅲ' There is a white towel round his head.
英語の文には、「place ／摆／並べる、stuff ／装／入れる、詰める、wrap ／裏／まく、包む」というような動詞は用いられず、すべて be が用いられいてるこれは、「存在」という意味が動詞の表す中心的な意味の1つであることを物語っている。

中国語には「存在」を表現する方法がたくさんある。目下検討中の「V₂」以外にも、動詞の「有／ある、いる」や「是 shi ／〜である」を用いることもできれば、名詞述語文を用いることもできる。従って、存在を表現する場合、これらの形式はよく交替で使用される。例えば：
(10) 右边 耳门 的 门楣 上, 题 着 "竹苞", 左边 门 上 是 "松茂" 二 字。（山40）
　　右側　脇門　の　かまちの横木　上, 書く　（着 zhe）「竹苞」, 左側　門　上　（是 shi）「松茂」　2　字
　　右の脇門のかまちの横木には「竹苞」、左の入り口の上には「松茂」とそれぞれ2字書いてある。
(11) 拐杖是用一根连根的羊奶木做的, 柄 上 烙 着 许多 小 梅花, 柄端有一点红…（全597）
　　柄　上　焼き付ける　（着 zhe）　たくさん　小さい　梅の花
　　杖は根付きのツゲの木で作られたもので、柄には小さな梅の花がたくさん焼き付けてあり、柄の先には朱が入っていて…
(12) 沙发前的矮几上放着烟具等物, 台中偏右有两个小沙发同圆桌, 桌 上 放 着 吕宋烟 盒 和 扇子。（曹3）
　　テーブル　上　置く　（着 zhe）　シガー箱　と　扇子
　　ソファーの前の低いテーブルの上に喫煙具などが置いてある。ボードのやや右手に小さなソファーが2つと丸いテーブルがあり、その

3 「着」とそれに関連する2つの動態範疇

テーブルの上にはシガーの箱と扇子が置いてある。

(13) 上身 穿 着 件 天蓝 的 褂子,下边 一 条 法兰绒 的 宽 腿 裤子。（二 123）

上半身 着る （着 zhe） 着 スカイブルー の シャツ, 下 1 着 フランネル の 広い 足 ズボン

上にはスカイブルーのシャツーを着ており、下はフランネルの幅広のズボンをはいている。

(14) 小 孩儿 们,有的 穿 着 满身 的 白 羊绒,有的 从 头 到 脚 一身 红 绒 的 连脚裤…（二3）

小さい 子供 たち,ある者 着る （着 zhe） 全身 の 白い カシミヤ,ある者 から 頭 まで 足 全身 赤い 毛糸 の 靴下付きのズボン

子供たちは、全身真っ白のカシミヤを着ている子や、頭からつま先まで真っ赤な毛糸のつなぎを着ている子もいて…。

(15) 窗子 里 摆 着 些 磁器、铜器、旧 扇面、小 佛象, 和 些个 零七八碎儿 的。窗子右边还有个小门, 是楼上那家修理雨伞、箱子的出口儿, 铺子左边是一连气三个小铺子…（二 57）

ショウインドウ 中 並べる （着 zhe） すこし 陶磁器 銅器 古い 扇子に張る紙 小さい 仏像 と いくらか 細々した物 の

ショウインドウには陶磁器や銅器、古い扇の面、小さな仏像、その他細々したものが並べてある。ウインドウの右側には小さな入り口があって、二階にある傘や箱を修理する店の出入り口になっている。店の左側は3軒続きの小さな店で…。

用法と意味が「V₂着₂」に相当する「V有」は、「V₂着₂」の意味が「存在」であることを最もよく表している。以下の用例は「V有」を用いたものである。

(16) 大 草 篮子 里 装 有 暖壶、奶粉 和 代乳粉, 真是 稀奇古怪。(劉255)

大きい 草 カゴ 中 入る （有 you） ポット 粉ミルク と ミルクの代用品, 本当に 奇妙キテレツだ

大きなバスケットの中にはポットに粉ミルクと粉ミルクの代用品が入っている。なんてヘンテコなんだろう。

(17) 地毯 是 绿色 的,上面 织 有 白色 的 花纹。(全514)

絨毯 （是 shi） 緑色 （的 de）,上 織る （有 you） 白い （的 de） 花柄

57

絨毯は緑色で、白い花柄が編まれてある。
- (18) 我 看 着 那 刻 有 小 梅花 的 柄… (全598)
  私 見る (着zhe) その 彫る (有you) 小さい 梅花 の 柄
  私はその小さな梅の花が彫ってある柄を見て…

　上の例は、「V₂着₂」が間違いなく「存在」を表すことを示している。しかしここで、単独の「V₂」が「存在」を表すか否かを明らかにする必要があるであろう。もし表すことができないのなら、「V₂」と「V₁」の対立だけでは不充分で、「着₂」に頼らざるを得ない。以下の用例は「V₂」の成立を支持するものである。

- (19) 右边 壁炉 上 有 一 只 钟,墙 上 挂 一 幅 油画。(曹3)
  右側 暖炉 上 ある 1 個 時計, 壁 上 掛ける 1 枚 油絵
  右の暖炉の上に時計があり、壁には油絵が掛けてある。
- (20) 柜 前 有 一 张 小 矮凳,左 角 摆 一 张 长 沙发。(曹3)
  タンス 前 ある 1 個 小さい 低い腰掛け, 左 角 並べる 1 個 長い ソファー
  タンスの前に小さな腰掛けがあり、左の角には長いソファーが置いてある。
- (21) 屋子 右面 放 一 张 木床,床 上 单薄 的 铺 着 旧 床单,堆 着 旧 棉袄。(曹207)
  部屋 右側 置く 1 台 木のベッド, ベッド 上 薄い (的de) 古い シーツ, 積む 古い 綿入れ
  部屋の右手に木のベッドが置いてあり、ベッドの上には寒そうな古いシーツが掛けてあり、古い綿入れの上着が積んである。
- (22) 床 下 横七竖八 有 几 双 花鞋,床 前 搁 几 把 椅子。(曹207)
  ベッド 下 散らかす ある 幾 足 刺繍をした靴, ベッド 前 置く 幾 脚 椅子
  ベッドの下には何足もの婦人靴が散らかっていて、ベッドの前には椅子が数脚置いてある。
- (23) 她 发际 插 一 朵 红花,乌黑 的 鬢髻,垂 在 耳际。(曹137)
  彼女 髪の生え際 さす 1 輪 赤い花, 真っ黒 の ほつれ髪, 垂れる に 耳際
  彼女は髪のはえぎわに1りんの赤い花をさし、真っ黒なほつれ髪が耳に垂れている。

(24) 只见 他 头 上 挽 条 酱色 毛袱子,上身 穿 件 旧 青 布 棉袄…
（山6）
目に入る 彼 頭 上 まく 枚 小豆色 巾着, 上半身 着る 着 古い 青い 布 綿入れ

彼は頭を小豆色の巾着でまとめ、藍色の古い綿入れを着て…

(25) 她 的 脑 后 梳 个 耙耙头,右 手腕 上 戴 一个 玉钏… （山143）
彼女 の 頭 後ろ とぐ 個 まるまげ, 右 手首 上 はめる 1つ 玉のブレスレット

彼女は頭の後ろを櫛でとぎ、右の手には玉のブレスレットをしている。

(26) 仓 门 板子 关 得 严丝密缝 地,上面 吊 把 铁 打 的 牛尾锁。
（山68-69）
倉庫 入口 板 閉める （得de） 隙間なく （地de），上 つるす 個 鉄 作る （的de） 牛尾鎖

倉庫の入り口の戸は厳重に閉められていて、上から鉄の鎖がぶら下がっている。

(27) 他 穿 一 件 肩上 有 补疤 的 旧 青 布 棉袄,腰 上 束 条 老 蓝 布 围巾。
彼 着る 1 着 肩 上 ある つぎ の 古い 青い 布 綿入れ, 腰 上 しめる 本 古い 青い 布 前掛け

彼は肩につぎを当ててある青色の古い綿入れを着て、腰には古い藍色の前掛けをしている。（山67）

単独の「V₂」が述語として用いられる場合「V₂着₂」ほど自由ではない。しかし、それは意味レベルの問題ではなく、文法レベルの問題である。

もちろん、安易に「V₂」が「是 shi」「有 you」と同じであると見なしてはならない。「是 shi」や「有 you」は「存在」という概念しか表さないが、「V₂」は「存在」以外にも存在の仕方、即ちどのような状態で存在するのかをも表す。「墙上贴着一幅画／壁に絵が1枚貼ってある」と「墙上挂着一幅画／壁に絵が1枚掛けてある」の違いは、「画／絵」の存在の仕方が異なるのである。「V₂」の意味をまとめれば、「…の仕方で存在している」ということになる。

また場合によって、「V₂」は「仕方」という意味よりも、「存在」の意味の方が強いこともある。これによって、一部の動詞は、「V₁」としての場合は同義語ではないが、「V₂」としての場合は同義語になる。例えば、「吊／つるす

59

・ぶら下がる」と「挂／掛ける・掛かる」は、「树枝上吊着一根绳子／木の枝にロープが1本ぶら下がっている」と「树枝上挂着一根绳子／木の枝にロープが1本掛かっている」においては同義であるが、「你把它吊上去／それを吊り上げてくれ」と「他把它挂上去／彼はそれを掛ける」においては、「吊」は「ロープなどで縛って上につり上げたり、つりおろしたりする」という意味であり、「挂」は「ロープ、カギ、釘などを用いてモノをある場所の一カ所或いは数カ所に付着させる」という意味である。

　その他、「V_1」と「V_2」の対立は時間補語によって表される時間の概念にも現れる。「她穿了半天／彼女は服を着始めてしばらくたつ」は次の2文においては意味が異なる。「a 她穿了半天还没穿好, 真急死人。／彼女は先程から服を着ているのだがまだ終らない、まったく困ったもんだ。」、「b 她穿了半天就脱掉了. 还说样子不好。／彼女はしばらく服を着ていたが脱いでしまい、恰好が悪いと言った。」について言えば、前者の「穿／着る」は「V_1」で、後者の「穿／着る」は「V_2」である。「半天／しばらく」は前者では「穿／着る」という動作の進行時間を表し、後者では装着後の持続時間を表すものである。

1.7　以上の議論から、中国語の「着 zhe」と英語の進行形の関係を新たな解釈で説明することができる。陳剛氏は次のように指摘している（1980.1）。

　　以下の例では、英語の動詞は進行形の-ing を用い、中国語の動詞は「着 zhe」を用いる。しかし、意味は必ずしも同じではない。

　⑭ The car is stopping. ≠ 车在那儿停着。
　　　車が停車するところである。≠ 車がそこに停車している。
　⑮ She is laying aside a lot of money. ≠ 她攒着好些钱。
　　　彼女はたくさん貯金しているところである。
　　　　　　　　　　　　　　≠　彼女はたくさん貯金がある。
　⑯ 祖宗埋着无数的银子。≠ His forefathers were burying countless silver.
　　　先祖はたくさんの銀を埋めている。
　　　　　　　　　　　≠　（その時）先祖はたくさんの銀を埋めていた。
　⑰ 头上裹着块白毛巾。≠ He is wrapping a white towel round his head.
　　　頭に白いタオルをまいている。
　　　　　　　　　　　≠　彼は頭に白いタオルをまいているところだ。

⑭の英語の進行形は動作をスローモーションで表している。⑮の英語の進行形は持続進行している動作を表す。中国語の4例の「着 zhe」はいずれも動作がもたらした状態を表す。

筆者は、「着 zhe」と ing の違いの他に、動詞間の相違にも関係があり、むしろ動詞の違いの方が影響が大きいのではないかと考える。中国語の「埋／埋める」と「裏／まく」にはいずれも「V_1」と「V_2」の区別が見られるが、英語の bury と wrap には「V_1」の用法しかない。前掲例において、「埋／埋める」と「裏／まく」はいずれも「V_2」であるため、中国語の文と英語の文の意味が異なるのである。また、中国語の「攢／（お金を）ためる」は「V_2」であるのに対し、英語の lay は「V_1」であるため、両者の意味が異なるのである。⑭で言えば、英語の文は「バスがちょうど減速し停車しようとするところであることのみを意味する」(Leech1971、中訳文 1983.4)。したがって、英語の動詞 stop は「V_1」となる。反対に、中国語の「停／止まる」の後に「着 zhe」を伴うものは「V_2」でしかない。中国語で The car is stopping.を表現しようとすれば別の言い方をするほかない。

このような土台に立って検討すれば、中国語の「着 zhe」と英語の ing との関係が比較的明白になってくる。中国語の「V_2着$_2$」は英語の進行形で翻訳することができないが、中国語の「V_1着$_1$」はある程度英語の進行形に対応する。ここで「ある程度」と強調するのは、中国語と英語がそれぞれ動作の進行を表現する場合、「着 zhe」と ing の文法的意味は基本的に同じであるが、使用上の習慣が異なるからである。例えば、英語の「推移出来事動詞」arrive、die、fall、land、leave、lose、stop が進行形に使用された場合、ある状態への移行を表し、それを中国語に翻訳すると、いずれも「快要／いよいよ」という意味を持つ。例えば:

The train was arriving.
（当时）火车快要进站了。
（その時）汽車がホームに入ってきた。
The old man was dying.
（当时）老人快要死了。
（その時）老人は死にかけていた。

このような意味の場合、arriving と dying に対応する中国語は進行表現を用い

ない。[2)]

1.8　この類の動詞を「V₂」と「V₁」に分けることにより、以下の現象を比較的合理的に解釈することができる。まず用例を見てみよう。
　　(28) 帽子 上 插 着 一 捆 老鼠 尾巴。(二29)
　　　　　帽子　上　挿す　(着 zhe)　1　束　ネズミ　尻尾
　　　　　帽子には一束のネズミの尻尾が差してある。
　　(29) 左边 放 一个 白 底 蓝 花 仿 明 磁 的 大口 磁缸,里面 斜 插 了 十 几 轴 画。(曹276)
　　　　　左側　置く　1つ　白い　底　青い　花　模造する　明の陶磁器　の　大きい　カマ,中　斜め　挿す　(了 le)　10 幾　本　絵
　　　　　左には、底の白い、青い花模様で明の陶磁器の模造品の大きなカメが1つ置いてあり、そのなかに絵が十何本か斜めに差してある。
　　(30) 她 并 不 好看,有些 胖,满 脸 涂 着 粉。(曹208)
　　　　　彼女　決して　～ない　きれいだ,すこし　太い,いっぱい　顔　塗る　(着 zhe) おしろい
　　　　　彼女はきれいというわけではなく、小太りで、顔じゅうにおしろいをぬっている。
　　(31) 上面 歪歪 涂 了 四 行 字…(曹206)
　　　　　上　てんでんばらばら　でたらめに書く　(了 le)　4　行　字
　　　　　上にはてんでんばらばらに4行の字が書いてあり…
　　(32) 杆 上 糊 着 张 红 纸。(二174)
　　　　　竿　上　貼る　(着 zhe)　枚　赤い　紙
　　　　　竿に赤い紙が貼ってある。
　　(33) 一 扇 朝 北 开 的 花 格子 窗子 糊 了 旧 报纸。
　　　　　1　枚　に向かって　北　開く　(的 de)　模様のある　格子　窓　貼る　(了 le) 古い　新聞
　　　　　北向きの格子窓には古新聞が貼ってある。
　　(34) 凳子 上 正 搁 着 一 只 皮箱,半 掩 着 箱盖。(曹238)
　　　　　腰掛け　上　～ている　置く　(着 zhe)　1 個　トランク,半分　閉じる　(着 zhe)　蓋
　　　　　腰掛けの上にトランクが置いてあり、蓋が半開きになっている。

62

3　「着」とそれに関連する2つの動態範疇

(35) 几 上 搁 了 一 个 小小 的 红 泥 火炉, 非常 洁净。(曹 238)
　　小さなテーブル　上　置く　(了 le)　1つ　小さい　(的 de)　赤い　泥　コンロ,
　　非常に　きれいだ。
　　小さなテーブルの上に赤泥で作った小さなコンロが置いてあり、たいへん清潔である。

(36) 右边 耳门 的 门楣 上, 题 着 "竹苞" …(山 40)
　　右側　脇門　の　かまちの横木　上,　書く　(着 zhe)　「竹苞」
　　右の脇門のかまちの横木には「竹苞」と書いてある。

(37) 照片 的 一 张 的 上端,还 题 了 "党训班同学留影" 七 个 小 字。(山 21)
　　写真　の　1　枚　の　上,また　書く　(了 le)　"党訓班同学留影"　7　個　小さい　文字
　　1枚の写真の上の端に「党訓班同級記念」と小さな7文字が書いてある。

(38) 后面 悬 着 个 破 元宝 筐子。(骆 209)
　　後ろ　つるす　(着 zhe)　個　ぼろぼろだ　馬蹄形　カゴ
　　後ろにはぼろぼろの馬蹄形のカゴがつるしてある。

(39) 各 屋 的 画儿 上 全 悬 上 一 枝 冬青叶。
　　各　部屋　の　絵　上　すべて　つける　(上 shang)　1　本　モチノキ
　　各部屋の画の上に1本のモチノキがつけられている。

(40) 现在 茫然 的 进 到 新房,白 得 闪眼,贴 着 几 个 血红 的 喜字。(骆 133)
　　現在　茫然とする　(的 de)　入る　到る　新居,白い　(得 de)　まぶしい,貼る
　　(着 zhe)　幾　個　真っ赤だ　(的 de)　喜という字
　　茫然として新居に入ったとたん、部屋が白くてまぶしい。真っ赤な「喜」の字がいくつか貼りつけてある。

(41) 第六 天 的 清早,书店 大门 上 还 贴 上 了 这样 一 个 小 纸条。(青 82)
　　第　6　日　の　早朝,本屋　入口　上　また　貼る　つける　(了 le)　このような　1つ　小さい　紙
　　6日目の早朝本屋の大きな入り口にこのような小さな紙が貼ってあ

63

った。
(42) 旗袍 镶 着 银灰色 的 花边。(曹 19)
　　　チャイナドレス　つける　(着 zhe)　シルバー　の　縁飾り
　　チャイナドレスにはシルバーの縁飾りがつけてある。
(43) 黑 的 云峰 镶 上 金黄 的 边…(骆 135)
　　　黒い　(的 de)　雲の山　つける　(上 shang)　金色　の　縁飾り
　　黒い雲のまわりには金色の縁飾りがつけてある。

「着 zhe」と「了」の文法的意味は異なるが、前掲例においては、その差がまるで感じられない。この現象については様々な解釈がある。範方蓮（1963.5）は、「この『了』（筆者注：北京人は『lou』と読む）は、基本的に前掲の『着 zhe』に相当し、『着』に置換できるが、完了相の『了』とは異なる。」と考えている。一方、于根元（1983.12）は「一部の動詞、例えば『提／持つ、抱／抱く、拉／引っ張る』などは、状態をもたらす動作自体は瞬時に完了するが、もたらされた状態は長く持続することができる。従って、動作が完了したことは状態が形成されたということを意味し、状態が形成されたということは動作が完了したということを意味することになる。条件が許せば、書記上の重複を避けるため、『着 zhe』と書いたり『了 le』と書いたりする。とはいえ、『着 zhe』と『了 le』は文法的意味も違うし、同一のものでもない。」と指摘している。

このような現象をどのように見なすべきか、そのポイントは、前掲のペアの文に異なる成分が一体いくつあるかということにある。例えば、次のような等式がある。

A＋B＋C＋D＋E＝a＋b＋c＋d＋eでなおかつ、A＝a、B＝b、C＝c、D＝dであるならば、必然的にE＝eとなる。もしA＝a、B＝b、C＝cなら、移項してD＋E＝d＋eとなる。この等式はD＝dあるいはE＝eであることを要求しているわけではない。

「V着」と「V了」の関係もそのようなものである。もし両者のVが異なれば、「着 zhe」と「了 le」は同じだとはいえない。注目すべきは、「着 zhe」と「了 le」を置き換えても文の意味が変わらないのは、「V₂」「V₁」両方持ち合わせた動詞に限られるという点である。よって、前述の現象を筆者は次のように解釈する。

前掲のペアの文において、「了 le」を伴う動詞は「V₁」であり、「着 zhe」を

3 「着」とそれに関連する2つの動態範疇

伴う動詞は「V₂」である。「V₁了」は動作の完了であり、「V₂着₂」は状態の持続である。「V₁」は上位に「置く」という意味を有する動詞であり、意味構造上、常に特定の場所と関連し、動作完了後、モノをある場所に留存させるため、「V₁了」が存在文に用いられた場合、その意味は「V₂着₂」と同じになる。そのため、「V₁了」と「V₂着₂」の違いは、存在文のなかでは中和されるが[3]、決して「着 zhe」と「了 le」の文法的意味が同じであるというわけではない。

なお、方向補語（或いは結果補語）を伴う動詞は「V₁」なので、前掲例「V上」は「V了」と同じことになる。

2 有標と無標

2.0 助詞「着 zhe」は、現代中国語の標準語における動態マーカーとして、動詞体系の中で「V着」という形で「V」と対立している。有無という対立のあり方からすれば、無標もまた1つの標識であり、ここでは「Vφ」と記す[4]。

「Vφ」と「V着」の関係を大きく2種類に分けることができる。1類はどちらか一方の形式しか持たない動詞、2類は両方の形式を持つ動詞である。「Vφ」と「V着」の対立は、1類では語彙形式の対立として現れるが、2類では意味上の対立として現れる。

2.1 邢公畹氏はかつて「Vφ」形式だけを持ち「V着」形式を持たない動詞を「終結性動詞」と呼んだ（1979．2）。その終結性動詞には2種類ある。

1つは単純形のものである。例えば、「去／行く」、「进／入る」、「出／出る」、「交／渡す」、「给／あげる」、「摔／ころぶ」、「倒／倒れる」、「完／終わる」、「停／止まる」、「死／死ぬ」、「懂／分かる」、「回／帰る」、「还（债）／（借金を）返す」、「允许／許す」、「发现／発見する」、「知道／知る」、「采取（手段を）／（措置を）取る」、「接受／引き受ける」、「离开／離れる」、「遗失／失う」などである。

もう1つは複合形のものである。結果動詞も含む。例えば、「摔倒／転倒する」、「摔坏／落として壊す」、「失掉／失う」。「混熟／親しくなる」、「涨红／真っ赤になる」、「谈完／話し終わる」などである。そのほかに「扫干净／きれいに掃除する」、「老胡涂（了）／おいてぼけ（た）」などの組み合わせのものもここに入る。

これらの動詞は「着 zhe」を伴うことはできない。

　ここでは、この「終結性動詞」は必ずしも常に「着 zhe」を排除するわけではないということを付言しておく。1つは、ある一部の動詞はそれ自身2つの意味的変異体を有するからである。例えば、邢が挙げている「倒／倒れる」、「停／止まる」などがそうである。「V₁」としてなら「着 zhe」を伴わないが、「V₂」としてなら常に「着 zhe」を伴う。例えば、「坑道口横七竪八地倒着十几具尸体／坑道の入り口に死体が折り重なるように十何体倒れている」、「大門口停着輛黒色的轎車／入口には黒色の車が止まっている」。もう1つは、ある一部の動詞は1回の動作としては持続不可能であるが、繰り返し行うことは可能だからである。このようなものも「着 zhe」を伴うことができる。

2.2　「V着」形式のみ持ち「Vφ」形式を持たない動詞の方は、これまで注目されることがなかった[5]。次に挙げる「V着」の例は、「V」がいずれも膠着性のもので、少なくとも筆者の調査の限りでは、これに対立する「Vφ」は見つからなかった。

　　(44) 他 想 提 出来, 碍着 自己 是 技術員, 在 組 里 大小 算 个 頭目, 不 好 張 嘴。(劉2)
　　　　彼 〜たい 提案する だす 妨げる 自分 (是 shi) 技師, に 組 中 大なり
　　　　小なり といえる 個 リーダー, 〜ない よい 開く 口
　　　　彼は言いたいのだが、自分は技師だし、組の中では大なり小なりリーダーでもあるので、なかなか口を出すことができないのだ。

　　(45) 我 还 用不着 你 父親 背着 我, 把 我 当 疯子…(曹112)
　　　　私 まだ 必要としない あなた 父親 背負う 私, (把 ba) 私 とする バカ
　　　　わしは君の父さんにおぶってもらう必要はない、馬鹿にして…

　　(46) 希望 我们 总参謀部 所有 的 干部, 本着 这样 的 精神 団結 起来, 把 工作 做 好。(鄧3)
　　　　希望する われわれ 総参謀部 すべて の 幹部, 基づく そのような (的 de)
　　　　精神 団結する (起来 qilai), (把 ba) 仕事 する よい
　　　　我々総参謀部のすべての幹部が、そのような精神に基づいて団結し、しっかりと仕事をこなすことを願う。

　　(47) 这 东西 是 他 下午 在 场上 比着 滚 做 的…(三22)

3　「着」とそれに関連する2つの動態範疇

　　　　　この　もの　（是 shi）　彼　午後　で　脱穀場　真似る　転がす　作る　（的 de）
　　　　　これは彼が午後脱穀場で見本にならって作ったのだ。
(48)　这　种　猜想　里　虽然　怀着　妒羡,可是,万一　要　真是　这么　回事
　　　呢…（骆34）
　　　　　この　種　憶測　中　にもかかわらず　持っている　やっかみ,しかし,万一　もし
　　　　　本当に　このような　回　事　（呢 ne）
　　　　　そういう憶測はやっかみ半分というところもあったが、万一これが
　　　　　本当のことになったりしたら…
(49)　把　帽子　压　得　极　低,为　是　教　人　认　不　出来　他,好　可　以　缓着
　　　劲儿　跑。(骆173)
　　　　　（把 ba）　帽子　押さえる　（得 de）　たいへん　低い,～ため　（是 shi）　～さ
　　　　　せる　人　わかる　～ない　（出来 chulai）　彼,よい　できる　緩める　力　走る
　　　　　帽子を目深にかぶり、誰にも気づかれないようにした。ゆっくりと
　　　　　走ることができるように。
(50)　白银儿　正　横　躺　在　坑上,就着　小　灯　在　收拾　那些　吸　烟　的　家
　　　具…（太31）
　　　　　白銀児　～ている　横　横になる　オンドル,利用する　小さい　燈　片づける　そ
　　　　　れら　吸う　アヘン　の　道具
　　　　　白銀児はオンドルで横になっていて、小さな灯りを利用してアヘン
　　　　　の道具を片付けている…
(51)　连　赌　钱,他　都　预备　下　麻将牌,比　押宝　就　透着　文雅　了　许多。
　　　（骆121）
　　　　　さえ　賭ける　金,彼　（都 dou）　用意する　（下 xia）　麻雀牌,より　（押宝＝
　　　　　賭博の1種）　上品だ　（了 le）　多い
　　　　　博打でさえ、麻雀牌を用意して、宝盒よりずっと上品なのだ。
(52)　车夫　们,不管　向着　谁　吧,似乎　很　难　插嘴。(骆131)
　　　　　車夫　たち,～にせよ　味方する　誰　（吧 ba）,～のようだ　とても　難しい　挟む　口
　　　　　車夫たちは、誰かの見方をしようにも、なかなか言い出しにくいよ
　　　　　うだ。
(53)　都　指着　我　呀,我　成天际　去　给　人家　当　牲口…　（骆160）
　　　　　みな　頼る　私　（呀 ya）,私　朝から晩まで　行く　に　他人　する　役畜

67

おれに頼ろうったって、おれは朝から晩までウマのように走り回っ
　　　てんだ。
そのほか、一部の接続詞も「V着」形式を取り、対立する「Vφ」形式を持た
ない。
　　(54) 念 完 名单 接着 就 发 票 选举。(三 91)
　　　　　読む おわる 名簿 続いて (就 jiu) 配る 用紙 選挙をする
　　　　名簿を読み終わったら、続いて用紙を配って選挙を行う。
　　(55) 跟着, 东方 的 朝霞 变成 一片 深红, 头上 的 天 显 出 蓝色。(駱 24)
　　　　　ついで, 東方 の 朝霞 変わる 一面 真紅, 頭上 の 空 現れる だす 青色
　　　　ついで東の空の朝霞が真紅に変わり、頭上の空が青色になる。

2.3　文法的に許される「Vφ」と「V着」の両形式には意味を区別する機能
がある。即ち、意味上の有標と無標の対立である。特に連体修飾語の位置にお
ける「Vφ」と「V着」の相違が顕著である。有標の形式は一貫してある一定
の意味（動作の進行と状態の持続）を表すのに対し、無標の形式はいくつかの
異なる意味を持つ。
　　I　「用途」を表す「Vφ」

　　　挂 衣服 的 架子　　　　　　　　　挂 着 衣服 的 架子
　　　　掛ける 服 (的 de) ひっかけ　　　　掛ける (着 zhe) 服 (的 de) ひっかけ
　　　服をかけるひっかけ　　　　　　　服をかけてあるひっかけ

　　　装 皮鞋 的 盒子　　　　　　　　　装 着 皮鞋 的 盒子
　　　　入れる 革靴 (的 de) 箱　　　　　　入れる (着 zhe) 革靴 (的 de) 箱
　　　革靴を入れる箱　　　　　　　　　革靴を入れてある箱

　　　堆 农药 的 仓库　　　　　　　　　堆 着 农药 的 仓库
　　　　積む 農薬 (的 de) 倉庫　　　　　　積む (着 zhe) 農薬 (的 de) 倉庫
　　　農薬をストックする倉庫　　　　　農薬をストックしている倉庫

　　　拴 背包 的 带子　　　　　　　　　拴 着 背包 的 带子
　　　　つなぐ リュックサック (的 de) ひも　　つなぐ (着 zhe) リュックサック (的 de) ひも

　　　　　リュックサックをつなぐひも　　　　　リュックサックをつないでいるひも
左列の形式は、例えば「ひっかけ」に「服」が掛けられていることを要求しないのに対し、右列の形式は必ずそれを要求する。例えば、右の形式は、必ずしも「ひっかけ」が「服」掛け専用のものとして要求されるわけではなく、他の用途に供される「ひっかけ」が臨時に服掛けとして使用されたとしても構わない。しかし、左の形式は必ず用途を指定する。よって、「挂衣服的架子／服をかけるひっかけ」は「挂衣服用的架子／服を掛けるのに用いるひっかけ」と言えるが、「挂着衣服的架子／服をかけてあるひっかけ」は「挂着衣服用的架子／服をかけてあるのに用いるひっかけ」とは言えない。

　Ⅱ　「習慣」や「趣味」を表す「Vφ」
　　　　　抽　烟　的　人　　　　　　　　　　抽　着　烟　的　人
　　　　　吸う　タバコ　(的 de)　　人　　　　吸う　(着 zhe)　タバコ　(的 de)　人
　　　　　タバコを吸う人　　　　　　　　　　タバコを吸っている人

　　　　　喝　茶　的　人　　　　　　　　　　喝　着　茶　的　人
　　　　　飲む　お茶　(的 de)　　人　　　　飲む　(着 zhe)　お茶　(的 de)　人
　　　　　お茶を飲む人　　　　　　　　　　　お茶を飲んでいる人

　　　　　打　拳　的　同学　　　　　　　　　打　着　拳　的　同学
　　　　　する　拳法　(的 de)　学生　　　　する　(着 zhe)　拳法　(的 de)　学生
　　　　　拳術の練習をする学生　　　　　　　拳術の練習をしている学生

「抽烟的人／タバコを吸う人」は、必ずしも喫煙中であるわけではない。しかし「抽着烟的人／タバコを吸っている人」は、喫煙中であることを表す。反対に、「抽着烟的人／タバコを吸っている人」は、必ずしも喫煙の習慣や嗜好があるわけではないが、「抽烟的人／タバコを吸う人」は、必ず喫煙の習慣や嗜好があることを表す。

　Ⅲ　「職業」を表す「Vφ」
　　　　　开　车　的　小李　　　　　　　　　开　着　车　的　小李
　　　　　運転する　車　(的 de)　李くん　　運転する　(着 zhe)　車　(的 de)　李くん
　　　　　運転手の李くん　　　　　　　　　　車を運転している李くん

　　　　登山 运动员　　　　　　　　　登着山的运动员
　　　　　登る　山　選手　　　　　　　　　登る　(着zhe)　山　(的de)　選手
　　　　　登山家　　　　　　　　　　　　　山に登っている選手

　　　　打扫 厕所 的 老王　　　　　　　打扫 着 厕所 的 老王
　　　　　掃除する　トイレ　(的de)　王さん　　掃除する　(着zhe)　トイレ　(的de)　王さん
　　　　　トイレ掃除の王さん　　　　　　　トイレを掃除している王さん

　　　　架 电线 的 女兵　　　　　　　　架 着 电线 的 女兵
　　　　　架設する　電線　(的de)　女性兵士　　架設する　(着zhe)　電線　(的de)　女性兵士
　　　　　電線架設の女性兵士　　　　　　　電線をかけている女性兵士

「开车的小李／運転手の李くん」は、李くんが運転中であることを表すのではなく、単に李くんが車の運転を職業としていることのみを表している。「开着车的小李／車を運転している李くん」は、李くんの職業が運転手であることを表すのではなく、単に運転中であることを表している。

　Ⅳ　「性質」を表す「Vφ」
　　　　冰 汽水　　　　　　　　　　　　冰 着 汽水
　　　　　冷やす　ソーダー　　　　　　　　冷やす　(着zhe)　ソーダー
　　　　　アイスソーダー　　　　　　　　　冷やしているソーダー

　　　　蒸 咸鱼　　　　　　　　　　　　蒸 着 咸鱼
　　　　　蒸す　塩漬魚　　　　　　　　　　蒸す　(着zhe)　塩漬魚
　　　　　蒸し塩漬魚　　　　　　　　　　　蒸している塩漬魚

　　　　腌 猪肝　　　　　　　　　　　　腌 着 猪肝
　　　　　塩漬けをする　ブタレバー　　　　塩漬けをする　(着zhe)　ブタレバー
　　　　　塩漬ブタレバー　　　　　　　　　塩漬にしているブタのレバー

左列は、加工された商品であり、加工によってある種の性質を具えていることを表す。右列は、加工中のものであり、まだ完成していない可能性が高い。

　Ⅴ　「帰属」を表す「Vφ」
　　　　他 抄 的 那份　　　　　　　　　他 抄 着 的 那份

3 「着」とそれに関連する2つの動態範疇

彼 写す （的 de） あれ　　　　　　彼 写す （着 zhe） （的 de） あれ
彼が写した分　　　　　　　　　　彼が写している分

张 师傅 漆 的 车　　　　　　　　张 师傅 漆 着 的 车
張 師匠 塗る （的 de） 車　　　　　張 師匠 塗る （着 zhe） （的 de） 車
張さんが塗った車　　　　　　　　張さんが塗っている車

小王 洗 的 被単　　　　　　　　　小王 洗 着 的 被単
王くん 洗う （的 de） シーツ　　　王くん 洗う （着 zhe） （的 de） シーツ
王さんが洗ったシーツ　　　　　　王さんが洗っているシーツ

左列の動作はいずれも完了したものである。従って、「那份／あれ」は必ずしも「彼」の手元にあるわけではない。右列の動作はいずれも現在進行中である。従って、「那份／あれ」は必ず「彼」の手元にある。

3 「着zhe」の出現頻度が表す「着zhe」の文法的、語用論的特徴

3.0 本節では視点を換えて、「着 zhe」の出現頻度から「着 zhe」の文法的、語用論的特徴を検討したい。これを第2節の補足としたい。

3.1 「着zhe」の出現頻度と音節

　この調査は、2音節動詞（形容詞と前置詞を含む）や1音節動詞（形容詞と前置詞を含む）と「着 zhe」との共起能力の強弱を明らかにすることを目的とする。8名の作家の作品、計 54 万字を対象とした。調査は数理統計法を採用し、2音節動詞と1音節動詞に後続する「着 zhe」と、「着 zhe」の総字数とのパーセンテージを求めた。結果は以下の通りである。

　調査を通して、「着 zhe」は1音節動詞に多用され（91.53 ％）、2音節動詞には余り用いられない（8.47 ％）ということが明らかになった。この比率は次のような事実と関連がある。即ち、「Ｖφ」と「Ｖ着」との様々な対立は、主に1音節動詞に現れるということである（第2節の用例を参照）。助詞「着 zhe」は1音節動詞にのみ後続する。音節調整のための「着 zhe」は通常1音節動詞に後続する（于根元 1983.12）。

表1

作品名	「着」の総字数	2音節動詞 個数	2音節動詞 頻度	1音節動詞 個数	1音節動詞 頻度
A	149	5	3.36	144	96.64
A＋B	288	19	6.6	269	93.4
A＋B＋C	486	53	10.9	433	89.1
A＋B＋C＋D	742	74	9.98	668	90.02
A＋B＋C＋D＋E	1008	88	8.73	920	91.27
A＋B＋C＋D＋E＋F	1406	122	8.68	1284	91.32
A＋B＋C＋D＋E＋F＋G	2662	271	10.18	2391	89.92
A＋B＋C＋D＋E＋F＋G＋H	3587	335	9.34	3252	90.66
平均頻度　X			8.47		91.53

調査作品：A．巴金『春』1～40頁、B．茅盾『子夜』1～40頁、C．丁玲『太陽照在桑干河上』1～40頁、D．『浩然短編小説選』1～40頁、E．魯迅小説7篇：『狂人日記』、『孔乙己』、『薬』、『一件小事』、『故郷』、『阿Q正伝』、『祝福』、F．曹禺『雷雨』、G．老舎『駱駝祥子』、H．趙樹理『三里湾』。

3.2　「着zhe」の出現頻度と「描写性」

　ある状況下において、「着 zhe」を使用するか否かは、「描写性」を持つか否かによってのみ決められる。これは語感による認識である。このような認識については理論的検証が必要である。理論の根拠となる事実は調査の中でしか得られない。そこで、本稿は『雷雨』、『日出』、『北京人』といった3つの脚本から収集したデーターを、ト書きとセリフに大別し、それぞれに「着 zhe」の出現状況を統計した。結果は表2のようになる。

表2

作品名	分類	総字数（約）	「着」のべ数	頻度（％）
雷雨	ト書き	15000	230	1.53
	セリフ	83000	168	0.2
日出	ト書き	16000	344	2.15
	セリフ	82000	143	0.17
北京人	ト書き	16000	610	3.81
	セリフ	80000	141	0.18

本稿の統計データーの字数は実際の字数ではない。紙面における最大容量から推算したものである。ト書き部分の「着 zhe」はセリフ中の「着 zhe」より出現頻度がはるかに高い。これは、使用上「着 zhe」が描写性を有し、なおかつこれによって他の動態を表す文法形式と区別していることを物語っている。

3.3 「着zhe」の出現頻度と文体

次に、2つの政治論文から統計を取ったところ、「着 zhe」の出現頻度が極めて低いことが分かった。

表3

作品名	総字数	「着」のべ数	頻度（％）
毛沢東選集 I	210000	255	0.12
鄧小平文選	265000	117	0.04

その原因は、政治論文の持つ性格が理論を説くことにあるため、情景描写または状態描写が少ないからだと思われる。角度を換えれば、文芸作品は話し言葉的で、政治論文は書き言葉的であると言える。文体と言葉遣いは相関関係にあり、言葉遣いは「着 zhe」の頻度に大いに影響を与えるのである。

4 余論

現代中国語において動作の進行を表す形式は1つだけではない。一般に、「（正）在（zheng）zai」、「着 zhe」、「呢 ne」なども動作進行中を表すものとされている。この三者は組み合わせて使用されることもある。では、この三者は主にどのような違いがあるのであろうか。文法的意味よりむしろ機能面にその答えを求めるのがよかろう。

「呢（吶）ne」は専ら会話に使用される。話し手が聞き手に目下発生中の出来事を伝えるためのものである。例えば、「他吃飯呢／彼は食事をしているのよ」、「小明做功课呢／ミンくんは勉強をしているのよ」、「厂长会客呢／工場長は接客中だよ」である。呂叔湘氏（1982.8）は、「『呢』は確認を表すが、事実を指摘し、やや誇張を加えるというニュアンスを持つ。今現在のことやごく近い未来の事柄に多用される。『若, 你看!／ほら見て！』、『我告訴你, 你相信我的話／教えてやろう、おれを信じろ』というような態度である。」と指摘している。従って、会話ではない場合、例えば情景描写などで「呢 ne」は使用

できない。『雷雨』、『日出』、『北京人』を調べた結果、ト書きの部分で「呢 ne」が進行を表す表現は1例もない。また、「(正)在 (zheng) zai」や「着 zhe」と組み合わせて使用される例もなかった。

　この種の用法は話し言葉において多用され、書き言葉では稀である。老舎の作品においても少ない。書き言葉では通常「着 zhe」を付け加える。例えば、「他吃着饭呢／彼は食事をしているのよ」、「小明做着功课呢／ミンくんは勉強をしているのよ」、「厂长会着客呢／工場長は接客中だよ」である。「呢 ne」が単独使用で動作の進行を表す現象には、地域性もあり、すべての官話使用地域でこのような表現が見られるわけではない。注目すべきは、北京人の会話では通常「V呢」が使われ、「V着呢」は使われないということである[6]。

　「着 zhe」の機能が主に「描写」にあることについてはすでに検討した。「着 zhe」と「呢(呐) ne」の違いは明白であるが、その他にも、「呢(呐) ne」を伴うと文は必ず完結するが、「着 zhe」を伴うと文は完結せず、まだ後続部分があるようなニュアンスがある。

　「(正)在 (zheng) zai」は、「着 zhe」と「呢 ne」の両方の機能を持ち合わせている。対話に使用され、「小明在干什么？／ミンくんは何をしているの？」、「小明(正)在吃饭／ミンくんは食事中だ」のように、聞き手に目下発生中の出来事を伝える。また「小明(正)在吃饭／ミンくんは食事をしている」、「妹妹(正)在玩洋娃娃／妹は人形で遊んでいる」、「爸爸(正)在灯下学文化／お父さんは灯りのそばで勉強をしている」のように描写に用いることもできる。

　「着 zhe」と「呢 ne」の比較は、また別の側面から「着 zhe」が描写機能を有することをも物語る。

注
1) 標準語における「V着」と「V了」の関係については後述する。ここで指摘しておきたいことは、標準語の「V着」と「V了」が蘇州方言の「V仔」に対応するからといって、「着 zhe」と「了 le」の文法的意味が同じであると認めることはできない。
2) *Meaning and the English Verb* 第2章参照。Leechの動詞分類では、英語動詞の進行形を作るか作らないかは、以上で述べた習慣上の違いを除けば、中国語の「V₁着₁」とやはり比較的近似する。中国語の「着 zhe」と英語の-ingを比較するには、「V₁」と「V₂」を区別しておく必要がある。さもないと対応関係を見つけることは難しい。

3）「中和」という用語は、李英哲著・陸儉明訳「漢語語義単位的排列次序／中国語の意味構造の配列順序」(『国外語言学』1983 第3期) からの引用である。
4）有標と無標に関しては邵龍青「漢語語法分析中的零形式／中国語の文法分析におけるゼロ形式」に依拠する。有標と無標の意味関係に関しては、Lyons, J.(1968), *Introduction to Theoretical Linguistics.* § 2.3.7Marked and unmarked および § 3.3.10 Neutralization in relation to Marked and unmarked terms を参照されたい。
5）劉月華他『実用現代漢語語法』に挙げられている「趁着／～に乗じて」、「沿着／～に沿って」、「順着／～に沿って」、「向着／～をめざして」、「冒着／～を冒して」、「为着／～のために」、「怎么着／どうするのか」、「接着／続いて」の殆どはこのような状況に当てはまらない。「冒着」、「怎么着」、「接着」の「着 zhe」が接尾辞であることを除き、その他のものは違う。
6）俞敏氏のご教示による。筆者はかつて北京においてこの種の用法を調べたことがあるが、結果はその通りであった。

例文引用文献

1.『二』：老舎『二馬』、2.『駱』：老舎『駱駝祥子』、3.『曹』：『曹禺選集』、4.『三』：趙樹理『三里湾』、4.『劉』：『劉紹棠小説選』、5.『太』：丁玲『太陽照在桑干河上』、7.『山』：周立波『山郷巨変』、8.『張』：『張潔小説劇本選』、9.『全』：『1980年全国優秀短編小説評選獲奨作品集』、10.『青』：楊沫『青春之歌』、11.『鄧』：『鄧小平文選』、12.『耕』：李準『耕雲記』

参考文献

Leech, G.N. 1971 *Meaning and the English Verb*, London:Longman. 中国語訳：傑弗里・N・利奇『意義和英語動詞』上海外語教育出版社 1983.4. 邦訳：国広哲弥『意味と英語動詞』大修館書店).

呂叔湘　1982　『中国文法要略／中国語文法要略』, 商務印書館（新1版）.
朱徳熙　1982　『語法講義／文法講義』, 商務印書館（第1版）.
劉月華他　1983　『実用現代漢語語法／現代中国語文法総覧』, 外語教学与研究出版社.
袁家驊　1983　『漢語方言概要／中国語方言概要』, 文字改革出版社（第2版）.
李献璋　1950　『福建語法序説／福建語文法入門』, 南方書局.

陳　剛　　1980　　「試論"着"的用法及其与英語進行式的比較／『着』の用法及び英語の進行形との比較」，中国語文，第1期.

木村英樹　1983　　「関于補語性詞尾"着/zhe/"和"了/le/"／補語的動詞接尾辞『着/zhe/』と『了/le/』に関して」，語文研究，第2期.

于根元　1981　　「関於動詞後附"着"的使用／動詞に後続する『着』の用法」，語法研究和探索（1），北京大学出版社.

于根元　1981　　「上海話的"勒勒"和普通話的"在、着"／上海語の『勒勒』と標準語の『在、着』について」，中国語文，第1期.

黄丁華　1958　　「閩南方言的虚字"在"、"着"、"里"／閩南語における虚辞『在』『着』『里』について」，中国語文，第2期.

梅祖麟　1980　　「呉語情貌詞'仔'的語源／呉方言におけるアスペクト表現『仔』の語源」，国外語言学，第3期.

邢公畹　1979　　「現代漢語和台語里的助詞"了"和"着"／現代中国語と台湾語における助詞『了 le』と『着 zhe』」，民族語文，第2期.

雅洪托夫（C.E.ヤーホントフ）　1958　『漢語的動詞範疇／中国語動詞の研究』，陳孔倫訳，商務印書館.

原文：「論"着"及其相関的両個動態範疇」，語言研究，1985年第2期

4 「过」と「了」の関係についての試論

張暁鈴 著
原田寿美子／張勤 訳

0　「了 le」と「过 guo」の関係を論じることは、緻密な分析を経た上で初めて可能であり、十分な結果を得ることができる。しかしまた、あるものから出発して、それとその他との関係を観察することもできる。本論ではこの方法を採り、「过 guo」から出発して、「过 guo」と「了 le」の関係を検討する。

1.0　本論の「过 guo」「了 le」に対する基本的な認識は以下のようである。

1.1　一般にいう助詞の「过 guo」は2つに分けることができる。

　过 a：動作の完了、終結を表す。たとえば：
　（1）那五 擦 过 脸[①]．低头一看……（友）
　　　　那五 こする （过 guo） 顔
　　　　那五は顔を拭いて、頭を下げて見ると、～
　（2）杜宁 匆匆 吃 过 早饭．也上了路．（友）
　　　　杜寧 あたふたと 食べる （过 guo） 朝食
　　　　杜寧もあたふたと朝食を食べて、出発した。
　（3）哪怕 吃 过 饭 再 去 爬 山 呢！（孙）
　　　　せめて 食べる （过 guo） 食事 …してから 行く 登る 山 （呢 ne）
　　　　せめて食事をしてから山へ登るならまだよい。
　（4）等 我 问 过 了 再 告诉 你。（八）
　　　　…してから 私 尋ねる （过 guo） （了 le） …してから 告げる あなた
　　　　私が尋ねてから、あなたに言います。

---

① 訳者注：下の行の語釈は、点線部のみを示す。

この「过 guo」は多くの場合、「完／終わる」「罢／終わる」などに言い換えることができる。たとえば：

　　　　擦过脸――擦完脸――擦罢脸

言い換えることによって、わずかに意味が異なる場合があるが、基本的な意味は変わらない。

　过 b：動作や状態がかつて発生したことを表す。たとえば：
（5）我 想 过．三番五次 地 想 过 这 问题。(苏)
　　　　私 考える，(过 guo) 何度も (地 de) 考える (过 guo) この 問題
　　　　私は考えた。何度もこの問題を考えた。
（6）可是 东西 看 到 过．真正 的 "古月轩"。(友)
　　　　しかし 物 見る 到る (过 guo)．本物の (的 de) 「古月軒」
　　　　しかし、それは見たことがある。本物の「古月軒」だった。
（7）那个老尼姑．慧秀的师父．想 当年 也 是 风流 过 的。(孙)
　　　　　　　　　　　　　　考える 往年 も (是 shi) 風流だ (过 guo) (的 de)
　　　　その年とった尼さん、慧秀の師匠さんも、往年は風流なことをしたのだろう。
（8）那救人的青年．曾经 卑贱 过．可在死的那一刻升华到了高贵。(苏)
　　　　　　　　　　かつて 卑しい (过 guo)
　　　　人を助けたその青年は、かつては卑しかったが、死ぬ時には崇高なものへと昇華した。

「过 a」と「过 b」の違いは、いくつかの面から説明できる。

　1) 共起能力が異なる。私たちは、かつて、1032 個の常用動詞でひとつずつ試してみたが、「过 a」と共起し得るのは 698 個であり、「过 b」と共起できるのは 958 個であった。私たちは同時に 484 個の常用形容詞で試してみた。「过 a」は形容詞とは共起せず、「过 b」は大多数の形容詞と共起できた。フレーズとの共起では、「过 a」は「連合フレーズ」と共起できるだけであり、あまり多くは見られない。たとえば：

(9) 等 我们 研究 讨论 过 再 告诉 你。
　　～してから 私たち 研究 討論 （过 guo） ～してから 告げる あなた
　　私たちが研究討論してから、あなたに話します。

しかし、「过 b」は様々なフレーズと共起し得る[1]。たとえば：
(10) 他 从来 没有 打扮 得 这么 漂亮 过。
　　　　　　　　　　　　　　　　　　　（「動詞・補語フレーズ」+「过 b」）
　　彼 今まで ～なかった 装う （得 de） このように きれいだ （过 guo）
　　彼は、今までこれほどきれいに装ったことがなかった。
(11) 谁 听说 卖 进 山里 的 奴隶 跑 出去 一个 过。（友）
　　　　　　　　　　　　　　　　　　　（「動詞・目的語フレーズ」+「过 b」）
　　誰 ～ということを聞く 売る 入る 山 （里 li） （的 de） 奴隷 逃げる 出て行く 一人 （过 guo）
　　山の中へ売られた奴隷が一人でも逃げ出したということを誰も聞いたことがない。
(12) 我 叫 她 去 和 你、妇救会 主任 商量 过。（孙）
　　　　　　　　　　　　　　　　　　　（「兼語フレーズ」+「过 b」）
　　私 ～させる 彼女 行く と あなた 婦人救護会 主任 相談する （过 guo）
　　私は、彼女に、あなたや婦人救護会の主任と相談しに行かせたことがある。
(13) 有些人虽然没有戴帽子，但是 批评 或 斗争 过 他们，伤了感情。
　　（邓）
　　　　　　　　　　　　　　　　　　　（「連合フレーズ」+「过 b」）
　　しかし 批判する あるいは 闘争する （过 guo） 彼ら
　　何人かの人は、反革命のレッテルを貼られたことはないが、批判されたか、あるいは闘争されたことがあり、感情を傷つけられた。

2)「过 a」は過去、現在、将来の時間の中で用いることができる。たとえば：
(14) 那天 他 吃 过 饭 就 去 找 老李 了。
　　その 日 彼 食べる （过 guo） 食事 （就 jiu） 行く 訪ねる 李さん （了 le）
　　その日、彼は食事をしてから、李さんを訪ねた。

(15) 他 吃 过 饭 就 去 找 老李 了。
   彼 食べる （过 guo） 食事 （就 jiu） 行く 訪ねる 李さん （了 le）
   彼は食事をしてから、李さんを訪ねた。
(16) 明天 吃 过 饭 就 去 找 老李。
   明日 食べる （过 guo） 食事 （就 jiu） 行く 訪ねる 李さん （了 le）
   明日食事をしてから李さんを訪ねる。

しかし、「过 b」は過去の時間内に発生したことについてしか用いることができない。これは、「过 a」と「过 b」が異なる範疇に属することを表していると思われる。

3）方言のデータの中にも、「过 a」と「过 b」の違いを見出すことができる。たとえば、長沙語では[2]、「过 a」は[ka]と読み、「过 b」は[ko]と読むので、両者の区別は明らかである。厦門（アモイ）語[3]と莆仙語[4]では、「过 a」は使われないか、あるいは省略されているか、あるいは他の方法で動作の終了を表す。たとえば：

(17) 明天 吃 过 饭 到 我 家 里 来。（「標準語」）
   明日 食べる （过 guo） ご飯 へ 私 家 中 来る
   明日、食事をしてから私の家へ来て下さい。
(18) 明天 吃 饱 以后 来 我 家。（厦門語）
   明日 食べる 満腹だ 〜てから 来る 私 家
   明日、食事をしてから私の家へ来て下さい。
(19) 明天 吃 饭 了 到 我 家 里。（莆仙語）
   明日 食べる 食事 （了 le） 来る 私 家 中
   明日、食事をしてから私の家へ来て下さい。

しかし、「过 b」は標準語と同様に使用される。

1.2 「了 le」は、一般に2つに分けられる。「動詞の後に用いて、主として動作の完了を表す」文中の「了 le」と、「主として事態に変化が生じたこと、あるいは変化が生じそうであることを肯定し、文を完成させる働きを持つ」文末の「了 le」である。本稿は、この分類に従うが、文中の「了 le」にのみ論及する。

2.0 「過a」と「了le」には、以下の数種類の関係が有る。

2.1 「過a」と「了le」は、入れ替えても、基本的な意味は変わらない。たとえば：

(20) 吃　过　饭　了。　　　　　　——　吃　了　饭　了。
食べる　(过guo)　食事　(了le)　　　食べる　(了le)　食事　(了le)
食事をした。　　　　　　　　　　　食事をした

(21) 吃　过　饭　再　走。　　　　——　吃　了　饭　再　走。
食べる　(过guo)　食事　～してから　行く　　食べる　(了le)　食事　～してから　行く
食事をしてから行く。　　　　　　　食事をしてから行く

筆者の調査では、北京語では「吃了饭」か、あっさりと「吃了」と言う方がより習慣的である。また、たとえば：

(22) "我在等你们，战士们 吃 过 饭 没有？""吃 了 压缩干粮。"（友）
兵士たち　食べる　(过guo)　食事　～なかった？食べる　(了le)　乾パン
「私はあなたたちを待っていた。兵士たちは食事を済ませましたか。」「乾パンを食べました。」

質問の文中の「吃过饭」は、明らかに「食事をする」経験の有無を尋ねているのではなく、ある一度の食事を済ませたかどうかということを指しているのであり、「過」は「過a」である。答えの文中の「吃了」は「吃」という動作が終わったことを言っている。「過a」と「了le」は並べて用いられており、交換できる。またたとえば：

(23) 我 洗 过 脸，回 到 队 上 吃 了 饭，就到女孩子家去。（孙）
私　洗う　(过guo)　顔，帰る　到達する　隊　(上shang)　食べる　(了le)　食事
私は、顔を洗って、隊へ帰って食事をし、女の子の家へ行った。

「洗过脸」は「洗了脸」と言うことができ、「吃了饭」も全く問題無く「吃过饭」と言うことができる。ここの「过guo」と「了le」はどちらも終わったことを表している。

「過a」が「連動文」に現われた時（つまり、「V₁過a；V₂……」）、ほとんど「了le」に入れ換えることができる。

2.2 「過a」と「了le」が連続して用いられる。たとえば：

(24) 吃 过 了 饭 再说。
　　　食べる　（过 guo）　（了 le）　食事　〜してからのことにする
　　　食事をしてからのことにする。
(25) 等 我 问 过 了 他 再 告诉 你。(八)
　　　〜してから　私　尋ねる　（过 guo）　（了 le）　彼　〜してから　告げる　あなた
　　　私が彼に尋ねてから、あなたに言います。
(26) 用 过 了, 就塞到茅房里. 下次再用。(孙)
　　　用いる　（过 guo）　（了 le）
　　　使ったら、便所へ押し込んでおいて、次にまた使う。

「过 a」と「了 le」はどちらも終わったことを表すので、続けて用いるのは、余剰のように見える。しかし、ここの「过 a」は終わったことを表す意味が特に強く、ほとんど実質的な意味のある語として用いられている。もし、(24)(25) の「过 guo」と「了 le」の1つを省けるということを言うなら、(26) は「了 le」を省けるのみで、「过 guo」は省けない。この「过 guo」の実質的な意味は非常に強く、「完／終わる」の意味とほとんど等しいからである。「过 a」と「了 le」は連続して用いられて、終了の意味を強めると考えられる。

2.3 「过 a」を用いることができず、「了 le」を用いることができる。たとえば：
(27) 明天 他 到 了 南京. 我们去看望一下。
　　　明日　彼　到着する　（了 le）　南京
　　　明日彼が南京に着いたら、私たちはちょっと会いに行きましょう。
(28) 门撬开了. 东西 倒 没 偷 了 什么。(中)
　　　物　しかし　〜なかった　盗む　（了 le）　何か
　　　戸をこじ開けたが、物は何も盗られてなかった。
(29) 在家没住了几天. 我 又 到 外边 去 了 三个月。(中)
　　　私　また　へ　外　行く　（了 le）　3ヶ月
　　　家に何日も居ないで、私はまた外へ3ヶ月行っていた。
(30) 他又活了. 到底 风 没 治服 了 他。(中)
　　　結局　病気の原因　〜なかった　押さえつける　（了 le）　彼
　　　彼はまた元気になった。結局、病気は彼を征服しなかったのだ。
(31) 病 了 一场. 三个月没出门。

病気になる　（了 le）　ひとしきりの間

しばらく病気をしていて、3ヶ月外出しなかった。

(32) 这　鞋　稍微　大　了　一点。
この　靴　少し　大きい　（了 le）　少し

この靴は少し大きい。

　私たちは、「了 le」と動詞の共起の状況についても考察した。1032個の動詞のうち、788個が「了 le」と共起することができ、「过 a」の698個より明らかに多い。その原因は、以下のように帰納できる。

1）動詞—補語型の合成語は「了 le」と共起することができるが、「过 a」とは一般に共起しない。たとえば、「折断／切断する」、「放松／ゆるめる」、「撤开／放す」、「掏出／取り出す」、「改进／改良する」、「改善／改良する」、「分开／分ける」、「提出／提出する」等である。

2）動作が瞬間的に発生することを表す動詞は、「了 le」と共起することができるが、「过 a」とは共起しない。たとえば、「完成／完成する」、「中断／中断する」、「到达／到達する」、「来／来る」、「停／停まる」、「死／死ぬ」、「伤／傷つける」等である。

3）動作がある種の状態にあることを表す動詞、たとえば、「腐烂／腐乱する」、「继承／継承する」、「暴露／暴露する」、「隐瞒／隠す」、「前进／前進する」、「倒退／後退する」は「了 le」と共起することができるが、「过 a」とは共起しない。

　この他にも、形容詞は多くが「了 le」と共起することができるが、「过 a」とは共起しない。

　ここから分かることは、「过 a」の使用範囲は「了 le」に及ばず、「了 le」は動作の終了を表す以外にも、ある種の状態の持続を表したり強調の語気を表す等の機能がある。したがって、「了 le」の作用を「動詞の後に用いて、主として動作の完了を表す」と言うのは、いささか不十分である。

3.0　「过 b」と「了 le」
3.1　「过 b」と「了 le」は連続して用いられる。たとえば：

(33) 她 那 肚子 上 刚刚 挨 过 了 致命 的 一 棒。(孙)
　　　彼女　その　腹　上　～したばかり　受ける　(过 guo)　(了 le)　致命的だ　(的 de)　1　棒
　　彼女の腹は、致命的な一打を受けたところだった。

(34) 你 对 我 说 过 了 一点。你打过一个日本兵。(老)
　　　あなた　対して　私　言う　(过 guo)　(了 le)　少し
　　君は私にちょっと話したことがある。日本兵を一人やったということを。

(35) 当青年们在田野里工作的时候, 平原 上 已 降 过 了 初雪。(孙)
　　　平原　上　すでに　降る　(过 guo)　(了 le)　初雪
　　青年たちが野外で働いていた時に、平原にはすでに初雪が降っていた。

(36) 这 是 毛泽东 同志 早就 说 过 了 的。(邓)
　　　これ　(是 shi)　毛沢東　同志　とっくに　言う　(过 guo)　(了 le)　(的 de)
　　これは毛沢東同志がとっくに言ったことだ。

この種の「V过b了」の組み合わせは、一般に「过b」と「了le」をどちらか1つ省くことができる。たとえば：

　　　挨过了一棒――挨过一棒――挨了一棒
　　　降过了初雪――降过初雪――降了初雪

3.2 「过b」と「了le」の交換

ある文法書は、「『動詞＋过guo』(过b――引用者注)が表す動作は現在まで持続してはいないが、『動詞＋了le』が表す動作は現在まで持続していることもある。」と指摘し[6]、次の例を挙げている。

　　　他 当 过 班长。(現在はすでにそうでない)
　　　彼　担当する　(过 guo)　班長
　　彼は班長だった。
　　　他 当 了 班长 了。(現在もやはりそうだ)
　　　彼　担当する　(了 le)　班長　(了 le)
　　彼は班長になった。
　　　这 本 小说 我 只 看 过 一半。(現在は読んでいない)

4 「过」と「了」の関係についての試論

　　　　この　冊　小説　私　ただ　読む　（过 guo）　半分
　　　この小説は、私は半分読んだだけだ。
　　　这 本 小说 我 看 了 一半 了。（現在も読んでいる）
　　　　この　冊　小説　私　読む　（了 le）　半分　（了 le）
　　　この小説は、私は半分読んだところだ。

　上の各組の例は、全く並行したものではない。それぞれの後の方の文にはどちらも文末の「了 le」があり、これは並行性を破るに十分である。もし、文末の「了 le」を取り去れば、「他当了班长」は現在も班长であるとは限らないし、「这本小说我看了一半」もまだ読んでいるとは限らず、「这本小说我看了一半，突然不见了。／その小説は、私が半分読んだところで、急にどこかへ行ってしまった。」と言うこともできるであろう。

　「持続」の問題については、「動詞＋了 le」が表す動作は現在まで持続している可能性もあるし、持続していない可能性もある。その動作の結果も、持続している可能性もあるし、持続していない可能性もある。たとえば：

　　(37) 我们 在 一起 生活 了 二十 多 个 年头．该说的早就说完了。（小）
　　　　　私たち　いる　いっしょに　生活する　（了 le）　20 余り　（个／量詞）　年
　　　　　私たちは、20何年かいっしょに生活してきて、言うべきことはとっくに言ってしまっている。

例の中の「我们／私たち」の一方は、すでにこの世にいなくなっている。「生活了／生活した」は明らかに現在までは持続しておらず、ただ20何年か持続したというだけである。

　　(38) 小时候我摔过一个跤．头 上 肿 起 了 老大 的 一个 包。（王）
　　　　　頭　上　腫れる　起きる　（了 le）　とても　大きな　（的 de）　1 つ　こぶ
　　　　　小さい時、私は転んで、頭にとても大きなこぶが1つできた。

「肿起了／腫れた」はかつて発生したことを言っているだけで、動作と結果はどちらも持続してはいない。

　一方、「動詞＋过 b」が表す動作は、一般には持続しないが、その結果は持続する可能性がある。たとえば：

　　(39) 荣获 过 ˇ英雄 善 战．杀 敌 先锋ˇ 和 ˇ战斗 模范 连ˇ 的 光
　　　　　荣 称号。（相）

　　　　光栄にも獲得する　（过 guo）　英雄　巧みにやる　戦い　殺す　敵　先鋒　と　戦闘
　　　　模範　中隊　の　光栄だ　称号
　　　「英雄は戦いを善くし、敵の先鋒を殺す」と「戦闘模範隊」の栄誉
　　　ある称号を光栄にも獲得した。

　このように、「V＋过 b」と「V＋了 le」は別のものとして対立しているのではない。一方では、持続しない「V＋了 le」は「V＋过 b」と重ねて用いられ、また一方では、「V＋了 le」の結果は「V＋过 b」の結果と重なることがある。私たちの観察と分析によれば、「了 le」と「过 b」は一定の条件下では交換して用いることができる。

　1）過去の時間を明示する文では、「过 b」と「了 le」は一般に交換できる。過去の時間を明示している時に、「了 le」は「过 b」と同様に、「かつて発生した」――過去の時間内に完了した――ことを表すことができる。たとえば：

　　（40）去年　我们　游览　过　长城。
　　　　　去年　私たち　観光する　（过 gou）　長城
　　　　　去年、私たちは長城を見物した。
　　（41）去年　我们　游览　了　长城。
　　　　　去年　私たち　観光する　（了 le）　長城
　　　　　去年、私たちは長城を見物した。
　　（42）上个月　我　去　过　上海。
　　　　　先月　私　行く　（过 guo）　上海
　　　　　先月、私は上海へ行った。
　　（43）上个月　我　去　了　上海。
　　　　　先月　私　行く　（了 le）　上海
　　　　　先月、私は上海へ行った。

　もちろん、「过 b」と「了 le」が交換した後で、意味は異なる可能性がある。たとえば：

　　（44）去年　小　王　去　了　上海。（今は上海に居ないかもしれない）
　　　　　去年　～君　王　行く　（了 le）　上海
　　　　　去年、王君は上海へ行った。
　　（45）去年　小　王　去　过　上海。（今は上海に居ない）

去年 ～君 王 行く （过 guo） 上海
　　去年、王君は上海へ行った。

このことは動詞と関係がある。なぜなら、「去了／行った」というのは、すばやくそこを立ち去ったとは限らず、長期滞在したかも知れないからである。「去／行く」を「游览／見物する」に換えれば、上の2つの文は基本的に意味が一致する。また一方、話し手が第3者の場合、第3者の位置は不定であるが、話し手が「我／私」や「你／あなた」、すなわち話し手や聞き手であれば、発話時には双方とも「上海」に居ないので、例（42）（43）のようにあいまいさは生じない。

この点を最もよく説明できるのは、「V过b」と「V了le」を並べて用いた例である。

(46) 是什么样的缘分，使 你 这 条 虽然 小 却 哺育 过 难以 计数 的 世代 农民 的 河流 又 哺育 了 翁式含 一家 十年。（王）
～させる あなた これ （条 tiao） ～だが 若い しかし 保育する （过 guo）
～しにくい 数える （的 de） 世代 農民 （的 de） 川の流れ また 保育する
（了 le） 翁式含 一家 10年
　　どのような縁によるものだろうか。小さいけれども数え切れない世代の農民たちを育てたこの川の流れが、また翁式含一家の10年をはぐくんだのだ。

(47) 毛泽东 同志 讲 了 四个现代化，还 讲 过 阶级斗争、生产斗争、科学实验 是 三 项 基本 社会 实践。（邓）
毛沢東 同志 話す （了 le） 4つの現代化, さらに 話す （过 guo） 階級闘争、
生産闘争、科学実験 （是 shi） 3 項 基本 社会 実践
　　毛沢東同志は、4つの現代化について話した。さらに、階級闘争、生産闘争、科学実験が3つの基本の社会的実践であると話した。

(48) 不错，我们 都 离 过 婚，可 婚姻法 上 没 说 离 了 婚 的 不 能 再 结婚 呐。（苏）
私たち どちらも （离婚／離婚する） （过 guo） （离婚／離婚する）, しかし 婚姻法
上 ～なかった 言う （离婚／離婚する） （了 le） （离婚／離婚する） （的 de） ～
ない ～できる 再び 結婚する （呐 na）
　　そうです。わたしたちはどちらも離婚しています。でも、婚姻法では、離婚したら再び結婚してはいけないとは言っていません。

(49) 她 给过 我 幸福，……可 她 也 给了 我 好 多 好 多 的 痛苦。
(苏)
  彼女 与える （过guo） 私 幸福，しかし 彼女 も 与える （了le） 私 と
  ても 多く とても 多く （的de） 苦痛
  彼女は私に幸福を与えてくれました。…しかし、彼女はまた、私に
  とてもたくさんの苦痛も与えてくれました。

これらの例の中の「V过 guo」と「V了 le」は並べて用いられており、どちらも交換可能である。
また、動詞が異なるが、「过 guo」と「了 le」は交換できる場合がある。

(50) 谁 知道 她 掉了 多少 眼泪，伤过 多少 次 心 呢！(老)
  誰 知っている 彼女 落とす （了le） どのくらい 涙，傷つける （过guo）
  どのくらい 回 心 （呢ne）
  彼女がどのくらい涙を流し、何度心が傷ついたか、誰が知っているだろうか。

(51) 为了我，你 这 两天 跑了 几 十 里 路，访问过 许 多 许 多 人
了 吧？(老)
  あなた これ 二日間 走る （了le） いくつか 10 里 道，訪ねる （过guo）
  とても 多く とても 多く 人 （了le） （吧ba）
  私のために、あなたはこの2日間、数10里の道を走り、とても多
  くの人を訪ねたのでしょう。

(52) 参加过 哪些 战勤 工作？编演了 什么 节目？(友)
  参加する （过guo） どれ 軍隊を支援する 仕事？創作する （了le） 何 出し物
  どのような軍支援の仕事に参加しましたか。どんな出し物を創作
  しましたか。

次の例の「了 le」は「过 b」で言い換えることができる：

(53) 刚才 我 已经 跟 鸽子 通了 电话，……(白)
  たった今 私 すでに と ハト かける （了le） 電話
  たった今、私はすでにハトと電話をしました。

(54) 为 她 的 婚事，我 不 知道 得罪了 多少 朋友、战友 呢！(白)
  ～のために 彼女 の 結婚，私 ～ない 知っている 恨みを買う （了le） い
  くつか 友人、戦友 （呢ne）

彼女の結婚のために、私は、何人の友人や戦友の恨みを買ったか分からないよ。
(55) 我到府上交接. <u>你 祖父 还 招待 了 我 一 顿 酒饭</u>。(友)
　　　あなた　祖父　さらに　もてなす　（了 le）　私　1　回　酒と食事
　　私が引き続きのことでお宅へおじゃますると、あなたのおじいさんは私を酒と食事でもてなしてくれました。
(56) 去年 的 事 我们 已经 <u>做 了</u> 检讨. ……（苏）
　　　去年　の　事　私たち　すでに　する　（了 le）　自己批判
　　去年の事は、私たちはすでに自己批判しました。

２）動作が何回発生したかを明示する時は、「过 b」と「了 le」は交換できる。たとえば：
(57) 他们 <u>遇见 过</u> 三 次。
　　　彼ら　出会う　（过 gou）　3　回
　　彼らは、3回出会ったことがある。
(58) 他们 <u>遇见 了</u> 三 次。
　　　彼ら　出会う　（了 le）　3　回
　　彼らは、3回出会った。
(59) 我 <u>找 过</u> 他 不 止 一 次。
　　　私　訪ねる　（过 guo）　彼　～ない　止まる　1　回
　　私が彼を訪ねたのは、一回だけではない。
(60) 我 <u>找 了</u> 他 不 止 一 次。
　　　私　訪ねる　（了 le）　彼　～ない　止まる　1　回
　　私が彼を訪ねたのは、一回だけではない。
何回も発生しているのであるから、明らかに過去のことであり、「过 b」と「了 le」は入れ替えて使用できる。
　次の例の「了 le」は「过 b」で言い換えることができる：
(61) 明朝有个王爷. 一辈子 <u>刻 了</u> 多少 部 戏曲. 没一个字是他写的。（友）
　　　一生涯　刻む　（了 le）　どれほど　部　戯曲
　　明朝のある王爺は、一生のうちに多くの戯曲を刻んだが、彼が書

いた字は1字もなかった。
(62) 你 偷偷 爬 了 多少 次 山．骑 了 多少 次 车。(小)
あなた こっそりと 登る （了 le） どれほど 回 山，乗る （了 le） どれほど 回 自転車
あなたは、こっそりと、何度も山へ登り、何度も自転車に乗ったね。

3)「A＋过 b＋O」(O：時間、数量) の形式において、「了 le」と「过 b」は言い換えることができる。たとえば：
(63) 热闹 过 几 十 年。
にぎわう （过 guo） いくつか 10 年
数10年間、にぎやかだった。
(64) 热闹 了 几 十 年。
にぎわう （了 le） いくつか 10 年
数10年間、にぎやかだった。
(65) 这 东西 贵 过 一段 日子。
これ 物 値段が高い （过 guo） 一区切り 日にち
これは、しばらくの間、値が高かった。
(66) 这 东西 贵 了 一段 日子。
これ 物 値段が高い （了 le） 一区切り 日にち
これは、しばらくの間、値が高かった。

4) 比較的特殊な状況は、過去に発生したことを述べているが現在発生した事としており、「过 guo」を用いることができるが用いずに、「了 le」を用いるというものである。ニュースの文章に多く見られる。
　このような状況の出現は、以下のような原因による可能性がある。話し手の心中にはある「時点」がありこれが客観的に存在する事実と異なる場合である。このため、客観存在から言うと「過去」になることでも、話し手にとっては「過去」ではなく、話し手は動作の状態が「過去」に発生したとは考えないのである。これは、表現の弾力性にとってはよいことなのである。

3.3 「过 b」と「了 le」の相違

1）動詞との共起能力が異なる。統計によると、「过 b」の動詞との共起能力は「了 le」よりも高い（958 対 788）。

2）フレーズとの共起能力が異なる。「了 le」は一般に文中に置かれなければならず、共起できるフレーズは比較的少ない（文末に置かれているのは、この「了 le」ではない可能性がある）。それに対して、「过 b」は様々なフレーズと共起することができ、しばしば文末に現われる。

3）否定形が異なる。「V 过 b」と「V 了 le」の否定形はどちらも前に「没 mei（有 you）」を加えるが、「V 过 b」は「没 mei（有 you）」[①]を加えても「过 b」を残しておくが、「V 了 le」は「没 mei（有 you）」を加えると「了 le」を必ず取り去らなければならない。たとえば：

(67) 他 去 过 北京 吗？　　　——没 去 过。
　　　彼 行く （过 guo） 北京 （吗 ma）　　 ～なかった 行く （过 guo）
　　　彼は北京へ行ったことがありますか。 行ったことがありません。

(68) 他 去 了 北京？　　　——没 去。
　　　彼 行く （了 le） 北京　　　 ～なかった 行く
　　　彼は北京へ行きましたか。　　　 行っていません。

4）動詞の重ね型の間には「了 le」を加えることができるが、「过 b」は加えることができない。「过 b」は動詞の重ね型の後に現われることもできない。たとえば：

(69) 看 了 看。　　——＊看过看　　——＊看看过
　　　見る （了 le） 見る
　　　ちょっと見てみた。

(70) 试 了 试。　　——＊试过试　　——＊试试过
　　　試す （了 le） 試す
　　　ちょっと試してみた。

3.4　「过 b」と「了 le」の比較において、「过 b」の内部にも差異があり、以下のように分析できることが分かる。

---

① 訳者注：原文はカッコ無し。

1)「V过b」の動作の結果は持続し得るもの。この時、「过b」は「了le」に言い換えることができ、「过b」にも持続性があると考えることができる。

2)「V过b」の動作の結果は持続し得ないもの。この時、「过b」は「了le」に言い換えることはできず、この時の「过b」は持続性を含んでいないと考えることができる。

ここで言う「持続性」は、当然動詞と関係が有り、動詞の違いに帰結することができ、また「过b」の違いに帰結することもできる。私たちは、「过b」をさらに分析するために、後者を採る。

角度を変えてみると、「过b」が表す「かつて発生した」というのは、話し手の観察点の違いによって2つに分けることができる。話し手の観察点がもし現在であれば、これより前に発生したことはすべて「かつて発生した」と言える。話し手の観察点がもしすでに過ぎ去ったある時点であれば、この時点より前に発生したことのみが「かつて発生した」ことである。Nで「現在」の観察点を表し、Bで過去のある時点を表すと、以下のように図示することができる。

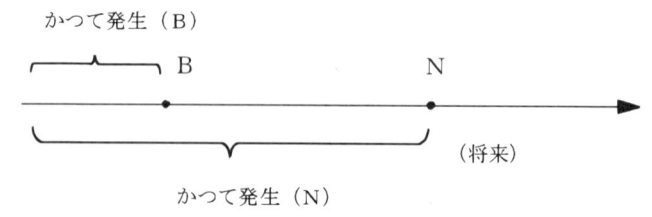

```
        かつて発生（B）
        ┌───────┐
        ─────────●───────────────●──────────▶
                 B               N
                                    （将来）
        └─────────────────────┘
              かつて発生（N）
```

「かつて発生した」というのは異なる意味があり、「かつて発生した（B）」の範囲は小さく、「かつて発生した（N）」の中に含まれることが分かる。

したがって、次の2つの問題を説明することができる：

1)「过b」は、なぜ、持続性があるものと無いものとがあり、「了le」で言い換えられるものとそうでないものとがあるのであろうか。これは、上のことから説明できる。観察点がBである場合は、「过b」は一般に持続することができず、「了le」で言い換えることはできない。観察点がNである場合は、「过b」は持続性があり、「了le」で言い換えることができる。たとえば：

(71) 他 吃 过 大 亏。
　　　彼　食らう　（过guo）　大きい　損

彼は、大損を食らった。
(72) 他们 都 离 过 婚。
　　　彼は　どちらも　(离婚／離婚する)（过 guo）　(离婚／離婚する)
　　彼らはどちらも離婚している

　2）いわゆる「かつて発生した」というのは、実際は時間に着目して言っているものであるが、その内包は主として時間上の境界を指しており、「了 le」は一般に時間に着目しているのではないと考えられている。「过 b」と「了 le」は、重なる部分も多く、交換して使用できることもあるが、異なる範疇に属するものである。

　私たちは、「过 b」を2種類に分けるのに、「了 le」で言い換えられるかどうかを目安にしたが、これは1つの角度に過ぎず、「了 le」を1つの統一体として扱ったものである。私たちは、当然、別の角度から、「过 b」を目安として異なる「了 le」を区別することもできる。これは、需要によって決定することで、私たちが選んだ分析が唯一のものであるのではない。

注
1）この問題については、稿を改めて論じる。
2）長沙語のネイティブチェック：夏先培、長沙水電師範学院教師、男、35歳。
3）アモイ語のネイティブチェック：游紅、南京大学学生、女。
4）莆仙語のネイティブチェック：鄭尚憲、南京大学院生、男、30歳。
5）呂叔湘主編『現代漢語八百詞／中国語用例辞典』pp.314。
6）同上 pp.217。

引例の書名等一覧
友：『鄧友梅短編小説選／鄧友梅短編小説選』及び、鄧友梅の近作
孫：『孫犁小説選／孫犁小説選』
八： 呂叔湘主編『現代漢語八百詞／中国語用例辞典』の例文から転用
蘇：『蘇叔陽劇本選／蘇叔陽脚本選』及び、蘇叔陽近作
鄧：『鄧小平文選／鄧小平文選』
中：『中国語文／中国語文』の例文から転用
老：『老舎劇本選／老舎脚本選』

小:『小説選刊／小説選刊』
王:『王蒙中短編小説選／王蒙中短編小説選』及び、王蒙近作
相:『相声集／漫才集』上海文芸出版社
林:林文佐『光棍村的喜事／独身村のおめでた』
李:『李国文小説選／李国文小説選』
白:白峰渓『風雨故人来／風雨故人来』

原文:「試論"過"与"了"的関係」,語言教学与研究, 1986年第1期, 北京語言文化大学出版社

5 動態助詞「过₂」「过₁」「了₁」の用法比較

劉月華 著
一木達彦／王占華 訳

0 一般的に、「我去过上海／私は上海に行ったことがある」という文中の動態助詞「过guo」は、「過去においてかつてこのようなできごとがあった」[1]ということや、「すでにそのような経験がある」[2]ことを表すものであると考えられている。しかしこの「过guo」といわゆる完了を表す「了le」とはどのような違いがあるのだろうか。この他更に終結の意味を表す「过guo」があり、形式的にも意味的にも上の「过guo」や「了le」と関連があってまぎらわしい。本稿では経験の意味を表す「过guo」を出発点として、主に用法の面から、これと終結の意味を表す「过guo」、完了の意味を表す「了le」との違いについて説明を試みる。本稿は先行研究に従い、この3つをともに動態助詞と見なし、またこれまでの習慣を踏襲して、経験を表す「过guo」を「过₂guo」、終結を表す「过guo」を「过₁guo」、完了を表す「了le」を「了₁le」、もう1つの新しい状況の出現を表す「了le」を「了₂le」とする。

1 「过₂guo」と「过₁guo」、「了₁le」の文法的意味の比較

1.1 「过₂guo」の意味は、大きく「曾然」、すなわち、「かつてある動作が発生した、或いはある状態が存在したことを表す」、とまとめられる。例えば：

（1）为了 这个，我们 还 吵 过 一次 架。（谌507）
〜のために これ 私たち また 口げんかする（过guo）1回 けんか
このことのせいで、私たちは1回けんかもした。

この文では、「私たち」がかつて「1回けんかした」ことを表している。

「曾然」ということは、今は「そうではない」ことを意味し、つまり今はある動作が行われていない、或いはある状態が存在していないということになる。例えば：

（2）"一 来 三十年，你 没 后悔 过 吗？" "当然 后悔 过，特别 是

95

接到 病休通知 时．心慌意乱 了 好几天 啊．"（1983B313）
(一yi) 来る 〜から 30年，あなた なかった 後悔する（过guo）（吗ma）？もちろん 後悔する（过guo），特に（是shi）受け取る （病気による）休職通告 時，心が乱れる（了le）何日も（啊a）

「30年というもの、あなたは後悔したことはなかったの？」「もちろん後悔したよ。特に（病気による）休職通告を受け取った時には、心が何日も乱れたよ。」

ここで言っているのは、ある人が軍隊に30年間入っていたことでかつて後悔していたが、今は後悔しなくなった、ということである。

（3）他 也 象 所有 的 知识青年 一样 想念 过 家 么？想念 过 的。（1983 B445）
彼 も 〜のように あらゆる （的de） 知識青年 同じ 懐かしく想う（过guo） 家（么me）？懐かしく想う（过guo）（的de）

彼もあらゆる知識青年と同じように家を懐かしんだことがあるだろう。懐かしんだことがある。

ここで言っているのは、「彼」がかつて「家を懐かしん」だことがあるが、今は懐かしまなくなった、ということである。

（4）（某 连） 荣获 过 "英雄善战．杀敌先锋" 和 "战斗模范连" 的光荣称号。[3]
（ある 連隊）光栄に 獲得する（过guo） "英雄的によく戦い、敵を殺す先鋒 と 戦闘模範連隊"（的de）栄えある 称号

（ある連隊は）「英雄的によく戦い、敵を殺す先鋒」と「戦闘的模範連隊」という栄えある称号を獲得したことがある。

ここで言っているのは、ある連隊が今でも「英雄的によく戦い、敵の先鋒を殺す」と「戦闘的模範連隊」という栄えある称号を持っているが、決して今「獲得」している最中ではなく、「獲得する」という動作は必然的にすでに過去のものとなっている、ということである。この文の後に「けれどもそれはすでに過去のことだ」という文を付け加えても全くかまわない。

まとめると、ある動作がかつて発生した、或いはある状態がかつて存在したが、発話の時点（つまり「过₂guo」を用いた時）ではこの動作はすでに行われておらず、或いはこの状態はすでに存在しないことを表す、というのが「过₂guo」の文法的意味である。「过₂guo」の文法的意味は、その用法面でのいくつかの

1.2 「过₂guo」と「了₁le」の文法的意味の比較

　一般的に、「了₁le」は動作の完了を表すと考えられる[4]。ここでは、「了₁le」の意味を「実現」とまとめた方が、より良いのではないか、と考える。なぜなら、動詞の後に「了₁le」を使っても、必ずしもその動作がすでに完了しているとは限らないからである。例えば、「这个会开了三天了．再有两天就闭幕了。／この会議は3日開かれたから、あと2日で閉幕することになる」という文において、「开／開く」という動作は明らかにまだ完了しておらず、ただこの動作がすでに実現していることだけは疑いの余地もない。

　「过₂guo」と「了₁le」は、意味的に少しも共通するものがない、とは言えない。例えば、一般的にはすでに実現している動作や状態は全て已然であり、「曽然」の動作や状態は往々にしてすでに実現されているものである。しかしこの二者には違いもある。「了₁le」は「曽然」の意味を含まない。従って「了₁le」を用いる文は、発話の時点に動作がすでに行われていない、或いは状態がすでに存在しないという意味を必ずしも持たない。例えば：

　（5）这 件 事 他 后悔 了 几十 年．现在 提起来 仍然 觉得 很 遗憾。
　　　この（件jian）事 彼 後悔する（了le）何十 年，今（話題に）取り上げる いまだに 感じる とても 残念である
　　　この事について、彼は何十年も後悔しており、今話してもまだとても残念がっている。

　（6）"你 昨天 借 的 那 本 书 看完 了 吗？" "已经 看 了 一半 了．今天 晚上 就 能 看 完。"
　　　君 昨日 借りる（的de）あの 冊 本 読み終わる（了le）（吗ma），すでに 読む（了le）半分（了le），今日 夜（就jiu）できる 読む 終わる
　　　「君が昨日借りたあの本、読み終わった？」「もう半分読んだから、今夜にでも読み終われるよ」

将来の完了を表す「了₂le」に至っては、「曽然」の意味を全く持つことができない。

　（8）你 明年 毕 了 业．分配 了 工作．我 就 放心 了。
　　　君 来年 毕业／卒業する（了le）毕业／卒業する，配属する（了le）仕事，私（就jiu）安心する（了le）

　　　　　君が来年卒業し、仕事が決まったら、私も安心する。
　この文中の2つの「了₁le」は、前後の文をどう取り替えても「过₂guo」に言い換えることはできない。
　　　　　＊你明年毕过业．分配过工作．我就放心了。

1.3　「过₁guo」と「过₂guo」の文法的意味の比較⁵⁾

　「过₁guo」は動作の完結を表す。
　　　（8）可 他 又 忍不住 要 想．那 三场 音乐会 演 过 以后．会 是 怎么样 呢？（蒋296）
　　　　　しかし 彼 又 我慢できない ～しようとする 思う，あの 3 幕 音楽会 上演する（过guo）後，～だろう（是shi）いかが （呢ne）
　　　　　しかし彼は又、あの3幕の音楽会を上演した後、どうなるだろうかと思わないではいられなかった。
　　　（9）喝 吧．吃 了 这个 鸡；我 早已 吃 过 了．不必 让。（老甲50）
　　　　　飲む（吧ba），食べる（了le）この 鶏；私 とっくに 食べる（过guo）（了le），～する必要がない 勧める
　　　　　飲みなさい、この鶏も食べなさい。私はもう食べたからいいよ。
　　　（10）每日 都 要 发生 一 两 桩 纠纷。不过 吵 过 了．也 就 罢 了．不 记仇．也 不 记 教训。（王54）
　　　　　毎日 みな ～しようとする 発生する 1つ 2つ（桩zhuang）争い，けれども 口げんかする（过guo）（了le），も（就jiu）終わる（了le），～ない 根に持つ，も ～ない 覚える 教訓
　　　　　毎日1つ2つの争いはあるものだ。けれどもけんかが済んだら、それまでだ。根にも持たないし、教訓にもしない。
　　　（11）她 洗 过 了 脸．走 进 餐厅。（苏53）
　　　　　彼女 洗う（过guo）（了le）顔，歩く 入る 食堂
　　　　　彼女は顔を洗うと、食堂に入った。

　意味的には、「过₁guo」は動作の完結だけに着眼し⁶⁾、「曾然」の意味とは大きく異なる。この点で「过₁guo」と「了₁le」とは似ており、従って、（8）のように、「过₁guo」はしばしば「了₁le」に置き換えることができる。「过₁guo」と「了₁le」が同時に現れた時には、往々にして「过₁guo」を省略することができ、或いは「了₁le」を省略することができることもあるが、意味的には大きな

98

影響は無い。例えば：
  (9)' 喝吧, 吃了这个鸡；我早已吃了. 不必让。
  (10)' 每日都要发生一两桩纠纷。不过吵过. 也就罢了. 不记仇. 也不记教训。
  (11)' 她洗过脸. 走进餐厅。／她洗了脸. 走进餐厅。

ところが、「过₁guo」と「了₁le」にはやはり違いがある。「过₁guo」は動作の完結を表すので、動作が実現しただけで、まだ完結してない時には、「了₁le」しか用いられず、「过₁guo」を用いることはできない。
  (12)　这个 会 开 了 三天 了, 再 有 两天 就 闭幕 了。
        この 会議 開く（了le）　3 日（了le），更に ある 2 日（就jiu）閉幕する（了le）
        この会議は3日開かれたから、あと2日で閉幕することになる。
        *这个会开过三天了, 再有两天就闭幕了。

上の2つの文は、もし続きの文が無ければ、(13)のように意味も異なる。
  (13)　这个 会 开 了 三 天 了。（=(12)'）
        この 会議 開く（了le）　3 日（了le）
        この会議はすでに3日続いている。

        这个 会 开 过 三 天 了。
        この 会議 開く（过guo）　3 日（了le）
        この会議が終わって3日になる。

「过₁guo」と「过₂guo」の違いについては、「过₁guo」が未然の動作に用いられるのに対して、「过₂guo」が「曾然（必然的に已然）」である動作にだけ用いられる、ということから見いだすことができる。
  (14)　咱们 明天 吃 过 早饭 就 出发。
        私たち 明日 食べる（过guo）朝食（就jiu）出発する
        私たち、明日朝食を食べてからすぐ出発しましょう。
この文中の「过guo」は、「过₁guo」であり、「过₂guo」であるはずがない。

2　「过₂guo」と「过₁guo」、「了₁le」の使用場面の比較

2.1　どのような状況の時において、発話者が発生した動作、または存在した状態を話をする際に「过₂guo」を用いるのだろうか。600万字にのぼるデータにおける「过₂guo」を分析したところ、発話者が「过₂guo」を用いるのは、何かを説明、解釈する場合である、ということがわかった。実際の使用におい

て、「过₂guo」を含んだフレーズ、節、或いは文（以下、「过₂文」と呼ぶ）は、常に意味的に関連を持つ別のフレーズ、節、文（以下、「関係文」と呼ぶ）と関係している。「関係文」が現れない時もあるが、聞き手はその存在を意識できる。もし一定の文脈が無ければ、孤立する「过₂文」は意味的にそれだけで充分なものとはならない。例えば、ある劇場で新作の劇がちょうど上演中で、甲乙2人が見に行くかどうかを相談している時に、横にいた丙が、「这出戏我看过。／この劇、僕はもう見たよ。」と言う。この文は、明らかに、丙が言いたいことの全てではなく、中心的な意味でもない。甲と乙はこれを聞くと、「好吗？／良かった？」と尋ねるだろう。丙は、「不错／良かった」、「好极了／とても良かった」、或いは「不怎么样／どうってことないね」などと答える。丙の回答によって甲乙は「見る」か「見ない」かを決めることになるが、これこそがまさに丙が「我看过」と言った目的なのである。更に、例えば、甲が乙に上海の風土と人情を教えてもらおうと思う場合、もし乙がこの方面の知識があるかどうかを知らなければ、普通はまず、「你去过上海吗？／あなたは上海に行ったことありますか？」と尋ねる。乙は、「去过／あります」などと答える。もしこの後に甲が黙ってしまえば、乙は不思議がって、「你问我去没去过上海干嘛？／あなた、私に上海に行ったことあるかを尋ねて、どうしようって言うんですか？」などと言うだろう。これはなぜなら、「你去过上海吗」という表現が、上に述べた文脈において、意味的にそれだけでは不充分な文だからである。実際に「那么你能给我介绍一下上海的风土人情吗？／それじゃ、上海の風土人情を教えてくれませんか」という尋ねたい文が後に続くはずである。

「过₂文」と「関係文」の関係は様々であるが、大きく2つにまとめることができる。

2.1.1 かつて発生した、或いは存在した状態（「过₂文」）によって、ある事態（「関係文」）を説明する。多くの「过₂文」と「関係文」には明確な因果関係が存在する。そのうち、接続詞を持つものもある。

(15) 我 吃 过 媒人 的 亏. 所以 知道 自由结婚 的 好。（老乙210）
　　　私 吃亏／ひどい目に遭う （过guo）　仲人 （的de）　吃亏／ひどい目に遭う，だから
　　　知る 自由結婚 （的de） 良さ
　　　私は仲人に損させられたことがあるから、自由結婚の良さを知って

いるのだ。

(16) 小福子 既是, 象 你 刚才 告诉 我 的. 嫁 过 人. 就 不 容易 再 有 人 要。（老甲210）
小福子 〜であるからには，〜のように あなた さっき 話す 私 （的de），嫁ぐ （过guo） 人, （就jiu）ない 簡単だ 又 いる 人 欲しい
小福子がそうだ、さっきあなたが私に教えてくれたように、一度嫁いだことがあるからには、又彼女を欲しがる人は簡単にはいないだろう。

(17) 他 一向 没 遇到 过 象 曹先生 这样 的 人. 所以 把 这个 人 看 成 圣贤。（老甲59）
彼 これまでずっと 〜なかった 出会う （过guo） 〜のような 曹さん このよう （的de） 人，だから （把ba） この 人 見なす 聖人君子
彼はこれまでずっと曹さんのような人に出会ったことがなかったから、この人を聖人君子と見なしている。

(18) 按理说. 他 应当 很 痛快. 因为 曹宅 是 在 他 混 过 的 宅门 里. 顶 可爱 的。（老甲57）
従う 道理 言う，彼 〜はずだ とても 痛快だ，なぜなら 曹宅 （是shi）で 彼 暮らす （过guo）（的de）屋敷 中，最も 可愛い （的de）
道理から言えば、彼は当然痛快であるはずだ。なぜなら曹家は、彼が暮らしたことのある屋敷では、いちばん気に入るものだからだ。

中には因果関係を表す接続詞が無いものもある。

(19) 你 是 知识分子. 喝 过 墨水. 起 出 名字 来 一定 好听。（从330）
あなた （是shi）知識人，飲む （过guo）インク，付ける （出chu）名前 （来lai）きっと （聞いて）快い
あなたは知識人で、学問をしたことがおありだから、名前を付ければきっといい名前になるでしょう。

(20) 他 觉得 女人们 都 有些 呆气. 这 句 话 有 一个 女人 也 这样 问 过 他。（曹4）
彼 感じる 女たち みんな 少しばかり 間が抜けている，この （句ju）言葉 いる 1 人 女 も このように 尋ねる （过guo）彼
彼は女たちはみんな些か間が抜けている、と感じた。なぜならこの言葉は、ある女が同じように彼に尋ねたことがあったからだ。

(21) 我 从来 没 听 过 自己 的 作品，有 一个 正规 的、编制 完备 的 乐队 演出 过．这 声音 是 这样 的 强壮、宏大．我 惊住 了。
（王291）

私 今まで ～なかった 聞く （过guo） 自分 （的de） 作品, ある 1つ 正式 （的de）、編成 整っている （的de） 楽隊 上演する （过guo），この 音 （是shi） このよう （的de） 力強い、宏大, 私 驚く （了le）

私は今までに、正式の、編成が整った楽隊が自分の作品を上演するのを聞いたことがなかった。この音は、このように力強く、大きなもので、私は驚いた。

上述の文は全て接続詞を加え、その因果関係を明らかにすることができる。

(19)' [因为]你是知识分子．喝过墨水．[所以]起出名字来一定好听。

(20)' 他觉得女人都有些呆气．[因为]这一句话有一个女人也这样问过他。

(21)' [因为]我从来没听过……而且这声音又是这样的强壮、宏大．[所以]我惊住了。

「过₂guo」の中には、結果の節に現れるが、実際にはこの節は因果関係を表す別の複文で原因を表すものもある。（下の例文において、括弧の中の語句は筆者が加えたものである。）

(22) 也许 是 他们 瞧不起 我 这个 木讷 呆滞 的 "傻 丫头"．[所以]他们 没有 让 我 填表，也 没有 人 问 过 我 一句 我 的 言行．[正 因为 如此]这 是 多么 幸运 的 哟。（苏269）

～かもしれない （是shi） 彼ら 馬鹿にする 私 この 木訥である 鈍い （的de） 馬鹿だ 娘, [だから] 彼ら ～なかった （让rang） 私 書き込む 表、も いない 人 尋ねる （过guo） 私 一言私 （的de） 言葉や行い，[まさに ～だから このようである] これ （是shi） どんなに 幸運だ （的de） （哟yo）

もしかしたら彼らは私のような木訥で鈍い「馬鹿な娘」を馬鹿にしているのかもしれない。[だから]彼らは私に表に書き込ませてくれないし、私の言動の全てについて尋ねる人もいない。[まさにそうだからこそ]これは何て幸運なことなんだろう。

「过₂guo」を用いた節の後に、逆接関係の節が続く場合もあるが、この時その間に結果を表す節を補うことができる。例えば：

5　動態助詞「过₂」「过₁」「了」の用法比較

(23) 关于 爸妈 的 出身 历史，这些 日子 老奶奶 已经 向 孙子 讲 过 不 知 多少 遍 了．但 这个 小人儿 似乎 并不 完全 相信。（从93）

～に関して 両親 （的de） 出身 歴史，これら 日々 お婆さん すでに ～に 孫 話す （过guo） ～ない 知る どれだけ 回 （了le），けれどもこの 若者 ～のようだ 別に ～というわけではない 完全に 信じる

両親の出身の歴史に関して、ここのところお婆さんはすでに孫に何回話したかしれないが、この若者は完全に信じているわけではないようだ。

「但／けれども」の前に「他应该相信了／彼はもう信じてもよいが」という文を挿入することができる。

(24) 我 代表 党委 找 他 谈 过 两次．再三 表示 挽留．可是 没有 用 啊！（谌337）

私 代表する 党委員会 訪ねる 彼 話す （过guo） 2 回，再三 表す 引き留める，しかし ない 効用 （啊a）

私は党委員会を代表して彼を2回訪問して話をし、引き留めたい意志を告げたが、役に立たなかった。

「可是／しかし」の前に「按说他该留下来／理屈から言えば彼は留まってもよいが」という文を挿入することができる。

いくつかの「过₂文」は豊富な「言外の意味」を持つ。すなわち、「関係文」が現れず、一定の文脈において、聞き手がそれを理解することができるのである。例えば：

(25) 大海，你是 我 最 疼 的 孩子．你 听 着，我 从来 没 这样 对 你 说 过 话。不管 是 那里 的 老爷 或者 少爷，你 只要 伤害 了 他们，我 是 一辈子 也 不 认 你 的。（曹83）

大海，おまえ （是shi） 私 最も かわいがる （的de） 子供，おまえ 聞く （着zhe），私 今まで ～なかった このように に おまえ 話す （过guo） 話．～に関わらず （是shi） あそこ （的de） 旦那様 或いは 若様，おまえ ～さえすれば 傷つける （了le） 彼ら，私 （是shi） 一生 も ～ない 認める おまえ （的de）

大海よ、おまえは私の一番可愛い子供だ。よくお聞き、今までこんな風に話をしたことはなかった。あそこの旦那様であれ、若様であれ、おまえがもしあの方たちを傷つけでもすれば、私は一生おまえのことを認めないよ。

103

これは魯侍萍が言ったもので、彼女が「我从来没这样对你说过话」と言った目的は、自分がこれから言おうとする話がとても重要で、自分はとても真剣に、まじめに、話すのだから、大海は特に重くとらえなければならない、ということを説明することにある。

(26) 大妈, 您 修 过 沟 吗？（老乙78）
　　　おばさん あなた 建造する （过guo） 溝 （吗ma）

　　　おばさん、あなたは溝造りに参加したことがありますか。

これは『龍須溝』の中で、丁四が王おばさんに言ったものである。丁四は上から下まで新しい服を買ったばかりだが、それは彼が服売りに、彼が溝造りをしたことがあり、更に龍須溝の落成記念式典に参加するために、わざわざこの服を買うのだ、ということを話したから、服売りが彼に安く服を売ってやったのである。王おばさんは服が安いということを聞きつけ、同じように買おうとしたので、丁四は上のように尋ねたのである。その意図は、服売りは溝造りをした人にしか安く売らず、あなたは溝造りをしていないから、安く売ってくれるはずがない、ということにある。

「过₂guo」を用いた文の中には、明らかな原因を示さずに、前提だけを示して、もう1つの節でこの前提から導かれた推論を表すものもある。例えば：

(27) 亘古, 黄河 两岸 曾 发生 过 无数 悲恸 的 故事, 今天 的 故事 不过是 昔日 故事 的 续演……（1984A77）
　　　昔から、黄河 両岸 かつて 発生する （过guo） 無数の 悲しい （的de） 物語, 今日 （的de） 物語 ～に過ぎない （是shi） 昔 物語 （的de） 続演

　　　昔から、黄河の両岸には無数の悲しい物語が繰り返されてきた。今日の物語は、昔の物語の続演に過ぎない。

「过₂文」は2つ目の節の表す事実、すなわち今日の物語の出現が偶然ではないことを説明している。

2.1.2 「过₂文」の働きは、人や事物、それにそれらの間の関係を説明することにある。「过₂文」の表す動作や状態は、一般に具体的なもので、発話者は、これらの具体的な経験によって、比較的抽象的な事柄の道理、すなわち人の性格、人柄、能力、地位などや、人と人、人と事物の間の関係を説明している。時には「関係文」が現れる。

(28) 他 流浪 过、失业 过, 经历 过 残酷 的 战争, 因为 这 他 才 更

5 動態助詞「过₂」「过₁」「了₁」の用法比較

偉大 了。（王280）
彼 さすらう （过guo），失業する （过guo），経験する （过guo） 残酷な （的de）
戦争，～だから これ 彼 ようやく 更に 偉い （了le）

彼はさすらい、失業し、残酷な戦争を経験してきた。こういうことがあったからこそ彼は偉くなれたのだ。

多くの文は接続詞が無いが、接続詞を加えることもできる。

(29) 他 是 有 着 那样 一种 命运 的 人，有 过 受 尊敬 的 幸福，有 过 被 鄙夷 的 痛苦。［所以］他 懂得 人 需要 尊严。（王243）
彼 （是shi） ある （着zhe） あのように 一種 運命 （的de） 人，ある （过guo）
受ける 尊敬 （的de） 幸福，ある （过guo） （被bei） さげすむ （的de） 辛さ，
［だから］ 彼 わかる 人 必要である 尊厳

彼はこんな種の運命を持つ人だ。尊敬される幸福もあったし、さげすまれる辛さもあった。［だから］彼は人には尊厳が必要であることがわかっているのだ。

(30) 你 父亲 是 第一个 伪君子，［因为］他 从前 就 引诱 过 一个 下等人 的 姑娘。（曹45）
君 父親 （是shi） 第一 偽君子，［なぜなら］彼 以前 （就jiu） 誘惑する （过guo）
1人 下層階級 （的de） 娘

君の親爺は第一の偽君子だ。［なぜなら］彼は前に下層階級の娘を誘惑したことがある。

(31) 他 对 我 很 好，从 没 和 我 粗 过 脖子 红 过 脸，日子 过 得 乐呵呵 的。（王158）
彼 に 私 とても 良い，今までに ～なかった に 私 太くする （过guo） 首 赤くする （过guo） 顔，日々 過ごす （得de） 楽しい （的de）

彼は私にとってもよくしてくれた。これまで私に声を大きくしたり顔を赤くして怒ったことはなく、暮らしは楽しいものだった。

(32) 这 期间，郑江东 批评 过 他、骂 过 他，给 过 他 处分，［所以］按 理 说 他们 的 关系 应该 很 不 好］，可 还是 一个 人 似的 好。（1984A544）
この 期間，鄭江東 批判する （过guo） 彼，罵る （过guo） 彼，与える （过guo）
彼 処分，［だから 従う 道理 言う 彼ら （的de） 関係 ～はずだ とても ～ない 良い］，けれども やはり 1人 人 ～のように 良い

105

この期間、鄭江東は彼を批判し、罵り、処分したことがあった。
　　　［だから道理から言えば彼らの関係はとても悪いはずだが］けれどもやはりまるで1人の人のようにいい関係だった。
　　(33) 凤儿，这屋子我象是在哪儿见过似的。（曹51）
　　　　鳳児，この　部屋　私　〜のようだ　（是shi）　で　どこ　見る　（过guo）　〜のようだ
　　　　鳳児や、この部屋を私はどこかで見たことがあるようだ。
「言外の意味」を持つものもある。
　　(34) 当初你爸爸也不是没叫人伺候过．吃喝玩乐，我哪样没讲究过！（曹49）
　　　　最初　おまえ　父親　も　〜ない　（是shi）　〜なかった　（叫jiao）　人　仕える　（过guo），食べる　飲む　遊ぶ　楽しむ，私　どれ　〜なかった　凝る　（过guo）
　　　　昔、お父さんも人を仕えさせたよ。あらゆる遊び、どれもやったよ。
これは魯貴が娘の四鳳に対して言った言葉で、意図しているのは、だからおまえは私を見下すべきではない、なぜなら私も最初はお大尽だったのだから、ということである。
　まとめると、過去に発生した動作やかつて存在した状態によって、現在の人、物事、事柄の道理を説明すること、これが「过₂guo」を含んだ文の表現機能である。言い換えると、「过₂guo」は常に説明や解釈の性格を持った文に現れるものである。

2.2　「过₂guo」と「了₁le」の使用場面の比較

「了₁le」も説明や解釈の性格を持った文に現れる。
　　(35) 这种书我买了一本了．不买了。
　　　　この　種　本　私　買う　（了le）　1　冊　（了le），〜ない　買う　（了le）
　　　　この手の本は、私は1冊買ったから、もう買わない。
　　(36) 我今年去了一次上海．看到了那里的变化。
　　　　私　今年　行く　（了le）　1回　上海，目にする　（了le）　あそこ　（的de）　変化
　　　　私は今年1回上海に行き、あそこの変化を目にした。
しかし「了₁le」は説明、解釈の性格を持った文にだけ現れるのではなく、具体的な動作が行われたことを叙述する文にもよく現れる。
　　(37) "那，谢谢你！"赵云飞和小伙子换了位置。（蒋131）
　　　　それでは　感謝する　君！　趙雲飛　と　若者　換える　（了le）　位置

5　動態助詞「过₂」「过₁」「了₁」の用法比較

「それじゃ、ありがとう」趙雲飛と若者は位置を換わった。
(38) 他 默默 地 注视 了 她 一会儿，退出 了 女宿舍。(1983B453)
　　　彼 黙々と（地de） 見つめる（了le） 彼女 しばらく，立ち去る 女子寮
　　　彼は黙ったまま彼女をしばらく見つめると、女子寮を立ち去った。
　叙述の性格を持ったこれらの文は、意味的にそれだけで充分なものであり、「了₁le」は「过₂guo」で置き換えることはできない。

2.3 「过₂guo」と「过₁guo」の用法の比較

　「过₁guo」は特殊な表現機能を持っており、特殊な文脈を求める。それはすなわち、「过₁guo」の前の動詞の表す動作、及びその動作の及ぶ物事は、必ず旧情報でなければいけない、ということである。このことは対話において最もあからさまに現れる。

(39) 老套子 盛上 岗尖 一 碗 山药粥，说：˝大 侄子，你 先 吃，我 就 是 这 一个 碗。˝ 江涛 两手 捧 着 把 碗 递给 他，说：˝我 吃 过 了，大伯，你 吃。˝（梁217）
　　　老套子 盛る 山盛りの 1（碗wan）山芋粥，言う（大da）甥，おまえ 先 食べる，私（就jiu）（是shi）この 1つ 茶碗。江涛 両手 捧げる（着zhe）（把ba）茶碗 渡す（给gei）彼，言う：私 食べる（过guo）（了le），おじさん あなた 食べる
　　　老套子は大盛りの山芋粥を盛ると、言った。「おまえさん、先に食べなさい。私の茶碗はこれ1つしかないから。」江涛は両手で茶碗を持ち、彼に渡しながら言った。「私はもう食べました。おじさん、食べてください。」

(40) 呆 了 一会儿，他 出神 地 望 着 我，轻轻 地 说，˝我 可以 叫 你 阿娟 吗？˝ ˝你 已经 叫 过 了。˝ 我 点 着 头 说。（苏307）
　　　ぽかんとする（了le）しばらく，彼 ぼんやりする（地de）ながめる（着zhe）私，軽く（地de）言う，私 〜していい 呼ぶ あなた 娟ちゃん（吗ma）？あなた すでに 呼ぶ（过guo）（了le），私 うなずく（着zhe）頭 言う
　　　しばらくぽかんとして、彼はぼんやりと私の方をながめながら小声で言った。「あなたを娟ちゃんって呼んでいいですか」「もう呼んでるじゃないの」私はうなずきながら言った。

(39)の「吃／食べる」「山药粥／山芋粥」と(40)の「叫／呼ぶ」「阿娟

/娟ちゃん」は「过₁guo」が現れると、話者、聞き手双方にとって旧情報、すなわち前の文ですでに言及されているものとなる。

　叙述的、又は描写的な文においては、「过₁guo」を用いる場合、叙述される動作や、その動作の及ぶ物事は、必ず前の文で述べたものでなければならない。例えば：

(41) 他 要 对 他们 讲 的 话 都 已经 讲 过 了。（高1）
　　　彼 〜しようとする に 彼ら 話す （的de） 話 全て すでに 話す （过guo） （了le）
　　　彼が彼らに話そうとした話は全てすでに話した。

(42) 现在，大家 都 发 过 言 了。（谌201）
　　　今 みんな 全て 発する （过guo） 言葉 （了le）
　　　今ではみんな全て発言をしてしまった。

(43) 哭 过 了，骂 过 了，抗议 无效 了：大伙儿 也 认命 了。（王167）
　　　泣く （过guo） （了le），罵る （过guo） （了le），抗議 無駄である （了le），みんな も あきらめる （了le）
　　　泣いたりしたし、罵ったりもしたが、抗議はもう無駄になった。みんなもあきらめてしまった。

　(41)で、「过₁guo」の前に現れている「他要对他们讲的话／彼が彼らに話そうとした話」は、「讲／話す」という動作その動作の及ぶ物事、すなわち「话／話」を旧情報にしている。(42)の前の文は「大家发言／みんなが発言した」という状況を叙述したものである。(43)の前の文は「大伙儿／みんな」が「哭了／泣いた」り、「骂了／罵った」ことを表している。

　「过₁guo」は又、一定の範囲において規則性を持った動作動詞の後によく現れる。例えば、どんな人にとっても、一般的に毎日3度の食事を取り、朝に顔を洗い、歯を磨き、夜に寝る、或いは学校で授業の始まりや終わりにチャイムが鳴り、バスでは乗客が切符を買い、知人に出会ったら挨拶をする、といった類である。聞き手にとって、文脈がはっきりすれば、上で述べたような動作は見知らぬ事ではなくなり、自然に旧情報となり、「过₁guo」を用いることができる。例えば：

(44) 吃 过 饭，老刘 赶紧 到 五星一队 去。（高35）
　　　食べる （过guo） ご飯，劉さん 急いで に 五星一隊 行く
　　　食事をすると、劉さんは急いで五星一隊に行った。

(45) ″下 课 了，打 过 铃 了。″（王183）

5 動態助詞「过₂」「过₁」「了₁」の用法比較

　　　　終わる　授業　（了le），打つ　（过guo）　チャイム　（了le）
　　　　授業が終わり、チャイムが鳴った。
(46) 略　一　頷首，便　算　打　过　招呼。（高258）
　　　　やや ちょっと うなずく，（便bian）　〜とみなす　する　（过guo）　挨拶
　　　　少しだけうなずき、挨拶したことになった。
(47) 时钟　丁丁当当　地　敲　过　了　十二点。（从197）
　　　　大時計 リンリンと　（地de）　打つ　（过guo）　（了le）　12時
　　　　大時計がリンリンと12時を打った。

　もしも動作行為や動作行為の及ぶ物事が旧情報でなければ、「过₁guo」を用いることができない。次の文を比較されたい。
(48) 喂，小李，今天　上午　我　买　了　一　本　特别　有意思　的　书。
　　　　おい，李君，今日　午前　私 買う　（了le）　1　冊　特に　面白い　（的de）　本
　　　　おい、李君、今日の午前中、私はたいへん面白い本を１冊買ったよ。
　　*喂，小李，有　一　本　特别　有意思　的　书　我　今天　上午　买　过　了。
(49) 甲：你们　昨天　去　哪儿　了？
　　　　あなたたち 昨日 行く どこ　（了le）
　　　　あなたたちは昨日どこに行ったの。
　　乙：昨天　我们　参观　了　一个　钢铁厂。
　　　　昨日　私たち　見学する　（了le）　1つ　鋼鉄工場
　　　　昨日私たちはある鋼鉄工場を見学しました。
　　*昨天　我们　参观　过　了　一个　钢铁厂。

　又、例えば、ＡＢＣＤの４人が、ちょうど表のようなものに書き込みを終えた時、Ｅがやって来た。もしＥが表の書き込みのことを知らなければ、Ａ等は「Ｅ，这儿有一种表，是关于××的，每个人都得填，我们都填过了，你快填吧。／Ｅさん、ここに表があるけど、××に関するもので、みんな書き込まなければいけないんだ。僕たちはみんな書き込んだから、君も早く書き込みなよ。」としか言うことができない。つまり、「填表／表を書き込む」を旧情報にしなければ、「过₁guo」を使うことができないのである。そうではなく、Ｅが部屋に入ってきてから、Ａ等が開口一番「Ｅ，我们都填过表了，你快填吧。／Ｅさん、僕たちはもうみんな書き込んだから、君も早く書き込みなよ。」と言ったら、Ｅは「表の書き込み？何で表を書くの？何の表を書くの？」など

109

と、さっぱりわけがわからないはずである。

　「过₁guo」がこれらの特殊な文脈を要求することから、その表現機能を分析することができる。それはすなわち、話者、聞き手双方がすでに知っている特定の動作や行為がすでに行われていることを表す、ということである。例えば、甲が乙にある事を通知させようとした時、乙は通知を終えてから、「那件事我已经通知过了。／あの事を私はすでに通知しました。」と甲に報告することになるが、これがすなわち「过₁guo」の典型的用法である。孔令達氏の「関於動態助詞"过₁"和"过₂"／動態助詞「过₁」と「过₂」に関して』の中で得られた、「V『过₁』了N」は「V『了』N」よりも（すなわち「过₁guo」のある場合は無い場合よりも —— 筆者）動作の終結の意味がやや際立っている、という結論や、張暁鈴氏の「試論"过"与"了"的関係／「过」と「了」の関係についての試論』の中で得られた、「『过a』（すなわち『过₁guo』 —— 筆者）と『了』を連用すると終結の意味が強くなる」という結論[7]は、おそらく上で述べた「过₁guo」の表現機能と関係があるだろう。ただ、「際立っている」とか「強くなる」という言い方で「过₁guo」の表現機能を概括するのは、些か大まかであるという嫌いがある。

　「过₁guo」は「过₂guo」と使用場面が大きく異なるが、「了₁le」とはよく似ている。例えば「过₁guo」は、(39)、(40)のように、解釈的説明文に現れることもできるし、(44)、(47)のように、叙述的な文に現れることもできる。「过₂guo」の言及する物事は、(22)、(30)のように往々にして旧情報ではないが、「过₁guo」はその言及する物事が必ず旧情報でなければならない。

　この他、「过₂guo」、「了₁le」は中国語のネーティブスピーカーの間で普遍的に用いられるが、「过₁guo」は、北方の教育水準の比較的低い階級ではあまり用いられない。

3　「过₂guo」と「过₁guo」、「了₁le」の文法構造の特徴の比較

　「过₂guo、了₁le、过₁guo」の意味、機能は、それらの文法構造上においても異なる点を持つ、ということを決定づけている。ここでは３点だけを挙げる。

3.1.1　「过₂guo」と共起できる動詞、形容詞

　「过₂guo」と共起できる動詞、形容詞は非常に広範である。動作動詞、状態

動詞、形容詞と共起する他、コピュラ動詞「是／～である」、「姓／～を姓とする」、また「会／～できる」といった能願動詞とさえ共起することもできる。例えば：

(50) 他 从来 没有 这么 虚弱 过, 这么 力不从心 过。(苏195)
　　彼 これまで ～なかった こんなに 弱々しい （过guo）, こんなに 力がままならない（过guo）
　　彼はこれまでこんなに弱々しくなったことはないし、こんなに体が思いのままにならないこともなかった。

(51) 他 瘦削 的 面孔, 高 颧骨, 尖 鼻准, 高 鼻梁 下 两只 大 眼睛, 从来没有 胖 过。(梁248)
　　彼 やせこけている （的de） 顔, 高い 頬骨, 尖った 鼻, 高い 鼻筋 下 2つ 大きい 目玉, 今まで ～なかった 太る （过guo）
　　彼のやせこけた顔は、高い頬骨、尖った鼻をしていて、通った鼻筋の下には2つの大きな目玉があり、これまで太ったことがなかった。

(52) 甲：你 会 说 英语 吧? 给 我 翻译 一下 这 封 信。
　　君 できる 話す 英語 （吧ba）?～のために 私 訳す ちょっと この 通 手紙
　　君、英語ができるでしょう？この手紙をちょっと訳してよ。
　　乙：你 别 拿 我 开心 了, 我 什么时候 会 过 英语？
　　君 ～するな を 私 からかう （了le）, 私 いつ できる （过guo） 英語
　　人をからかうんじゃないよ。僕がいつ英語ができたことがあると言うんだ。

(53) 小张 以前 姓 过 王。
　　張君 前に ～を姓とする （过guo） 王
　　張君は以前王という姓だったことがある。

意味的に、「过₂guo」の「過去にそうであったことがあり、今はもうそうではなくなった」という意味と互いにつりあいを持つ動詞や形容詞だけが、後に「过₂guo」を用いることができる。言い換えると、その表す動作や状態が変化することができる動詞や形容詞の後でなければ「过₂guo」を加えることができないのである。例えば人の「跑／走る」、「跳／飛ぶ」、「坐／坐る」、「卧／横になる」などの動作姿勢は、停止したり変えたりすることができる。また、花の色である「红／赤い」、「黄／黄色い」などは、褪せることもあるし、変化することもある。更に人の感覚である「高兴／嬉しい」、「痛苦／苦

111

しい」は変わることができる。従ってこれらの動詞、形容詞の後には全て「过₂guo」を用いることができる。

では、どのような動詞、形容詞の後に「过₂guo」を用いることができないのだろうか。

もし動詞や形容詞の表す動作、状態が、変えられないものであれば、「过₂guo」を用いることができない。これには次の２つの場合が考えられる。

（A）もし動詞の表す動作がその時その人や物事にとって必然的なことであり、しかも関係する人や物事が存在する期間内にその動作が一度しかあり得ない場合は、「过₂guo」を用いることができない。例えば、人は必然的に生まれるものであり、しかも一度しか生まれることができないので、「这个孩子去年出生过／この子供は去年生まれた」のように言うことはできない。同じように、会議は普通開幕というものがあるが、その開幕は一度しかあり得ないので、「这次会议开过幕／この会議は開幕した」のように言うことができない。「闭幕／閉幕する」、「出发／出発する」、「动身／旅立つ」、「毕业／卒業する」、「上学／学校に入る」、「放学／学校が引ける」、「开学／学校が始まる」などは全てこのタイプに属する。

これとよく似ているが、もしある動作の作り出した状態が変えられないものであり、永遠に持続され続けるものであれば、これらの動作を表す動詞も同じように「过₂guo」を用いることができない。例えば人が死んでしまったら、永遠に死という状態が維持されるので、「他死过／彼は死んだ」と言うことはできない。もちろん「他死过两次。／彼は２回死んだ」のような言い方を耳にすることもある。この場合、ここの「死」は絶対に医学上で判定される本当の死ではなく、仮死のことである。「他死过一个孩子／彼は子供を１人亡くした」という言い方ができることについては、「死」んだのが「孩子／子供」であり、人には何人かの子供を持つ可能性があるので、「死」が一度だけではないこともあるからである。このタイプに属する動詞は、他にも「消逝／消え去る」、「褪色／色が褪せる」などがある。

（B）認知の意味の動詞。認知の意味の動詞が表しているのは、実際にはやはり変えることができない状態である。例えば、人が誰かと知り合った場合、一般的に言ってまた知り合わない状態になることはあり得ない。同じように、人が何かの事柄を知ってから、知らなくなることもあり得ない。「忘了／忘れた」と「不知道／知らない」ことは、別問題である。従って、一般的に、「我

認識過他。／私は彼を知っていた」、「这件事我知道过。／この事は私は知っていた」と言うことはできない。「了解／理解する、はっきりと知るという意味」「晓得／知っている」、「懂／わかる」、「明白／わかる」などもこのタイプの動詞に属する。

ところが否定文では、「他从来没在这个学校毕过业。／彼は今までこの学校を卒業したことはない」、「我不知道这件事，也从来没知道过。／私はこの事を知らないし、今まで知っていたこともない」のように、A、Bどちらのタイプの動詞も「过₂guo」と共起することができる。

実際の表現の中で、「他吃过饭／彼はご飯を食べたことがある」、「我睡过觉／私は寝たことがある」といった類の言い方を聞くことがあまり無いのはなぜか、ということについては、また別の問題になる。「吃／食べる」、「喝／飲む」、「睡／寝る」などの動詞は、例えば、「我吃过龙虾。／私は伊勢エビを食べたことがある」、「上星期我没睡过一夜好觉。／先週私は一晩も満足に眠れなかった」のように、「过₂guo」と共起することができる。「他吃过饭」、「我睡过觉」が表現に表れないのは、なぜなら人が食事をしたり、睡眠を取ったりすることには、説明、解釈の機能が無いからである。すなわち事柄の道理という面での原因によって、このタイプの文があまり見られないということになるからである。

「过₂guo」は形容詞と共起することもできるが、実際の表現の中で使われることは、あまり無い。600万字のデータにおいて、「動詞＋过₂guo」は990回現れているが、「形容詞＋过₂guo」は6回しか現れておらず、しかも全て否定文の中である。コピュラ動詞、能願動詞なども状況は同じである。

3.1.2 「过₁guo」と共起できる動詞

「过₁guo」は特定の動作の完結を表すので、共起できるのは、全て具体的な動作を表す動詞である。例えば、「吃／食べる」、「喝／飲む」、「写／書く」「画／描く」「说／言う」「唱／歌う」などである。『普通話三千常用詞表（初稿）』に収められた900あまりの動詞のうち、400あまりの動詞だけが「过₁guo」と共起することができる。

以下のいくつかのタイプの動詞が、「过₁」と共起しにくいか、共起することができない。

（A）非動作動詞

コピュラ動詞　例えば：
「是／～である」、「象／～のようだ」、「成为／～になる」。
状態（心理状態、態度を含む）動詞　例えば：
生病／発病する、伤／けがする、长／成長する、死／死ぬ、醒／目覚める、瞌睡／居眠りする、觉得／～と感じる、感动／感動する、佩服／敬服する、同情／同情する、讨厌／嫌う、误会／誤解する、恨／恨む、抱歉／すまなく思う、怪／いぶかしく思う、害怕／恐れる、心疼／かわいがる、害羞／恥ずかしがる、满意／満足する、吃惊／驚く、伤心／悲しむ；忍耐／耐える、关心／気にかける、担心／心配する、安心／落ち着く、放心／安心する、同意／同意する、允许／許す、惦／记気にかける；尊重／尊重する、服从／服従する、拥护／擁護する、赞成／賛成する、失败／失敗する、冲突／衝突する、用功／身を入れる、发达／発達する、衰败／衰える、团结／団結する、联合／連合する、费／費やす；知道／知っている、晓得／知っている、懂／わかる、明白／わかる、认识／知っている、认得／見知っている、免得／～しないですむように、值得／値する、认为／～と思う、以为／～と思う、相信／信じる、觉悟／自覚する、迷信／盲信する、怀疑／疑う、希望／希望する、失望／失望する、盼望／待ち望む、后悔／後悔する、晴／晴れる、阴／曇る
能願動詞　例えば：
「能／できる、会／できる、愿意／願う
（B）具体的な動作を表さない、或いは1つ以上の具体的な動作で構成される動作動詞　例えば：
培养／養成する、依靠／頼る、前进／前進する、来往／行き来する、交际／交際する、顾／気を配る、理／相手にする、接受／受け取る、养活／養う、工业化／工業化する、进行／行う、建筑／建築する、保护／保護する、吸取／吸収する、批准／批准する、隐瞒／隠しごまかす、承认／承認する、改变／変える、表现／表現する、预备／準備する、准备／準備する、防止／防止する、停顿／中止する、完成／完成する、贡献／貢献する、确定／確定する、控制／コントロールする、应付／対処する、侵略／侵略する、压迫／圧迫する、企图／たくらむ、克服／克服する、牺牲／犠牲にする、俘虏／捕虜にする、投降

114

／投降する、复员／復員する、欺负／いじめる、运输／輸送する、教学／教える、产生／生じる、变化／変化する、发展／発展する、继续／継続する、结束／終える、停止／停止する、放手／手を放す、放学／学校が引ける、动身／旅立つ、犯／犯す、毕业／卒業する、开幕／開幕する、闭幕／閉幕する、发生／発生する、驾驶／運転する　など。

(C) 非意志動作動詞　例えば：
吐（tù）／嘔吐する、咳嗽／咳をする、打（哈欠）／（あくびを）する、丢／なくす、发现／見つける、打（闪）／（稲妻が）光る、打（雷）／（雷が）鳴る、上冻／氷が張る、结（冰）／（氷が）張る、化／溶ける、落／落ちる、飘／漂う、流／流れる、沉／沈む、着火／失火する、跌／つまづく、爆发／爆発する、发（火）／（火が）つく、滚／転がる、断／切れる、塌／崩れる、冒／立ち上がる、发生／発生する、出现／現れる、遇见／出くわす、看见／目に入る、漏／漏れる　など

ある非意志動作動詞は、叙述的な表現において、後続の文がある場合、「过₁guo」と共起することができる。例えば：

(54) 他 把 家里人 大 骂 了 一通. 火 发 过 了. 心 里 似乎 痛快 了 一些。
　　　彼 （把ba） 家族 大いに 叱る （了le） ひとしきり，火 発する （过guo） （了le），心 中 どうやら 気持ちいい （了le） 少し
　　　彼は家族をひとしきり叱り散らした。腹を立ててしまうと、心は少しばかりすっきりしたようだ。

(55) 他 忍不住 吐 了 起来. 吐 过 了. 感到 舒服 了 一点。
　　　彼 こらえきれない 嘔吐する （了le） ～しだす，嘔吐する （过guo） （了le），感じる 気持ちいい （了le） 少し
　　　彼はこらえきれず吐き出してしまった。吐き出してしまうと、少し気分が良くなった。

(D) 書き言葉の色彩が比較的濃い動詞　例えば：
著／著作する、踏／踏む、学习／学ぶ、埋葬／埋葬する、印刷／印刷する　など
これらの動詞は、どちらかというと「过₁guo」と共起しにくい。

「下／下りる」「起／起きる」「进／入る」「出／出る」「到／着く」などのほとんどの方向動詞は、単独で述語となることができないし、「过₁guo」だけと共起して述語となることもできない。例えば「他进过了／彼は入った」と言うことはできない。

動補構造の動詞や動補構造のフレーズは、一般的に「过₁guo」と共起しにくい。例えば「掏出过了／ほじくり出した」、「写完过了／書き終わった」、「站起来过了／立ち上がった」とは言わない。

形容詞は普通「过₁guo」と共起しない。

3.1.3 「了₁le」と共起することができる動詞、形容詞

ほとんどの動詞が「了₁le」と同時に現れることができるが、下のいくつかのタイプの動詞は、一般的に「了₁le」と共起しない。

（A）コピュラ動詞の「是／〜である」、「象／〜のようだ」や能願動詞。
（B）動詞性目的語をとる動詞。例えば、以为／思う、认为／思う、希望／希望する、主張／主張する、予以／〜してやる、装作／装う、建議／提案する、値得／価値がある、免得／〜しないですむように、など。

形容詞が「了₁le」と共起することはあまり無いが、その後に時間、程度を表す数量詞がある時には、「了₁le」を用いることができる。例えば：

(56) 他 的 脸 白 了 一阵子，又 红 了 一阵子。
　　　彼 （的de） 顔 白い （了le） ひとしきり，又 赤い （了le） ひとしきり
　　　彼の顔は白くなったり赤くなったりした。
(57) 这 双 鞋 大 了 一点儿。
　　　この （双shuang） 靴 大きい （了le） 少し
　　　この靴は少し大きい。

非述語性形容詞は「了₁le」と共起することができない。

3.2 共起することができる時間詞の比較

時間詞は、時点と時量に分けることができる。時点は更に、「昨天／昨日」「去年／去年」「三点半／3時半」のように、確定した時点と、「有一天／ある日」「有时／ある時」のような不確定な時点に分けられる。時量とは、例えば「从前／以前」「过去／昔」「以前／以前」「以后／以後」などである。

「过₂guo」と共起する連用修飾語の多くは過去の時量の不特定の時点を表す。

例えば、

(58) 以前 上 過 大学。（蒋303）
　　　以前 通う （过guo） 大学
　　　前に大学に入ったことがある。

(59) 你 父亲 是 第一个 伪君子．他 从前 就 引诱 过 一个 下等人 的 姑娘。（曹45）
　　　あなた 父親 （是shi） 第一 偽君子，彼 以前 （就jiu） 誘惑する （过guo） 1人 下層階級 （的de） 娘
　　　君の親爺は第一の偽君子だ。彼は前に下層階級の娘を誘惑したことがある。

もし時間詞が現れなければ、発話の前のある不確定の時点を表す。

(60) 他 说 他 得 过 什么 博士 一类 的 东西。（曹42）
　　　彼 話す 彼 得る （过guo） 何か 博士 種類 （的de） もの
　　　彼は博士か何かの類のものを手にしたことがあると言っている。

(61) 在 遥远 的 茫茫 天际．任凭 鲁小帆 怎么 回忆．也 记不起 在 什么 地方 听到 过 这 熟悉 的 声音 了。（从121）
　　　で 遙か遠い （的de） 広々とした 空の果て，たとえ～しても 魯小帆 どのように 思い出す，も 思い出せない で どこ 耳にする （过guo） この なじみのある （的de） 声 （了le）
　　　はるばる遠い空の果てで、魯小帆はどんなに思い出そうとしても、どこでこの耳慣れた声を聞いたのか、思い出せなかった。

もし「过₂guo」の前の動詞が一回以上の動作を表すものであれば、現れていない時間詞は、発話の前の、1つ以上の不確定な時点を表す。

(62) 男子汉 的 嚎啕大哭 她 见 过 不 少……（苏39）
　　　大の男 （的de） 大声で泣き叫ぶ 彼女 見る （过guo） ～ない 少ない
　　　大の男が大声で泣き叫ぶのを、彼女は何度も見たことがある。

(63) 凡 有 北京 货 的 地方 我 全 去 过．淘换 了 多少 中国 玩艺儿 啊！（苏248）
　　　凡そ ある 北京 製品 （的de） ところ 私 全て 行く （过guo），物色する どれほど 中国 雑貨 （啊a）
　　　凡そ北京製品のあるところは全て行った。どれほどの中国製の雑貨を物色したことか。

(64) 我 还 救 过 人命 呢。跳 河 的, 上吊 的, 我 都 救 过, 有 报应 没有？没有。（老甲209）
   私 更に 救う （过guo） 人命 （呢ne）。飛び込む 川 （的de）, 首をつる （的de）, 私 全て 救う （过guo）, ある 報い 無い？無い
   私は人命を救ったこともある。飛び込み自殺、首つり自殺、私は全て救った。その報いがあったか？無い。

私たちのデータのうち、正確な時間を指示しない「过₂guo」文はあわせて970個あった。その他、12の文の連用修飾語が「……的时候／……の時」という形であった。例えば：

(65) 你 驻在 这里 的 时候, 到 砖塔 附近 看 过 没有？（邓24）
   あなた ～に駐留する ここ （的de） 時, に 磚塔 付近 見る （过guo） ～ない
   あなたがここに駐留していた時、磚塔の付近に行って見たことがありますか。

これらの連用修飾語は、実際には、やはりある確定した時量の中の、1つの、或いはいくつかの不確定な時点を表している。更に3例の連用修飾語は「刚刚／たった今」「刚才／さっき」で、やはり不確定の時点である。本当に確定した時点を表す連用修飾語はわずかに11例だけで、そのうち「大きな時点」は、例えば「去年／去年」「那年冬天／あの年の冬」など8例で、「小さな時点」は、「前天／おととい」「今早／今朝」など3例であった。例えば、

(66) 为什么？——我 今早 还 说 过, 我 愿意 做 你 的 朋友。（曹92）
   どうして？私 今朝 更に 言う （过guo）, 私 ～したい なる あなた （的de） 友達
   どうして？——私はあなたの友達になりたいと今朝言ったじゃないか。

(67) 两天 前 还 飘 过 一阵 小雪……（蒋223）
   2日 前 まだ 舞う （过guo） ひとしきり 小雪
   2日前にはまだひとしきり小雪が舞っていた。

比較的現在に近い正確な時点を表す連用修飾語を含んだこれらの文では、「过₂guo」の前の動詞は、往々にして旧情報である（(66)の「说」）か、或いは旧情報に関係するものである（(67)の「飘」）。言い換えれば、特定の文脈がある。これらの文は実証する場合や反駁する場合によく用いられ、文中には「确实／確かに」「还／更に」といった類の副詞がよく用いられ、確かにそのことがあったということを表す。このため、正確な時間を指摘しておく必要があるのである。

5 動態助詞「过₂」「过₁」「了₁」の用法比較

3.2.2 「了₁le」[8] と共起する時間詞

「了₁le」と最もよく共起する時間詞は、時点を確定する時間詞である。それがとりわけ事柄の叙述を表す文の中で多く使われる。例えば：

(68) 快 十二点 了．我 吃 完 了 那 瓶 酸奶 往 家 走。（苏207）
　　 もうすぐ 12時 （了le），私 食べる 終わる （了le） あの 瓶 ヨーグルト へ 家 歩く
　　 もうすぐ12時だ。私はあのヨーグルトを食べ終わってから家に帰る。

(69) 这天 下午 院长 领 着 四 个 人 闯进 了 他 的 病房。（1984B123）
　　 この日 午後 院長 連れる （着zhe） 4 人 人 飛び込む （了le） 彼 （的de）病室
　　 この日の午後、院長は4人を連れて彼の病室に飛び込んだ。

時には、時間詞は、その本文には現れないが、表される時点がはっきりしていることがある。例えば：

(70) 给 病人 打 了 针．吃 了 药．输 上 液．院长 又 嘱咐 了 几 句
　　 便 领 着 医护人员 撤走 了。（1984B123）
　　 に 病人 打针／注射する （了le） 打针／注射する，飲む （了le） 薬，输液／点滴する （上shang） 输液／点滴する，院長 又 言いつける いくつ （句ju）（便bian）連れる （着zhe） 医師看護婦 退いていく （了le）
　　 病人に注射をし、薬を飲ませ、点滴をすると、院長は又一言二言言いつけて、医師看護婦を連れて退いていった。

(71) 千百万 群众 在 创造 生活 的 劳动 中．看 似 偶然 爆发 的 事件．却 代表 了 一种 历史 的 必然。（1984B2）
　　 千百万 大衆 で 創造する 生活 （的de） 労働 中，見る ～のようだ 偶然 爆発する （的de） 事件，しかし 体現する （了le） 一種 歴史 （的de） 必然
　　 千百万の大衆が生活を創造する労働の中で、一見すると偶然に起こったように見える事件でも、ある歴史の必然性を体現している。

(70) の動作が発生した時点は、前の文ですでに表されているが（(69) を見られたい）、(71) の動作が発生した時点は、今まさに叙述されている事件が発生した時間なのである。

「了₁le」と共起する時間詞は、叙述において、多くは確定された時点を表す。これはなぜなら「了₁le」が動作の実現や完了を表すので、動作行為は常に具体的なものなので、その実現される時間も必然的に確定されるものだからである。

「了₁le」はまた不確定の時間詞と共起することもある。それは次の3つの文

119

形式である。
  （Ａ）前後して発生する２つの動作を表す文において
  (72) 他 每天 吃 了 睡．睡 了 吃．无所事事。
      彼 毎日 食べる （了le） 寝る，寝る （了le） 食べる 何もしない
      彼は毎日食っては寝て、寝ては食い、何もせずにぶらぶらしている。
  (73) 什么时候 复习 完 了 功课．什么时候 叫 你 出去 玩。
      いつ 復習する 終わる （了le） 授業，いつ （叫jiao） あなた 出て行く 遊ぶ
      授業の復習が終わったら、遊びに行かせてやります。
  （Ｂ） 動詞の後に数量詞がある場合
  (74) 那个 地方 去年 我 去 了 两次。
      あの 場所 去年 私 行く （了le） ２回
      あそこには私は去年２回行った。
  (75) 到 现在 为止．我们 一共 学 了 两千 生词。
      まで 今 区切りとする，私たち 全部で 学ぶ （了le） ２千 新単語
      今までに私たちは全部で２千の新単語を学んだ。
  （Ｃ）文末に「了₂le」があるか、後続の文がある場合。
  (76) 甲：你 决定 调走 了 吗？
          あなた 決める 転勤する （了le） （吗ma）
          あなたは転勤することに決めましたか。
      乙：已经 打 了 报告 了。
          すでに 出す （了le） 申請書 （了le）
          もう申請書を出したよ。
  (77) 这 件 事 我 已经 通知 了 小李．你 去 通知 小赵 吧。
      この （件jian） 事 私 すでに 通知する （了le） 李君，あなた 行く 通知する 趙君
      （吧ba）
      この事は、私はもう李君に知らせたから、君も趙君に知らせなさい。

不確定な時間詞と共起する「了₁le」は、必ずしも上の３つの文形式に限られるわけではないと思われる。しかし「了₁le」が、ある時量の中の不確定な時点を表す連用修飾語とは同時に共起しにくいことは間違いない。

  (78) *以前 他 去 了 一 次 上海。
  (79) ?从前 我们 班 转 来 了 一 个 学生。

3.2.3 「过₁guo」と共起する時間詞

「过₁guo」の前の連用修飾語はどうやら比較的自由なようで、確定された時点を表す時間詞であってもかまわない。

(80) 我 五点钟 给 他 打 过 电话 了，你 不必 打 了。
私 5時 に 彼 かける （过guo） 電話 （了le），あなた 〜しなくていい かける （了le）
私は5時に彼に電話したから、君はしなくていいよ。

しかし、より一般的なのは、「过₁guo」の前に連用修飾語が現れず、あまり遠くない過去の不確定な時点を表す場合である。

(81) "喂，瑞贞，你 怎么 连 你 爹 都 不 叫 一声 就 走 了？" "叫 过 了。"（曹303）
おい，瑞貞，おまえ どうして さえ おまえ お父さん も 〜ない 呼ぶ 一声 （就jiu） 行く （了le）？呼ぶ （过guo）（了le）
「おい、瑞貞、おまえはどうして一言お父さんと呼びもせずに行ってしまうのか。」「呼んだよ」

(82) 我 检查 过 了，怎么 没有 这些 反革命 宣传品？（从72）
私 検査する （过guo）（了le），どうして 無い これら 反革命的な 宣伝物
私が検査したよ、どうしてこんな反革命的な宣伝物が無いのか。

連用修飾語はまた将来のある不確定な時点を表すものでもいい。

(83) 你 看 过 后，我 相信 会 有 个 正确 的 态度。（苏309）
あなた 見る （过guo） 後，私 信じる 〜はずだ ある 1つ 正確 （的de） 態度
あなたが見てからきっと正しい考えを持つだろうと信じている。

3.3 現れることができる文形式の比較

「过₂guo」と「了₁le」、「过₁guo」の現れることができる文形式は異なるが、ここでは比較的典型的ないくつかだけを見ていく。

3.3.1 「过₂guo」は、1人の動作主によって起こされ、続けざまに起きる2つの動作を表す「V₁＋过₂＋N（,）＋V₂」という形式に現れることはできない。例えば、次のように言うことはできない。

(84) *去年 九月 我 去 过 上海，以后 又 去 了 南京。
(85) *我 从来 没 吃完 过 饭 就 睡觉。

(86) 甲：昨天 你 都 去 过 哪儿？
　　　　　昨日 あなた 全て 行く （过guo） どこ
　　　　　昨日あなたはどこに行きましたか。
　　乙：*早上 九点 去 过 图书馆，接着 去 过 操场。
しかし、「过₁guo」、「了₁le」は次の文形式によく現れる。
(87) 脚卵 洗 了 澡，来 吃 蛇肉。（1984B145）
　　　　脚卵 洗澡=風呂に入る （了le）洗澡=風呂に入る，来る 食べる 蛇肉
　　　　脚卵は、風呂に入ると、蛇肉を食べに来た。
(88) 她 咽 了 口 唾沫，把 复杂 的 神气 与 情感 似乎 镇压 下去……（老甲76）
　　　　彼女 飲み込む （了le） 1口 つば，（把ba）複雑 （的de）面もち と 気持ち 〜ようだ 抑える 下りていく
　　　　彼女はつばを飲み込むと、どうやら複雑な面もちと気持ちを抑え込んでいるようだった。
(89) 吃 过 午饭，国生 愁眉不展 往 连生 家 跑。（高224）
　　　　食べる （过guo） 昼食，国生 心配そうな顔をする へ 連生 家 走る
　　　　昼食を食べると、国生は心配そうな顔をして連生の家へ急いだ。
(90) 荤菜 从来 不 肯 动，吃 过 了 偷偷 回 自己 家 再 吃。（高230）
　　　　肉料理 今まで 〜ない 進んで〜する 手をつける，食べる （过guo） （了le） こっそりと 帰る 自分 家 又 食べる
　　　　肉料理は今まで進んで手をつけなかったので、食べ終わると、こっそりと自分の家に帰り改めて食べた。

3.3.2 「过₂guo」と「了₁le」の後には「一次／1回」、「两天／2日間」といった類の数量詞を加えることができるが、「过₁guo」は一般的にできない。例えば：
(91) 你 瞧，他 还 写 过 一 本 关于 舞美 的 书。（王340）
　　　　あなた 見る，彼 また 書く （过guo） 1冊 〜に関する 舞台芸術 （的de） 本
　　　　見てごらん、彼は舞台芸術に関する本も1冊書いたよ。
(92) 她 来 过 两 次。（王225）
　　　　彼女 来る （过guo） 2回
　　　　彼女は2回来たことがある。

5 動態助詞「过2」「过1」「了1」の用法比較

(93) 到 现在 为止, 已经 抓 了 一百 多, 打 了 七十 几 个, 叫 他们 反 吧！（老133）
まで 今 区切りとする, すでに 捕らえる （了le) 百 あまり, やっつける （了le) 70 いくつ 個, （叫jiao) 彼ら 反抗する （吧ba)

今までに、すでに百あまりを捕らえ、70数個をやっつけた。せいぜい反抗するがいいさ。

(94) *你 吃 过 了 一 顿 饭 再 走。

これはなぜなら「过1guo」の後には新情報が入ってはならないからである。

3.3.3 「没mei」の後には「过2guo」が現れることができるが、「了1le」や「过1guo」はできない。例えば：

(95) 我 打 过 人, 可 没 杀 过 人。（老甲42）
私 殴る （过guo) 人, しかし ～ない 殺す （过guo) 人

私は人を殴ったことはあるが、人を殺したことはない。

(96) 你 爸爸 从 没 打 过 仗. 这 是 一个 军人 的 遗憾。(1983B286)
あなた お父さん 今まで ～ない する （过guo) 戦い, これ （是shi) 1人 軍人 （的de) 無念

あなたのお父さんは今までに戦争をしたことがないが、これは1人の軍人として残念なことである。

従って、もし文中に「过guo」がある場合、動詞の前に「没mei」があれば、この「过guo」は必ず「过2guo」である。

注

1)、2)、4) 『現代漢語八百詞／中国語用例辞典』を参照されたい。
3) 張暁玲「試論"过"与"了"的関係／『过』と『了』の関係についての試論」、『語言教学与研究』1986年1期53頁より引用。
5) 「过1guo」と「过2guo」は形式上、更に次の違いがある。
（A）「过2guo」は軽くしか読まれないが、「过1guo」は軽く読んでもいいし、ストレスをおいて読んでもよい。
　我 去 '过 了. 你 不必 去 了。
　私 行く （过guo) （了le), あなた ～しなくていい 行く （了le)
　私が行ったから、君は行かなくていい。

123

(B) 「过₂guo」と「了₁le」は連用することができないが、「过₁guo」と「了₁le」は連用できる。

　　她 吃 过 了 饭．正在 休息。（过₁，了₁）
　　彼女 食べる（过guo）（了le）ご飯，ちょうど～している 休む
　　彼女は食事をして、今ちょうど休んでいる。
　　＊我 去 过 了 上海。

6）「过₁guo」は補語としての形容詞「完／～し終わる」とは異なる。「过₁guo」は動作の完結にしか着目しないが、「完」は動作の完結に着目するばかりではなく、「他把钱花完了／彼はお金を使い切った。」のように、動作の及ぶ事物がつきてしまうことをも表す。「他刚吃完饭／彼は食事が終わったばかりだ」と「他把米饭都吃完了／彼はご飯を全部食べてしまった」という2つの文において、最初の文の「完」は「吃／食べる」という動作が完結したことを表すが、2番目の文の「完」は「米饭／ご飯」が残っておらず、きれいさっぱり無くなっていることを表す。

7）孔令達「関於動態助詞"过₁"与"过₂"／動態助詞『过₁』と『过₂』に関して」（『中国語文』1986年4期273頁）及び注3）の張氏の論文参照。

8）ここでは、「他把杯子打了一个／彼はコップを1つ割った」、「你把水倒了吧。／君、水を捨てなさい」のような、結果の意味を含む「了₁le」については考慮しなかった。

用例出典

老甲：駱駝祥子、老乙：老舍劇作選、曹：曹禺選集、梁（斌）：紅旗譜、谌：谌容中編小説集、高：高曉声小説選、从：従維熙中編小説集、蒋：蒋子龍中編小説集、苏（叔阳）：婚礼集、邓：鄧友梅短編小説集、1983B：1983年中編小説選（二）、1984A：1984年中編小説選（一）、1984B：1984年中編小説選（二）

原文：「動態助詞"过₂、过₁、了₁"用法比較」、『語文研究』第1期、1998年

6 「着」について

費春元 著
村松恵子／于康 訳

0 はじめに

「着 zhe」についての研究はすでに多く見られる。しかし 80 年間、「着 zhe」の機能およびその文法的意味に対する認識に、大きな変化はなく、基本的にはどれも「進行」と「持続」と関連している[1]。

0.1 「着 zhe」は一般に形態を中心に議論されており、且つそれは「了 le」などと同様に、中国語の動詞の文法的要素[2]を構成するものとして認識されている。しかし大多数の研究者は「着 zhe」や「了 le」などの文法的意味を重要視するだけで、体系の構成やその性質に注意することは非常に少ない。

高名凱はこの問題について次のように指摘している[3]。まず高氏は、「テンス（tense）」と「アスペクト（aspect）[①]」というこの2つの文法範疇を厳密に区別し、テンスは必ず現在、過去、未来の3段階を含んでおり、アスペクトは動作あるいは過程が持続している中でどのような状態であるのかということに重きを置いている、としている。これらの分析を基礎として高名凱は、中国語の文法構造の中には、時間を表す形態範疇はなく、ただ「アスペクト」があるだけである（「態」と呼ぶ人もいるが、その意味は同じである）、と述べている。

高名凱の中国語のアスペクト体系の中では、「着 zhe」は進行相あるいは持続相を表し、ある動作あるいはある過程がなお持続進行中であることを示している。これと並んで高名凱は、さらに完了相あるいは完全相が存在し、「了 le」がその動作あるいは過程の完了を表す機能を果たしているとしている。この他さらにいくつかのアスペクト形式を挙げているが、それらは基本的には語彙手段で表現されるものである。

これ以後の研究では中国語の動詞のテンスについての議論は殆ど見られず、

[①] 訳者注：アスペクトについて中国語学の用語では「体」や「態」など様々な用語が使用されている。本稿では「体」が使われている。

アスペクトで中国語の中の「着 zhe」や「了 le」などの現象を解釈している。しかし中国語のアスペクトに関して、未だ英語のような体系は見つけ出されていない。

0.2 「着 zhe」は「進行」を表すと同時にまた「持続」も表すという観点は、『現代漢語八百詞／中国語用例辞典』に到って明瞭に2つの意味に分けられるようになった[4]。
 a 動作がまさに進行中であることを表す
 b 状態の持続を表す
現在「着 zhe」に関する最も一般的な観点はこの2分法である。
 「進行」と「持続」の2つの文法概念はどちらも印欧諸語から来たもので、「進行」は英語の進行相に相当するが、「持続」という概念は、実際には「着 zhe」が英語の進行相とは異るという実態によって取られた補給措置なのである。
 本稿では特定の文法的意味のマーカーとして、2つの側面の性質を備えていなければならないと考える。即ち：
 a マーカーを伴っていないいかなる文法的成分もマーカーが示す特定の文法的意味を持っていないはずである。逆に言えば、マーカーが持つ特定の文法的意味を表す文法成分はそのマーカーを伴なわなければならない。
 b マーカーを伴っている文法的成分は、その他の意味ではなく、そのマーカーが持つ特定の文法的意味を伴わなければならない。当然、特定の条件下における特殊な言語使用を排除しなければならない。
 「進行」と「持続」のどちらの性質も備えず、実際の状況においてはただ一部の「着 zhe」を伴った文だけが「進行」と「持続」の意味を持っているにすぎないのである。そしてこの2つの意味を表すには、多くの場合決して「着 zhe」は必要とされない。従って、「進行」、「持続」という観点は、完全に印欧諸語の文法体系を参照にして得られたものである。

0.3 最近木村英樹（1983）、劉寧生（1985）、馬希文（1987）の3篇の「着 zhe」に関する研究論文が発表された。
 木村の見解は、状態が持続していることを表す「着 zhe」（着 d と記す）と動作が進行中であることを表す「着 zhe」（着 p と記す）とは、共時的文法レベル

では2つの異なる文法範疇に属し、着dは真のテンス・アスペクト接尾辞ではなく、結果補語に近い動詞の後付き成分である、というものである。その目的は異なる機能を表す2つの「着zhe」を区別するということであると思われる。

馬希文はこれまでの見解とは全く異なり、北京方言の中にはもともと「進行相」は存在せず、「着zhe」は状態を表するものであるとしている。しかし同時に、馬氏は書き言葉の中には「進行相」が存在することを認めている。

筆者は基本的に馬希文の見解に同意しているが、しかしすべての「着zhe」は1つの分割できない統一体であり、中国語の中には「進行」を表す文法範疇は存在しないと考える。

0.4　以上、簡単に「着zhe」の研究の歴史を振り返った。「着zhe」に関する論述はこの他にも多数あり、およそ動詞を論じるものであれば、「着zhe」の機能と意味に言及する。しかし、「着zhe」の意味とは結局何であるのか、「着zhe」はどのような体系の中にあるのか、という問題は未だ解決されていない。その中の最も重要な原因の1つは、「着zhe」全体の分布の客観的で体系的な認識が欠けていることであると考える。これまでの研究は、しばしば印欧諸語の体系への対応から出発し、客観的に存在している材料をばらばらにして、必要なものだけを取り出し、その結果ただ問題を複雑にしただけである。

「着zhe」の性質と意義を明確にするには次の2点が重要である。まず第1に、その分布を全体的に分析しなければならない。次に、分布全体を把握した上で「着zhe」を解釈しなければならない。以下では、この考え方を中心に検討を進めていく。

1　分布と意味

現代中国語の「着zhe」は動詞や形容詞に付加するだけではなく、副詞や代名詞にも付加することが可能である。これ以後本稿では、付加される成分と「着zhe」を「X着」と記す。「X着」の文法的機能は分布の違いおよび「X」の違いによって大きく異なる。以下でそれぞれについて考察していく。

1.0　Xが動詞の場合、「V着」の機能には述語、連用修飾語、連体修飾語の3種類がある。

1.0.0　中国語の動詞は非常に複雑である。分析や説明を分りやすくするため、

まず動詞を分類する。

木村等の「着 zhe」の研究では、Vを2種類に分けている。即ち「看／見る」や「听／聞く」などのようなV₁〔−附着〕の動詞と、「穿／着る」、「掛／掛ける」、「堆／積む」、「放／置く」、「摆／並べる」、「留／残す」、「帯／携帯する」などようなV₂〔＋附着〕の動詞である。しかしV₂は多義である。例えば「穿／着る」を例に挙げると、「穿红衣服的那个人／赤い服を着ているあの人」には明らかに異なる2つの意味がある。①「那个人穿着红衣服／あの人は赤い服を身に付けている」と、②「那个人正穿红衣服／あの人は今赤い衣服を着ているところだ」である。これは「穿／着る」の内部に動態①の「穿₁／着る」（意味②）と静態の「穿₂／着ている」（意味①）とが対立して存在しているためであると考えられる。

静態の「穿₂／着ている」には「附着」の意味があり、木村等の言う〔＋附着〕の動詞に相当する。このようにV₂は動態のV₂₁と静態のV₂₂とに分けることができる。

2種類の動詞は以下の通りである。

Ⅰ. 動態動詞

跳／跳ぶ、走／歩く、跑／走る、笑／笑う、闹／騒ぐ、蹦／はねる、听／聞く、看／見る、读／読む、教／教える、唱／歌う、说／言う、学／学ぶ、抄／写す、乘／乗る、打／殴る、赶／追いかける、抢／奪う、争／争う、吃／食べる、吸／吸う、想／思う、猜／推測する、考虑／考える、回忆／思い出す、关心／気にかける、注意／注意する、など。

V₂₁の類：

穿₁／着る、挂₁／掛ける、堆₁／積む、放₁／置く、摆₁／並べる、留₁／残す、带₁／携帯する、など。

Ⅱ. 静態動詞

V₂₂の類：

穿₂／着る、挂₂／掛ける、堆₂／積む、放₂／置く、摆₂／並べる、留₂／残す、带₂带₁／携帯する、など。

論述を分りやすくするため、表記を改めて定義し、動態動詞をV₁、静態動

---

① 訳者注：中国語学の「動態」はふつうアスペクトを指す。

詞をV₂とする。

1.0.1 「V着」の分布
(1) 祥子 呆呆 地 看 着 这 两 块 白木 碴儿。(V₁)
　　　祥子　ぼんやりと　(地de)　見る　(着zhe)　この　2　個　白木　かけら
　　　祥子はぼんやりとこの2つの白木のかけらを見ている。
(2) 他 一个人 在 马路 上 慢慢 地 走 着。(V₁)
　　　彼　1人　で　道　上　ゆっくり　(地de)　歩く　(着zhe)
　　　彼は一人で大通りをゆっくり歩いている。
(3) 他 穿 着 一 身 雪白 的 西服。(V₂)
　　　彼　着る　(着zhe)　1　(身shen)　真っ白　の　背広
　　　彼は上下真っ白な洋服を着ている。
(4) 墙 上 挂 着 一 幅 画。(V₂)
　　　壁　上　掛ける　(着zhe)　1　枚　絵
　　　壁には一枚絵が掛かっている。
(5) 赶 着 看 这 本 书。(V₁)
　　　急ぐ　(着zhe)　見る　この　冊　本
　　　急いでこの本を読んでいる。
(6) 大伙儿 抢 着 告诉 老师 这 件 事儿。(V₁)
　　　みんな　争う　(着zhe)　教える　先生　この　件　事
　　　みんなは争ってこのことを先生に話そうとしている。
(7) 争 着 干 活儿。(V₁)
　　　争う　(着zhe)　する　仕事
　　　争って仕事をする。

　(1)～(4)の「V着」は文の述語となるのに対し、(5)～(7)の「V着」は、それが表す動作の意味は弱く、文の主要成分ではなくて、後続の動作の状態様式を表す連用修飾語となる。
　上述の「V着」の文法的機能は明確であるが、実際の言語の中では述語と連用修飾語をはっきりと分けることはできない。そしてその2種類の機能をつなぐ役割を果たすものがあり、それが「V着(+N)+V」である。

(8) 他 抿 着 嘴 笑 个 不 停。
　　　彼　すぼめる　(着zhe)　口　笑う　(个ge)　～ない　止まる

彼は口をすぼめながら笑いが止まらない。
(9) 他 端 着 碗 走 过来 了。
　　　彼 両手で持つ （着 zhe） 碗 歩く くる （了 le）
　　　彼は両手で碗を持ってやって来た。
(10) 她 笑 着 看 了 我 一 眼。
　　　彼女 笑う （着 zhe） 見る （了 le） 私 1 目
　　　彼女は笑いながら私をチラッと見た。
「笑着／笑っている」は述語であるか連用修飾語であるかは断定しにくく、「抿着嘴／口をすぼめている」、「端着碗／両手で碗を持っている」はどちらも実際には動詞であるが、殆どの場合それは後ろの動詞の状態様式を表している。

1.0.2　「Ｖ着」が連体修飾となる場合
(11) 张 师傅 漆 着 的 车 是 我 那 辆 ? （V₁）
　　　張 師匠 塗る （着 zhe） （的 de） 車 （是 shi） 私 あの 台
　　　張さんがペンキを塗っている車は私のですか？
(12) 他 抄 着 的 那 份 留 着 以后 用。（V₁）
　　　彼 写す （着 zhe） （的 de） あの （份 fen） 残す （着 zhe） これから 使う
　　　彼が今写しているのは取って置いて、あとで使う。
(13) 提 着 的 都 是 准备 送 人 的 礼物。（V₂）
　　　提げる （着 zhe） （的 de） みな （是 shi） つもりだ 贈る 人 （的 de）
　　　プレゼント
　　　手に提げているのはプレゼントするためのお土産です。
(14) 桌 上 放 着 的 几 本 书 都 是 新 的。（V₂）
　　　机 上 置く （着 zhe） （的 de） いくらか 冊 本 みな （是 shi） 新しい （的 de）
　　　机の上に置いてある数冊の本はすべて新しいものです。

1.0.3　特殊用法の「Ｖ着」
(15) 看 着 热闹, 实际上 不 行。（V₁）
　　　見る （着 zhe） にぎやかだ, 実際には 〜ない よい
　　　見たところにぎやかだが、実際にはよくない。
(16) 看 着 像模像样儿 的。（V₁）
　　　見る （着 zhe） ちゃんとする （的 de）

　　　　見たところちゃんとしている。
(17) 吃　着　还 行。(V₁)
　　　食べる　(着 zhe)　まだ　よい
　　　食べてみるとまあまあだ。
(18) 这 话 听 着 有些 刺耳。(V₁)
　　　この　話　聞く　(着 zhe)　すこし　耳が痛い
　　　この話は聞いてみると少し耳が痛い。
(19) 这个 被面儿 摸 着 挺 滑溜 的。(V₁)
　　　この　布団の表　触る　(着 zhe)　とても　つるつるする　(的 de)
　　　この布団は触ってみるととてもつるつるしている。
(20) 你 炒 的 菜 我 尝 着 有点 咸。(V₁)
　　　君　炒める　(的 de)　料理　私　味わう　(着 zhe)　ある　すこし　塩辛い
　　　君の作った料理は食べてみるとちょっと塩辛い。

　以上の「V着」は基本的に「V起来 qilai」、「V上去 shangqu」と置き換えることができ、そしてこの場合の動詞は単音節の他動詞である[5]。
　この他にさらにこれと似た用法もある。
(21) 坐 着 不 方便, 还是 站 起来 吧。
　　　座る　(着 zhe)　～ない　便利だ, やはり　立つ　あがる　(吧 ba)
　　　座ると不便なので、やはり立ちましょう。
(22) 蹲 着 也 不 管 用, 还是 疼。
　　　しゃがむ　(着 zhe)　も　～ない　(管 guan)　役立つ, やはり　痛い
　　　しゃがんでもだめだ、やはり痛い。
(23) 躺 着 好 点儿。
　　　横になる　(着 zhe)　よい　すこし
　　　横になっているとすこしよい。
(24) 跪 着 很 难受。　　　　　　/趴 着 很 难受。
　　　ひざをつく　(着 zhe)　とても　つらい　/腹這いになる　(着 zhe)　とても　つらい
　　　ひざをついているとつらい。/腹這いになっているとつらい。

これらの文は「V起来 qilai」と置き換えることはできず、意味構造上前者とは異なる。「V着＋形容詞」という形式は、文法構造上とても複雑で、これだけを論ずる必要があるので本稿では1種の特殊の形式と見なすだけで、これ以上は検討しない。

1.1　Xが形容詞（Aと記す）である場合、「A着」の機能は「V着」と基本的に同じである。以下で例を挙げて説明する。

1.1.0　「A着」が述語の場合
  (25) 穿在身上短着一大截。
        着る に 体上 短い （着 zhe） 1 大きい （截 jie）
        着てみたら大変短かった。
  (26) 他比我高着两公分呢。
        彼 より 私 高い （着 zhe） 2 センチ （呢 ne）
        彼は私より2センチ背が高いよ。
  (27) 再老实的也比猴子多着两手儿。
        いくら おとなしい （的 de） も より 猿 多い （着 zhe） 2 技
        どんなにおとなしくても猿よりは技が多い。
  (28) 总觉得少着点儿什么。
        いつも 感じる 少ない （着 zhe） すこし 何
        いつも何か足りないと感じる。

1.1.1　「A着」が連用修飾の場合
  (29) 急着上班。
        急ぐ （着 zhe） 行く 仕事
        急いで出勤しようとしている。
  (30) 忙着往脸盆里倒凉水。
        忙しい （着 zhe） に 洗面器 中 注ぐ 水
        慌てて洗面器の中に水を入れようとしている。

1.1.2　「A着」が連体修飾の場合[6]
  (31) 一直红着的脸这才松弛了点。
        ずっと 赤い （着 zhe） （的 de） 顔 これ やっと 緩む （了 le） すこし
        ずっと真っ赤だった顔がやっと緩んだ。
  (32) 忙着的时候,总不见你。
        忙しい （着 zhe） （的 de） 時、いつも ～ない 見る 君
        忙しい時、いつも君の姿が見えない。

132

1.2　Xが副詞（Fと記す）の場合

(33) 要　継续　着　积储　买　车　的　钱。
　　　～なければならない　続く　（着 zhe）　貯金する　買う　車　（的 de）　金
　　　車を買うお金を引き続き貯金しなければならない。

(34) 附带　着　打　点　水　吧。
　　　ついでにやる　（着 zhe）　汲む　すこし　水　（吧 ba）
　　　ついでに水を汲んでください。

(35) 捎带　着　买　点　东西　吧。
　　　ついでにやる　（着 zhe）　買う　すこし　もの　（吧 ba）
　　　ついでに買い物をしてください。

(36) 轮换　着　看护　吧。
　　　交代する　（着 zhe）　看病する　（吧 ba）
　　　交代で看病しよう。

「F 着 zhe」は連用修飾語となることができるだけで、「F 着 zhe」を構成する副詞は意味的には比較的動詞に近い。純粋な副詞、例えば「忽然／急に」、「猛然／突然」、「即将／まもなく」などは、「着 zhe」を伴うことができない。「F 着 zhe」は、連用修飾語となった「V 着」がその動作の意味を失ったものと理解することができる。

1.3　Xが代名詞（Dと記す）の場合

「D 着 zhe」となることができるのは、「这么／このように」、「那么／あのように」、「怎么／どのように」だけであり、「D 着 zhe」は文の述語と連用修飾語になることができる。

(37) 他　老　这么　着　走　路。
　　　彼　いつも　このように　（着 zhe）　歩く　道
　　　彼はいつもこのように道を歩く。

(38) 他　老　那么　着。
　　　彼　いつも　あのように　（着 zhe）
　　　彼はいつもあのようだ。

(39) 别　这么　着　说话。
　　　～しないで　このように　（着 zhe）　話す
　　　こういう言い方をしないでくれ。

1.4 「X着」の分布およびその機能をまとめると下記の表のようになる。

例文 「X着」の機能 Xの品詞類	述語	連用修飾語	連体修飾語	○
V	慢慢地走着 墙上挂着画	争着干活 抢着说话	修着的车 提着的礼物	看着像模像样的 站着不舒服
A	短着一大截 高着两公分	急着要去 忙着倒水	忙着的时候 红着的脸	——
F		继续着积储 轮换着看护		
D	他老这么着	别这么着说话		

　「X着」の分布から見ると、「進行」として理解できるのは、述語と連体修飾語の位置にある「V₁着」だけで、「持続」として解釈できるのは「V₂着」に限る。その他、連用修飾語の位置にある「着 zhe」を状態様式を表すと分析する人もいる[7]。もしこれらの観点を受け入れるとすれば、異なる3つの「着 zhe」が存在することなる。しかしたとえこのように考えたとしても、やはり分布全体をうまく解釈することはできない。「吃着还行」における「吃着」はどうしても「進行」や「持続」あるいは「状態様式」として理解することはできない。その他の「X着」の状況も基本的にこれと同じである。

　上記の分布は実際には大きく分類しており、もし掘り下げて分析していけば、解釈できない用法が多く見られる。例えば、下記は述語となる「V着」の例である。

Ⅰ (40) 看着！（V₁）　(41) 听着！（V₁）　(42) 穿着！（V₂）
　　　 見ていろ！　　　　 聞いていろ！　　　　 着ていろ！

Ⅱ (43) 他 就 这样 一直 看 着 我。
　　　　彼 (就 jiu) このように ずっと 見る (着 zhe) 私
　　　　彼はこのようにずっと私を見ている。

　 (44) 他 一 看 着 这 幅 画, 心 里 就 不 舒服。
　　　　彼 すると 見る (着 zhe) この 枚 絵, 心 中 (就 jiu) 〜ない 気分良い
　　　　彼はこの絵を見ると、気分が悪くなる。

　Ⅰ類の「V着」は、願望・命令文で、ある状態に入ったりあるいはある状態を保ったりすることを要求することを表す。これは「持続」とは異なっており、「進行」で解釈することもできない。

　Ⅱ類の2つの文はどちらも「V₁着」を述語とするものであるが、それによって表される意味は「進行」とはまったく関係がない。もし現在の観点から解

釈すれば、「一直看着」は「持続」の表現に近い。しかしそうなると「V₁着」も「持続」を表すことになり、「進行」と「持続」がまた混乱することとなる。

このように、従来の観点から出発すれば、今目の前に置かれている材料が支離滅裂で、きわめて複雑なものとなることは明らかである。

2　「情状」① と「進行」

2.0　「着 zhe」の分析は実際にはそれほど複雑ではない。1つの統一的な意味を用いて、すべての「着 zhe」の分布を解釈することができるのである。即ち、「着 zhe」は「情状」② を描写するか、あるいは「情状」を表すものである。

「情状」は「叙述」に対応して言うものである。「叙述」とは、発生したか、あるいは発生しようとするある事柄を表現するもので、発生したか否かに重点があり、一種の事実説明である。これに対し、「情状」とは、一種の運行状態を表すもので、情景の描写と模写に重点がある。以下で例を挙げて説明する。

Ⅰ　(45)　他　走。　　　　(46)　他　走　着。③
　　　　　彼　歩く　　　　　　　彼　歩く　（着 zhe）
　　　　　彼が歩く。　　　　　　彼が歩いている。

Ⅱ　(47)　看！　　　　　　(48)　看着！
　　　　　見ろ！　　　　　　　　見ていろ！

Ⅰでは、Vは単に一種の「叙述」であり、「他走／彼が歩く」という事柄が発生しようとすることを意味する。一方「V着」が表すものはこれとは異なり、「他走／彼が歩く」という情景の描写である。2つの文の違いは「叙述」と「情状」の違いである。

Ⅱでは、Vと「V着」はどちらも願望・命令文の中に現れているが、両者の意味は異なる。「看！／見ろ！」はこの動作の生起を要求し、動作の生起に重きを置くものであるのに対し、「看着！／見ていろ！」はこの情景に入ることを要求し、「情状」に重きを置くものである。

2.1　劉寧生はかつて「着 zhe」の使用について統計をとったことがある[8]。そ

---

① 訳者注：「情状」は原著者の用語である。
② 訳者注：原著者の言う「情状」とは、一種の運行状態を表すものである。
③ 訳者注：下線は訳者による。以下同。

の統計では、「着 zhe」の使用は文学言語と話し言葉、政治論文の間で大きな違いがあり、文学言語の中において「着 zhe」の出現率は話し言葉や政治論文よりも高いということが明らかにされた。もし、「着 zhe」が「進行」や「持続」を表すとすれば、このような現象は解釈しにくい。その原因はまさに「着 zhe」が「情状」を表しているからである。一般的に言えば、自然の話し言葉は風物描写や状態模写をすることは非常に少なく、政治論文も理論的論証であって描写的なものは少ない。従って話し言葉と政治論文に「着 zhe」を使用する頻度は非常に低いのである。

2.2 「着 zhe」の解釈に対する二分法の出現は結局「進行」という観点に固執したからであり、このため「進行」について考察する必要がある。前章で一部の述語、連体修飾語の位置にある「V₁着」は「進行」と理解することができると述べたが、中国語の中には確かにこのような情況が存在する。長い間「着 zhe」が「進行」を表すと認識されてきたのは、これが主な原因である。しかし実際には一部の「V₁着」が「進行」を表すのはただ特定の条件下における偶然の現象であり、その本質はやはり「情状」である。

　本稿では中国語の「着 zhe」の置かれる体系と英語のアスペクトの両者の性質を比較、検討し、この問題を説明していくことにする。

　「着 zhe」の置かれる体系の中にはどのような成分があるのか。ここですぐにそれを結論付けることは難しいが、少なくとも「了 le」はこの体系の中の成分であるということは言える。以下では取りあえず「着 zhe」と「了」を体系全体を代表するものとする。

　従来の分析では、「着 zhe」は英語の進行相に、「了 le」は英語の完了相に、それぞれ相当するものと考えられてきた。しかし最近、劉勲寧 (1988) で、中国語の「了 le」は完了相ではなく、「了 le」の附着する語彙によって示される事実の状態を表すものであり、「了 le」の表す「完了」の意味はある条件下の偶発的現象である、ということが証明され、そこで劉氏は、「了 le」を「実現相」を表すものとしている（「着 zhe」と「了」が置かれる体系と英語の「アスペクト」とが異なるものであることを示すため、本稿では単に「実現」と呼ぶ）。

　体系的な角度から見れば、「了 le」が「完了」を表すということについての否定は、「着 zhe」が「進行」表すという説にとって、大きな衝撃を与えたことは疑う余地がない。言語の中のそれぞれの成分はすべて、決まった集合関係の

中に存在しており、孤立して存在しているものはない。従って、中国語の中に「完了」という範疇がない以上、「進行」もその存在を証明するものはなくなる。

実際に、中国語にはもともと「進行相」、「完了相」というものは存在しない。高名凱は「テンス」と「アスペクト」の違いを区別しており、「テンス」の性質は明確にしたが、「アスペクト」に対する理解は完全であるとは言えない。我々がよく知っている英語の「アスペクト」は、実際に時間と関係する範疇であるが、しかし「着 zhe」と「了」は時間とは関係なく、それらが置かれる体系は英語の「アスペクト」とは全く異なるものである。

2.2.0 時間の概念は一定の参照点を用いて表現する。英語の「テンス」は発話時を参照点とし、発話の目前を現在時、発話の前を過去時、発話の後を未来時とする。これを図で示すと、下記のようになる。

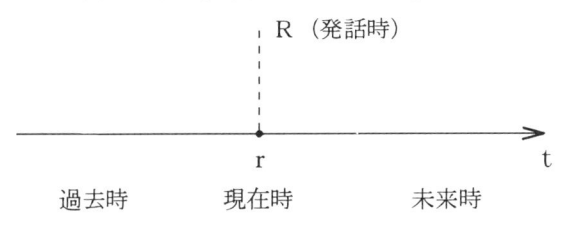

```
                R （発話時）
                ┊
─────────────────•─────────────────▶
                r                  t
  過去時      現在時      未来時
```
（Rは時間参照点、rはRの時間軸上の投影）

「アスペクト」にも同様に時間参照が存在する。進行相を例として説明すると、「進行」とはある時刻においてある動作が正に生起しているということである。これを図で示すと、下記のようになる。

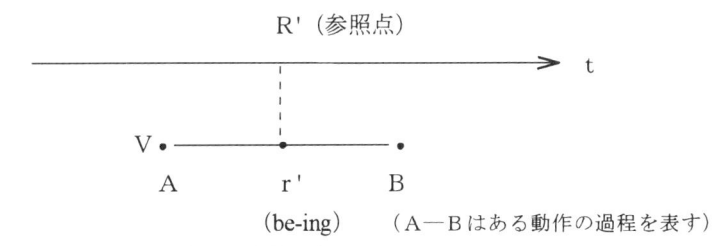

```
              R' （参照点）
              ┊
─────────────────────────────▶ t
      V •─────┊─────•
        A     r'    B
           (be-ing)    （A―Bはある動作の過程を表す）
```

参照点R'は必要不可欠である。例えば:
　(49) I'm reading a novel.（ R'は発話時）
　　　私は小説を読んでいる。

137

(50) I was reading a novel when he entered into my room yesterday.
（R'は when he entered into my room yesterday）
きのう彼が私の部屋に入ってきたとき、私は小説を読んでいた。
(51) I'll be reading a novel tomorrow morning.（ R'は tomorrow morning）
明日の朝私は小説を読んでいるでしょう。

完了相の中にも同様にR'が存在している。例えば：
(52) I haven't seen him for many years.（R'は発話時）
数年前、私は彼に会ったことがある。
(53) At last they got the telegram they had been expecting.（R'は got の時点）
ついに彼らは期待していた電報を受け取った。
(54) I shall have finished this one before lunch.（R'は before lunch）
このことは昼食の前に終わるつもりだ。

その他のアスペクトの情況も同じである。このことから、「アスペクト」も時間と関係のある範疇であると言える。しかし、「アスペクト」と「テンス」の性質はまったく異なっており、その主要な違いはそれらの時間参照点の性質と参照の方法が異なるということである。「テンス」の参照点は、固定された発話時であって、時間軸に位置するのに対し、「アスペクト」の参照点は、発話時に対する、時間軸上の変動可能な点である。また両者の参照方法の違いは、「テンス」は時間軸上の投影である参照点を通して時間を区別するが、「アスペクトは」は参照点と動作過程の投影である、という点である。従って、組み合わさった後の「テンス・アスペクト」の全体は、次の図のような、実際には2層に分かれた投影の体系である。

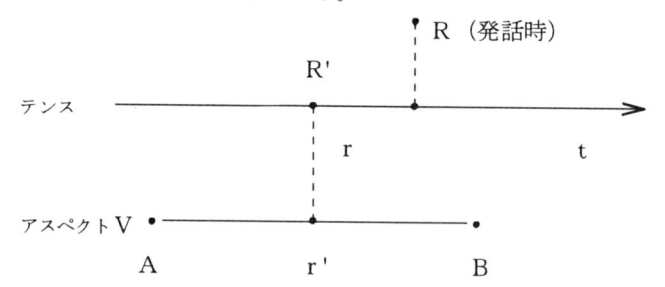

R'とrの関係が「テンス」の選択を決定し、R'とVの関係が「アスペクト」の選択を決定する[9]。

6 「着」について

2.2.1 「着 zhe」と「了 le」は、英語の「アスペクト」とはまったく異なり、R'のような時間参照点は存在しない。例えば：
(55) 假若 打算 认命, 好 吧, 去 磕 头 认 干爹, 而后 等 着 娶 那个 臭妖怪。(骆 p．83)
もし ～つもりだ あきらめる, よい （吧 ba), 行く ぬかずく 認める 義父, それから 待つ （着 zhe) 娶る あの 醜い 化け物
もし運命とあきらめるつもりなら、いいだろう、ぬかずいて義父と認め、それからあの醜い化け物を娶ろう。
(56) 他们 都 偷偷 地 在 我 背后 叽咕 着。慢慢 地 无论 谁 都 要 躲 着 我…（曹 p．113）
彼ら みな こっそり （地 de) で 私 背後 ひそひそ話す （着 zhe) ゆっくり （地 de) ～にしても 誰 みな しようとする 避ける （着 zhe) 私
彼らはこっそりと背後でひそひそ話をしている。次第に誰かれなくみんな私を避ける…
(57) 吃 了 这 多 长 时间, 还 在 吃。
食べる （了 le) このように とても 長い 時間, まだ ～ている 食べる
こんなに長い時間食べて、まだ食べている。
(58) 你 最 好 现在 喝 了 它 吧。(曹 p．33)
あなた 最も よい 現在 飲む （了 le) それ （吧 ba)
一番いいのはあなたが今それを飲むことだ。
「V₁着」は下記のように図示することができる。

```
V₁      A•――――――――――――――•B
        1------ V₁着 ------1
```

「V₁着」はA—Bの過程の任意の一点にあることを示している。進行相も同様にA—Bの過程の一点ではあるが、しかし「be v-ing」には特定の参照点があるのに対して、「V₁着」には時間参照点がない。

「了 le」は動作の実現を表し、完了相のような時間参照点は見つからない。
2.2.2 この節では、なぜ「V₁着」を「進行」と理解することが可能な場合があるのかということについて解釈していく。上述の分析から、「V₁着」は動作の過程のある一点であり、進行相との違いは参照点の有無であるということが

わかった。もしコンテクストが「V₁着」に一定の時間を付加したならば、それは進行相と非常によく似たものとなる。

(59) 他 呆呆 地 看 着 我。
　　　彼　ぼんやりと　(地 de)　見る　(着 zhe)　私
　　　彼はぼんやりと私を見ている。

(60) 他 一个人 在 马路 上 慢慢 地 走 着。
　　　彼　1人　で　道　上　ゆっくり　(地 de)　歩く　(着 zhe)
　　　彼は一人で大通りをゆっくり歩いている。

(61) 张 师傅 漆 着 的 车 是 我 那 辆?
　　　張　師匠　塗る　(着 zhe)　(的 de)　車　(是 shi)　私　あの　台
　　　張さんがペンキを塗っている車は私のですか？

(62) 他 抄 着 的 那 份 留 着 以后 用。
　　　彼　写す　(着 zhe)　(的 de)　あの　(份 fen)　残す　(着 zhe)　これから　使う
　　　彼が今写しているのは取って置いて、あとで使う。

発話はいつも一定の時間のもとで行われるものであり、上記の4つの文は現在の発話である。この特定のコンテクストのもとではV₁も現在発生している動作となり、これによって「V₁着」は「現在」という時間参照点を持つこととなる。そこで4つの文はすべて「進行」と理解することができるのである。

興味深いことに、たとえ「V₁着」には時間参照点が付加されていたとしても、「不时／たびたび」や「时时／時々」などの時間副詞と共起することができるのである。「不时／たびたび」や「时时／時々」は、連続または繰りかえしの出現を表し、「進行」には合致しないものである。例えば『雷雨』に次のようなト書きがある。

(63) 四凤 在 靠 中墙 的 长方桌 旁, 背 着 观众 滤 药, 她 不时 地 揩 着 脸 上 的 汗。(曹 p. 3)
　　　四鳳　で　寄りかかる　中壁　の　長テーブル　そば, 背を向ける　(着 zhe)　観衆　濾過する　薬, 彼女　たびたび　(地 de)　拭く　(着 zhe)　顔　上　の　汗
　　　四鳳は壁の近くの長テーブルのそばで、観衆を背にして薬を濾し、彼女はたびたび顔の汗を拭っている。

(64) ⋯天气 热, 鼻尖 微微 有 点 汗, 她 时时 用 手绢 揩 着。(曹 p. 3)
　　　天気　暑い, 鼻先　少し　ある　少し　汗, 彼女　時々　用いる　ハンカチ　拭く　(着 zhe)
　　　⋯天気は暑く、鼻先には少し汗をかき、彼女はしょっちゅうハン

6 「着」について

カチで拭いている。

　これらはいずれも「V₁着」の本質が「進行」ではないということを証明している。

　「了 le」の情況はとても複雑であるが、明確なことは、「了 le」が「完了」として理解されるときには、必ず時間参照点があるということである。

(65) 我 买 了 三 张 票。　　　　　(参照点R″が発話時となる)
　　　私 買う (了 le) 3 枚 切符
　　　私は3枚切符を買った。

(66) 老陈 来 了 一 封 信。　　　　(参照点R″が発話時となる)
　　　陳さん 来る (了 le) 1 通 手紙
　　　陳さんから1通手紙が来た。

(67) 看 了 电影 我 就 回 家 了。　　(R″が帰宅時となる)
　　　見る (了 le) 映画 私 (就 jiu) 帰る 家 (了 le)
　　　映画を見てから家に帰りました。

(68) 你 吃 了 饭 再 去 吧。　　(R″が将来「去／行く」時点となる)
　　　あなた 食べる (了 le) ご飯 また 行く (吧 ba)
　　　ご飯を食べてから行きなさい。

　従って、「了 le」の「完了」の意味もコンテクストによってもたらされたものなのである。

　もし特定のコンテクストによって与えられる時間参照点がなければ、「着 zhe」と「了 le」を伴うV₁が述語の位置に置かれたとしても、「進行」あるいは「完了」と理解するのは非常に困難である。例えば：

(69) 他 一直 就 这样 走 着, 漫 无 目的。
　　　彼 ずっと (就 jiu) このように 歩く (着 zhe), まったく ない 目的
　　　彼はずっとこのように歩き続けているが、何も目的が無い。

(70) 他 帮 老头儿 斟 了 茶。(陳 p.10)
　　　彼 手伝う 老人 注ぐ (了 le) 茶
　　　彼は老人にお茶をついであげた。

(71) 祥子 可以 用 一只手 拢 着 把,… (骆 p.11)
　　　祥子 〜できる 用いる 片手 つかむ (着 zhe) かじ棒
　　　祥子は片手でかじ棒をあやつることができ、…

141

2.2.3 「着 zhe」と「了 le」は「進行、完了」とは関係がないということを証明するのに、さらにもう1つよい方法がある。英語の進行相と完了相の形式に基づいて、「V₁着」と「V₁了」に明確な参照点を加えることができる。このとき「V₁着」の前には必ず「正／〜ている」、「正在／〜ている」を加えなければならず、「V₁了」の前には必ず「已／すでに」、「已経／すでに」を加えなければならない。そうでなければ文はとても不自然である。例えば、

(72) *我们到那儿的时候,他读着一本小说。
(73) 我们到那儿的时候,他正读(着)一本小说。
　　　私たち 着く そこ の 時, 彼 〜ている 読む (着 zhe) 1 冊 小説
　　　私たちがそこに着いたとき、彼はちょうど小説を読んでいた。

(74) *这时他擦着东西。
(75) 这时他正擦(着)东西。
　　　この 時 彼 〜ている 拭く (着 zhe) もの
　　　そのとき彼はちょうど拭いているところだった。

(76) *你们到那儿的时候,他可能吃着饭呢。
(77) 你们到那儿的时候,他可能正吃(着)饭呢。
　　　あなたたち 着く そこ の 時, 彼 かもしれない 〜ている 食べる (着 zhe) ご飯 (呢 ne)
　　　あなたたちがあそこに着いたとき、彼はちょうどご飯を食べているかも知れない。

(78) *我到那儿的时候,他吃了。
(79) 我到那儿的时候,他已经吃了。
　　　私 着く そこ の 時, 彼 すでに 食べる (了 le)
　　　私たちがあそこに着いたとき、彼はすでに食べ終わっていた。

このような現象が出現するのは、「着 zhe」と「了 le」がもともと「進行」と「完了」を表すものではないからである。従って、文中に明確な参照点がある場合には、必ず「正」、「正在」などの時間副詞を用いて、明確な時間参照点に相応する「進行」と「完了」の意味を表さなければならない。

2.2.4 以上のことから、「着 zhe」と「了 le」は、進行相、完了相の性質とはまったく異なると言うことができる。なぜなら、それらは時間とは関係がなく、それらが表す「進行」と「完了」の意味は、ただ特定の条件下における偶然の

現象だからである。「着 zhe」は「情状」を表し、「了 le」は「実現」を表すのである。

3 解釈と働き

3.0 「V₁着」は述語、連体修飾語になるほかに、さらに２種類の用法がある。そのほかの「V着」にも同様にこの２種類の用法がある。以下でこれらを併せて検討していく。

3.0.0 「V着」は連用修飾語となる。もう一度前述の例を見ることにする。
 (80) 赶 着 看 这 本 书。
   急ぐ（着 zhe） 見る この 冊 本
   急いでこの本を読んでいる。
 (81) 大伙儿 抢 着 告诉 老师。
   みんな 争う （着 zhe） 教える 先生
   みんなは争って先生に話そうとしている。
 (82) 争 着 干 活儿。
   争う （着 zhe） する 仕事
   争って仕事をしている。

「V」と「V着」と比較すると、Vは一般的にある動作あるいはある行為が発生したことを表すものであり、事実の説明に重きを置いている。これに対し、「V着」は動作がある過程の中にあることを表し、情景描写に用いられるものである。従って、「V着」は連用修飾語として別の動作を修飾することができ、その動作が「V着」という情景において発生したことを表す。

3.0.1 「V着＋形容詞」
 この形式の中の「V着」は明らかに時間とは関係がなく、「情状」と理解することによってはじめてうまく解釈することができるのである。
 「V着＋形容詞」の中の形容詞は、その大半が感覚活動と関係があり、ある種の判断を表す。また「着 zhe」は「情状」を表すことから、「V着」と形容詞の意味関係は、ある「情状」においてある種の判断がなされるということになる。その他の文法構造の異なる「V着＋形容詞」も、意味関係の上においては基本的にこのように解釈することができる。

(83) 站着 很 难受。
　　　立つ　（着 zhe）　とても　つらい
　　　立っているのはつらい。
(84) 听 着 就 行 了。
　　　聞く　（着 zhe）　（就 jiu）　よい　（了 le）
　　　聞いているだけいい。

「站着／立っている」と「听着／聞いている」はどちらも「情状」である。「难受／つらい」は、「站着／立っている」という「情状」における判断であり、「行了／よい」は、「听着／聞いている」という「情状」に対する直接の判断である。

3.1　「V₂着」も同様にある「情状」を表す。
(85) 他 穿着 一 身 笔挺 的 西服。
　　　彼　着る　（着 zhe）　1　（身 shen）　ぱりっとする　（的 de）　洋服
　　　彼はぱりっとした洋服を着ている。
(86) 墙 上 挂着 一 幅 画。
　　　壁　上　掛ける　（着 zhe）　1　本　絵
　　　壁に一枚絵が掛けてある。

「穿着／着ている」と「挂着／掛けてある」はどちらもある情景を描いている。

3.1.0　『現代漢語八百詞／中国語用例辞典』の中には、「『持続』の『着 zhe（即ちV₂着）』は『正／～ている』、『在／～ている』、『正在／～ている』などと共起することはできない。」[10]という記述がある。これは「V₁着」しか「正」などと共起できないということを説明しようとしているのであり、これによって「進行」という概念を引き出そうとしているのである。しかし実際の状況はこれとは異なり、「V₂着」も同様に「正／～ている」などと共起することができる。

(87) 我 看见 他 的 时候, 他 正 拿 着 一 大 叠 报纸。
　　　私　見かける　彼　（的 de）　時, 彼　～ている　持つ　（着 zhe）　1　大きい
　　　（叠 die）　新聞
　　　私は彼を見かけたとき、彼はたくさんの新聞を手に持っていた。
(88) 大家 想象 着 这儿 正 挂 着 一 幅 图画。

みんな 想像する （着 zhe） ここ 〜ている 掛ける （着 zhe） 1 枚 絵
みんなはここに1枚の絵が掛かっているのを想像している。
(89) 陈 奶奶 坐 在 那里, 正 拿 着 一 把 剪刀 为 坐 在 小 凳 上 的 小柱儿 剪 指甲。（曹 p .338）
陳 ばあさん 坐る に そこ, 〜ている 持つ （着 zhe） 1 個 はさみ ために 坐る に 小さい 腰掛け 上 （的 de） 柱ちゃん 切る つめ
陳ばあさんはそこに座って、はさみを使って、小さな腰掛けに座っている柱ちゃんのつめを切っているのだ。

「着 zhe」は「情状」を表すので、「V₁着」は「正／〜ている」などと共起することができる。「V₂着」も同様に「情状」を表し、性質は「V₁着」と一致する。

3.1.1 前述したように、馬希文は、「着 zhe」は状態を表すものとしており、「V₂着」の状態は動作が生み出した結果であると考えている[11]。しかし、実際にはV₂を詳細に考察していくと、多くの場合、V₂には動作がまったく存在しないことに気が付く。例えば：
(90) 所有 的 树 躯干 上 包 着 一 层 皮。
すべて の 木 幹 上 包む （着 zhe） 1 重 皮
すべての木の幹が皮で包まれている。
(91) 四面 都 是 大河 围 着 这 座 小 城。
周囲 みな （是 shi） 大きい 河 囲む （着 zhe） この （座 zuo） 小さい 城
この小さな城は周囲が大河で取り囲まれている。
(92) 湖 面 上 盖 着 厚厚 的 冰层。
湖 表面 上 覆う （着 zhe） 厚い （的 de） 氷層
湖の表面は厚い氷で覆われている。

本稿ではV₂類の動詞を静態動詞と呼んでいるが、その意図もここにある。V₂は事物の存在を表すところに重きがあり、その性質は「有／ある、いる」や「存在／存在する」などの動詞に近い。ただし、それはまた存在の方法も表すという点が異なっている。上記の3例はいずれも動詞の「情状」形式を用いて事物の存在を描写するものである。従って、「V₂着」が「持続」あるいは「動作が生み出した結果」を表すという観点はいずれも妥当ではない。

すべての「V着」は「情状」を表すものである。

3.2 「V着」が解釈ができたことにより、「A着」の情況は理解しやすくなる。形容詞が明示するのは性質であり、形容詞が出現した文も実際には「叙述」である。例えば「这朵花很红／この花はとても赤い」という文は、物事がある性質を持つということを叙述しており、即ち「花」が「赤い」という性質を持つことを明示しているのである。「A着」が明示するのは、このような性質を表現する「情状」であり、「着 zhe」の機能は形容詞を「情状」を表すものに転換させることにある。

(93) 他 比 我 高 两 公分。
　　　彼 より 私 高い 2 センチ
　　　彼は私より2センチ背が高い。
(94) 他 比 我 高 着 两 公分。
　　　彼 より 私 高い (着 zhe) 2 センチ
　　　彼は私より2センチ背が高い。
(95) 忙 的 时候, 总 不 见 你。
　　　忙しい (的 de) 時, いつも ～ない 見る 君
　　　忙しい時、いつも君の姿が見えない。
(96) 忙 着 的 时候, 总 不 见 你。
　　　忙しい (着 zhe) (的 de) 時, いつも ～ない 見る 君
　　　忙しい時、いつも君の姿が見えない。
(97) 总 觉得 少 点儿 什么。
　　　いつも 感じる 少ない すこし 何
　　　いつも何か足りないと感じる。
(98) 总 觉得 少 着 点儿 什么。
　　　いつも 感じる 少ない (着 zhe) すこし 何
　　　いつも何か足りないと感じる。

「着 zhe」があるときとないときでは意味は異なり、「着 zhe」がないときは性質を叙述しているのであるが、「着 zhe」があるときは「情状」を描写しているのである。

3.3 「着 zhe」に付加される成分にはさらに副詞や代名詞がある。先に述べたように、意味的には「F着」に現れる副詞は比較的動詞に近い。実際には連用修飾語の位置に置かれる「V着」は、さらに文法化されたものである。従って、「F着」はまぎれもなく「情状」を表すものと解釈しうる。これはFと「F

着」を比較すれば明らかである。

(99) 要 继续 积储 买 车 的 钱。
　　　～なければならない 続く 貯金する 買う 車 (的 de) 金
　　　車を買うお金を引き続き貯金しなければならない。

(100) 要 继续 着 积储 买 车 的 钱。
　　　～なければならない 続く (着 zhe) 貯金する 買う 車 (的 de) 金
　　　車を買うお金を引き続き貯金しなければならない。

(101) 轮换 看护 了 一个 星期。
　　　交代する 看病する (了 le) 1つ 週間
　　　1週間交代で看病した。

(102) 轮换 着 看护 了 一个 星期。
　　　交代する (着 zhe) 看病する (了 le) 1つ 週間
　　　一週間交代しながら看病していた。

「D着」の中に出現するのは「这么／このように」、「那么／あのように」、「怎么／どのように」だけであり、この中の「着 zhe」も同様に「情状」と理解しなければならない。

以上の分析から、「情状」はすべての「着 zhe」の分布をうまく解釈することができるということが明らかになった。本稿では「着 zhe」を次のように定義する。

「着 zhe」は述語性成分に後置する成分であり、「情状」を表し、主に情景を描写するのに用いられる。

4　余論

中国語は非常に特徴のある言語で、印欧語において文法関係として表現されるものは、その多くが中国語においては決して文法レベルのものにはならないのである。言語における最も基本的な語彙は2種類に分けられる。それは名詞と動詞である。名詞と関係があるのは空間上の概念であり、動詞と関係があるのは時間である。印欧語における空間、時間の概念は特定の文法関係として表現される。例えば、名詞には性、数、格があり、動詞には様々な「テンス」と「アスペクト」がある。しかし、中国語の中にはこれらのものは無く、表現しなければならい物体の空間上の属性や動作行為の時間上の属性は、基本的に文の中で実現される。しかし、中国語の中には似てはいるが異なるというものが

よく現れる。そしてこれらは文法マーカーのように見えるが、詳細に分析すると、印欧語の研究を基礎にして決められた文法範疇の実質とはかなり異なっている。例えば、「们／たち」は中国語では複数を表す接尾辞であり、「你们／あなたたち」、「我们／私たち」、「先生们／（男性の）みなさん」などはすべて複数の意味を表すとする研究者がいる。しかし「两位先生们／2人たち（男性）」、「三个弟兄们／3人兄弟たち」は非文である。これは、中国語の複数の概念は語彙的手段で表現され、「们／たち」は文法レベルではなく、「两位／2人」、「三个／3つ」と同じレベルのものであるので、それらは同時に使用することができない、と解釈することができるからである。

　動詞も名詞と同様である。中国語の時間の表現も特定の文法範疇によって表現されるものではない。古代中国語においてはこの点は非常にはっきりしているが、現代中国語においては「着 zhe」、「了 le」、「过 guo」の出現により、いささか複雑である。本稿では、「着 zhe」と「了 le」は時間の概念と関係がないと論証したが、「过 guo」も基本的にこれと同じである。

　現在の研究から見ると、基本的に、印欧語において形態によって表現される意味は、中国語においては語彙あるいは語順によって表現されると言える。従って、「着 zhe」、「了 le」、「过 guo」、「们／たち」などの似てはいるが異なるものであるというような「形態」は、印欧語の形態とは、性質がまったく異なる成分であるということは疑う余地が無い。従来の研究は往々にして印欧語の角度からこれらの成分を観察したが、この方法は明らかに正しくない。中国語の性質を正しく認識するためには、それ自身の体系から出発して実際の言語事実を尊重しなければならないのである。こうしてはじめて、中国語における多くの特殊な現象を正しく解決することが可能となる。

注
1) 早くから『新著国語文法／新著国語文法』の中で黎錦熙は、中国語には動詞に関係する範疇として「可能」、「完了」、「持続」の3つがあるとしている。「得」は「可能」を表し、「了 le」（必ずしもすべて過去ではい）は「完了」を表す。「持続」は2つに分けられ、「著 zhe」は「進行中の持続」を表し、「来着 laizhe」は「すでに完了した持続」を表す。
2)「着 zhe」と「了 le」の名称については研究者によって異なるが、その解釈は基本的に「形態」の性質と一致する。

3）詳しくは高名凱『漢語語法論／中国語文法論』p.194〜199 を参照。
4）『現代漢語八百詞／中国語用例辞典』は「着 zhe」の解釈を、6つの意味項目に分けている（詳しくは p.594-595 を参照）。しかし各項目は重複すものが多く、「動作の進行」と「状態の持続」は最も重要な2項目である。
5）詳しくは宋玉柱「助詞"着"的両種用法／助詞『着』の2つの用法」を参照。
6）この「A」は動詞として分析されることが多いが、本稿では形容詞とする。
7）胡樹鮮「"着"的表情状方式的作用／状態様相を表す『着』の機能」を参照。
8）劉寧生「論"着"及其相関的両個動態範疇／『着』とそれに関連する2つの動態範疇」を参照
9）詳細については拙論「英語"時、体"的性質及其結構／英語の『テンス・アスペクト』の性質とその構造」（『四川外語学院学報』1991.1）を参照。
10）呂叔湘主編『現代漢語八百詞／中国語用例辞典』p.594 を参照。
11）原文の中の「V₁」と「V₂」はそれぞれ「Vₐ」と「Vᵦ」と称する。

例文引用文献

『駱』：老舎『駱駝祥子』人民文学出版社、『陳』：『陳建功小説選』北京出版社、『曹』：『曹禺選集』人民文学出版社

参考文献

高名凱	1957	『漢語語法論／中国語文法論』, 科学出版社.
黎錦熙	1924	『新著国語文法／新著中国語文法』, 商務印書館.
呂叔湘主編	1980	『現代漢語八百詞／中国語用例辞典』, 商務印書館.
孟琮等	1987	『動詞用法辞典／動詞用法辞典』, 上海辞書出版社.
馬希文	1987	「北京方言里的"着"／北京方言における『着』について」, 方言, 第1期.
劉勳寧	1988	「現代漢語詞尾"了"的語法意義／現代中国語の語尾『了』の文法意味」, 中国語文, 第5期.
木村英樹	1983	「関于補語性詞尾"着/zhe/"和"了/le/"／補的的動詞接尾辞『着/zhe/』と『了/le/』に関して」, 語文研究, 第2期.
劉寧生	1985	「論"着"及其相関的両個動態範疇／『着』とそれに関連する2つの動態範疇」, 言語研究, 第2期.
陳 剛	1980	「試論"着"的用法及其与英語進行式的比較／『着』の用法及び英語の進行形との比較」, 中国語文, 第1期.

宋玉柱　1985　「助詞"着"的両種用法／助詞『着』の2つの用法」，南開学報，第1期.
胡樹鮮　1981　「"着"的表情状方式的作用／状態様相を表す『着』の機能」，四平師院学報，第3期.

原文:「説"着"」，語文研究，1992年第2期

7　中国語における「在」と「着（著）」

徐丹 著
丸尾誠／張勤 訳

0　はじめに

　中国語では「在／いる、ある；〜で」は動詞でもあり前置詞でもある。「在」が前置詞であるとき、動詞の前にも後ろにも位置できる。本稿では前置詞「在」が動詞の後ろにある場合（「Ｖ在」と記す）の問題についてのみ扱うこととする。「Ｖ在」と「Ｖ着」には密接な関係があり、「Ｖ在」と「在……Ｖ」には意味上の関係があるとはいうものの、歴史文法からみると関係はそれほど密接ではないと考えられる。

　本稿では次のように仮定する。「Ｖ在」と「Ｖ着」はどちらも「Ｖ著＋場所を表す語」という文型から派生してきたものであり、「著」は「付着」意味をもち、空間の意味を表す動詞である。「在」は正式にこの文型に入る前は一貫して動詞であった。「着（著）」は「付着」意味の実詞が次第に変化して「持続状態」を表す時間助詞となったものであり、「在」と「著」は「ＶＸ＋場所を表す語」という文型の中である時期（六朝時代）において混用され競合した後、「Ｖ在」が次第に「Ｖ著」に取って代わり、同時に「著」の「付着」意味も受け継いだのである。

　第１節では歴史文法という面から「Ｖ著（着）」について考察し、あわせて「Ｖ在」がいかにして次第に「Ｖ著」に取って代わるようになったかを論じる。第２節では方言の資料を引用して「Ｖ著」と「Ｖ在」の各方言における変遷は平行関係にはなく、Ｖの後ろにどの字を用いるのかは偶然的なことであるが、「在／著」が互いに通じるのは一種の必然的な現象であるということを指摘する。第３節が本稿のメインの議論となるところであり、そこでは当代北京語において、「Ｖ在」と「Ｖ着」の機能は相補分布の状態であることをみることになる。現代中国語（北方語）には実際２つの「着」がある。「着$_1$」は動作の持続を表し、「着$_2$」は状態の持続を表す。ここで論じる機能の相補分布は「Ｖ

在」と「V着₂」の機能の相補分布である。「V在」は「V著」の意味特徴を継承したために、「V在」と「在……V」は意味、文法の上で明らかに異なった制約を受けていることが分かる。こうしたことにより、我々はなぜある種の文が非文法的なのかを容易に解釈できるようになる。

1　歴史文法における「著」

　「著」はもともと「付着」を表した。『広韻』では「著,附也。直略切。／著、附なり。反切法では『直略』」となっている。「著」の主要動詞の後ろ、場所を表す語の前に位置する用法で最も古いものは六朝の文献にみられる（王力 1958：308 頁、太田辰夫 1987 中訳本：211 頁）。『世説新語』[1)] の中では、「著」は主要動詞でもあり、また「V著＋場所を表す語（Loc.と記す）」という文型においても用いられる。例をいくつかみてみよう。

（1）太傅 時 年 七 八 岁, 著 青 布 绔……(世・德行) [①]
　　　太傅　時に　年　7　8　歳, 着る　麻布　着物　袴
　　　太傅は当時7、8歳で、青い麻の袴を身につけ……

（2）未 知 一生 当 著 几 量 屐!（世・雅量）
　　　いまだ～ない　知る　一生　当然～べきだ　履く　いくつ　～足　木製の履き物
　　　一生に何足の木製の履き物を履けるのかわからない。

（3）长文 尚 小, 载 著 车 中。……文若 亦 小, 坐 著 膝 前。(世・德行)
　　　長文　なお　小さい, 載せる　に　車　中。文若　また　小さい, 坐る　に　膝前
　　　長文はまだ幼かったので、車中に載せた。……文若も幼かったので、膝の上に座らせていた。

（4）蓝田 爱念 文度, 虽 长 大, 犹 抱 著 膝 上。(世・方正)
　　　藍田　愛しく思う　文度, ～といえども　成長する　大きい, なおまだ　抱く　に　膝上
　　　藍田は文度を愛しく思い、成長してからもまだ膝の上に抱いている。

（5）可 掷 著 门 外。(同上)
　　　～してもよい　放り出す　に　門外
　　　門の外に放り出してもよい。

---

① 訳者注：下線は訳者による。

(6) 玄 怒, 使 人 曳 著 泥 中。(世・文学)
　　玄 怒る，〜させる 人 引く に 泥 中
　　玄は怒って、人に（その婢を）泥の中で引きずりまわさせた。

例（1）（2）において、「著」は動詞であり、「穿／着る、履く」という意味である。例（3）（4）では「著」は現代中国語の「在／いる」に相当する。例（5）（6）では現代中国語の「到／至る」に相当する[2]。

『百喩経』[3]においても「著」は動詞としての用法と、場所を表す語を導くという2つの用法がある。

(7) 我 今 寧 可 截 取 其 鼻, 著 我 妇 面 上,……(百・为妇貿鼻喩)
　　私 今 どうして できる 切る 取る その 鼻，つける 私 妻 顔 上
　　私は今どうしてその鼻を切って、妻の顔につけることができようか……

(8) 我 去 之 后, 汝 可 赍 一 死 妇 女 尸 安 著 屋 中……(百・妇诈称死喩)
　　私 去る の 後，あなた 〜してもよい 賜る 一 死ぬ 婦女 死体 安らかにする 置く 部屋 中
　　私が去った後、あなたは婦人に死をお与えになり、屍を屋内に安置してもよい……

例（7）の「著」は「放置／置く」という意味であり、例（8）の「著」は動詞の性質を有しており、場所を表す語を導く。

「著」の動詞としての用法はいずれの歴代文献においても探し出すことができる。こうした用法は受け継がれて現在に至る（北方語の「着zhe」）。以下いくつかの「著」の異なった時代における動詞としての用法について更にみてみよう。

(9) 例 著 一 草 衫, 两 膊 成 "山" 字。(王梵志诗)
　　例えば 着る 一 粗末な 単(ひとえ)，両膊 成す 山 字
　　例えば一枚の粗末な単を着れば、両腕は"山"の字を成す。

(10) 只 为 著 破 裙, 吃 他 残 餺飥。(寒山诗)
　　ただ 〜のために 着る 破れた スカート，食べる 彼ら 残した 餺飥
　　ただ破れスカートを着るために、彼らの残した餺飥（ほうろう、餅の一種）を食べる。

(11) 耕 田 人 打 兔, 著 履 人 吃 臘。(敦煌変文・燕子賦)

耕す 田 人 とる 兎, 履く くつ 人 食べる あつもの
農民は兎を捕え、くつを履く人（金持ち）はあつものを飲む。
(12) 烧 的 锅 热 时, 着 上 半 盏 油……（老乞大）⁴⁾

　　　焼く (的de) 鍋 熱い 時, 入れる （上shang） 半 杯 油
　　　鍋を熱し、熱くなったら、半杯の油を入れて……
(13) 着 点 盐！（现代北方话）

　　　入れる 少し 塩
　　　少し塩を入れて！

「著」が場所を表す語を導く用法は六朝の文献に多くみられる。次の梅祖麟(1988)の例をみてみよう。

(14) 畏 王 制令, 藏 著 瓶 中。（刘宋, 求那跋陀译《过去现在因果经》）

　　　畏れる 王 制令, 隠す に かめ 中
　　　王の制令を畏れて、かめの中に隠しておいた。
(15) 以 绵 缠 女身, 缚 著 马 上, 夜 自 送 女 出。（三国志・魏志・吕布传）

　　　を 綿 巻きつける 娘 体, 縛る に 馬 上, 夜 自ら 送る 娘 出る
　　　娘の体に綿の布を巻きつけ、馬の背に縛りつけ、夜、自ら娘を送って出かけた。
(16) 雷公 若 二升 碗, 放 著 庭 中。（同上, 曹爽传）

　　　雷公 (若) 二升 碗, 置く に 庭 中
　　　雷公は二升の碗を、庭に置いた。
(17) 负 米 一斗, 送 著 寺 中。（六度集经）

　　　負う 米 一斗, 送る に 寺 中
　　　米一斗を負い、寺まで送り届けた。
(18) 先 担 小儿, 度 著 彼岸。（北魏, 慧觉等译《贤愚经》）

　　　まず 担ぐ 小さな息子, 渡る に 彼岸
　　　まず小さな息子を担いで、向こう岸に渡りついた。
(19) 城南 美人 啼 著 曙。（江总：栖乌曲）

　　　城南 美人 泣く に 明け方
　　　城南の美人は明け方まで泣いていた。

7 中国語における「在」と「着（著）」

　唐代の文献においても、「V著（着）」が方位・場所を表す語を導く用法を目にすることができる。趙金銘（1979）が集めた敦煌変文における例文をみてみよう。

(20) 単于 殊 常 之 义，坐 着 我 众 蕃 之 上。（李陵）
　　 単于 異なる 通常 の 道理，座る に 私 多い 蕃人 の 上座
　　単于（ぜんう）は通常の道理とは異なり、私を多くの蕃人の上座に座らせた。

(21) 惟 只 阿娘 床 脚 下 作 孔，盛 著 中央……（捜神記）
　　 これ ただ〜だけ 母親 寝台 足 下 作る 孔，入れる に 中央
　　仕方なく母親の寝台の足元に穴をほり、中に入れた……

(22) 此 小儿 三度 到 我 树 下 偷 桃，我 捉 得，系 著 织机 脚 下。（前汉刘）
　　 この 子供 三度 到る 私 樹 下 盗む 桃，私 捉える 得る，繋ぐ に 織機 足 下
　　この子供は三度私の樹の下に来て桃を盗んだ。私は捕まえて、織機の足元に繋いだ。

しかし我々が目にするのはますます多くの「著（着）」に虚化がはじまった例である。例えば唐詩[5]、敦煌変文などがそうである。

(23) 还 应 说 著 远游 人（白居易诗）
　　 なお 〜べきだ 話す に 遠くに出かける 人
　　かえって遠くに出かける人に話すべきだ。

(24) 马 前 逢 著 射 雕 人（杜牧诗）
　　 馬 前 出逢う と 射る 鵰 人
　　馬に乗って進んだ先で鵰を射る人（弓の名手）と出逢った。

(25) 堆 着 黄金 无 买 处（王建：北邙行）
　　 積み上げる 〜していく 黄金 ない 買う ところ
　　黄金は積まれても買うところがない。

(26) 乃 看 著 左眼……（捜神記）
　　 すなわち 看る 〜している 左眼
　　すなわち左眼を見ている……

155

(27) 初 闻 道 著 我 名 时，心里 不妨 怀 喜庆。(维摩诘)
　　　初めて 聞く 言う ～している 私 名 とき，心中 ～しても構わない 心に抱く 喜び
　　　初めて私の名を言っているのを聞いたとき、心中、喜びを禁じ得なかった。

変文中の多くの文の動詞は目的語を伴わず、ただ「着」のみを伴っている。「着」は確実に既にテンス・アスペクトを表す虚辞となってしまった。例えば「骑着／のっている」「打着／うっている」「依着／頼っている」などがそうである（趙金銘 1979 参照）。こうした「著（着）」が虚化しはじめた例文においては、「著（着）」の後ろには目的語を伴ったり伴わなかったりで、もはや六朝の文献中の「V著」の後ろには場所を表す語しか続くことができないという用法とは異なっている。

宋代の文献中でも「在／著」が混用されている現象がみられる。
(28) 譬 之 一物，悬 在 空中……(河南程氏遺書)
　　　たとえる これ 一物 懸かる に 空中
　　　これを一物にたとえれば，空中に懸かる……
(29) 莫 且 自家们 如今 把 这 事 放 著 一边……(燕云奉使録)
　　　～するな しばらく 仲間達 今 ～を この こと 放置する に 傍ら
　　　このことを傍に置くな……

上述の例から「在／著」はかつては意味が互いに通じていたが、近代になってようやく、「在／著」の北方語における分業が定着したことが分かる。

なぜ「著」が場所を表す語を導く用法が隋唐以降徐々に消えていったのだろうか。なぜ「V在」が北方語では最終的に「V著」に取って代わったのだろうか。こうした問いに答えるために、まず数人の研究者の統計の数字をみてみよう。詹秀恵（1973）の統計では『世説新語』中の「著（箸、着）」は全部で 13 回用いられており、その全てが「場所補語」となっているが[6]（その中で「V O（O は目的語）著＋Loc.」という語順は 4 回、「V著＋Loc.」の用法は 9 回現れている）、「V在＋Loc.」の用法は 12 回（383 頁）現れている。このことから「V在」と「V著」はほとんど半分ずつになっており、「V在」が明らかに優勢だというわけではないことが分かる。兪光中（1987）も次のように指摘し

ている。六朝時代の『世説新語』『百喩経』『法顕伝』三部の作品においては「V著＋Loc.」が優位を占め、全部で23例あるが、「V在＋Loc.」は劣勢にあり、全部で13例である。魏培泉の未刊の論文によると、六朝の仏教経典においては、「V著」は「V在」より常用されるようである。こうした統計結果は六朝時代、「V著＋Loc.」は「V在＋Loc.」よりも明らかに優勢であったことを表している。

　それではなぜ「V著」は「V在」に取って代わられたのだろうか。これは「著」が次第に空間概念を表す実詞から虚化して時間概念を表す虚辞になったからであると考えられる。隋唐以降、「著（着）」が持続状態を表す機能が著しい発展を遂げ、かつ日一日と成熟した。また、「V著」の中の「著」は「付着」意味の空間語から次第に持続状態を表す時間詞へと変わった。この一大変化のために、「V著」は完全に「V在」に取って代わられたのである。「V在」が次第に「V著」に取って代わると、「V著」は「V在」とともに同等の文法機能を担う必要がなくなった。兪光中（1987）では、統計を通して「VS（Sは主語）著（在）Loc.」（例えば「从水著地／水が地面に流れる」）類の文型が多数を占めることが明らかになった。兪はこのことは「著」「在」がともにやはり動詞であることを説明していると考える。A.Peyraube氏も最近のある論文（近刊）の中で、そのような見解を抱いている。氏はこのときの「在」はまだ虚化して方位前置詞となっておらず、最終的には「語彙の代替」を通して「在」が「著」に取って代わり、このときになって「在」は、はじめて真の方位前置詞となったのだと考えている。我々はこの推断に同意する。我々は「V在」が文法機能の上で「V著」に取って代わっただけでなく、同時にまた「V著」の意味特徴をも受け継いだ、すなわち「V在」にも「付着」意味がなければならないと考える。この点については、第3節で更に明らかにみることとなる。

　この節において、我々は「著（着）」の動詞としての用法がずっと今日まで受け継がれてきたことをみた。「V著（在）＋Loc.」という文型において「著」と「在」はかつて一時期競合して、「著」が一度は「在」より優勢を占めた。後に「著」の意味及び機能に変化が起こって、「著」は次第に「持続状態」の機能を表すようになった。「在」は遂に北方語の「V x ＋Loc.」構文において

完全に「著」に取って代わり、真の方位前置詞となった。これと同時に、「着」の意味「付着」も「V在」の引き継ぐところとなった。この見解は「著／在」のある方言における機能の交替という現象を排除するものではない。北方語において、もし「V在」が「V著」に取って代わったのが偶然の現象であるというのなら、「在／著」が互いに通じるのは決して偶然の現象ではない。第3節にてはっきりとこの点を示す。

3　方言における「在」と「着（著）」

「著」という字の各方言における変遷に関する研究で、比較的全面的なものとして梅祖麟（1988）が挙げられる。論文中では大量の「著」の例文をひいている。我々が方言における「在／著」の混用について参照する出発点となるのは、現代北方語における「V在＋Loc.」と歴史文法における「V著＋Loc.」という2つの文型の間の関係を明らかにすることである。我々は北方語における「V在」を「V著」の変異体であると考える。この仮説でなぜ北京語の「V在／着」が機能の相補分布という現象を引き起こしているのかを更に合理的に解釈することができる。我々には動詞の後ろの「在」が次第に動詞の前に移動したという見解を説明できる充分な証拠がない。なぜなら「V在」中の「在」は終始前に移ることがないからである。「在……V」と「V在」を2つの起源が異なった文型とみなすことが更に妥当であるかもしれない。

方言の中で古代中国語「V著」を最も完全にとどめているのは閩語である。梅祖麟（1988）は「著」の方位前置詞としての用法は閩語において分布が最も広いと指摘している。以下いくつかの例をみてみよう。

(30) アモイ語：坐著椅頂(坐在椅子上／椅子の上に座る)
　　　福州語　：坐著椅悬顶(坐在椅子上／椅子の上に座る)

注意しなければならないのは閩南方言では多くの「在」の用法がちょうど共通語の「着 zhe」に相当するということである。黄丁華（1958）の例をみてみよう。

(31) 你坐在(你坐着／座って！)
(32) 企在看(站着看／立ったまま見る)
(33) 坐在写(坐着写／座ったまま書く)

閩南方言における「在／着」の分布は共通語とは異なっており、このことは古代中国語文法の変遷の痕跡を反映していることが分かる。言い換えれば、「在／着」の各方言における変遷の程度と変遷の様式はいずれも同じではない。

蘭州語における「著」は共通語の前置詞「在」にも持続相のマーカー「着 zhe」にも相当する（梅祖麟（1988）参照）。

　　（34）放着桌子上（放在桌子上／机の上に置く）

　　（35）拿着东西（物を持っている）

梅祖麟（1988）によると、浙江青田語における「著」は北方語の方位前置詞「在」にも、また持続相のマーカー「着 zhe」にも相当する。

袁家驊（1983）の記述によると、四川語における「倒」は方位前置詞で、共通語の「在」に相当し、また持続相の接尾辞でもあり、これは共通語の「着 zhe」にも相当する。

　　（36）他把杯子拿到手上玩（彼はコップを手の上に持って遊ぶ）

　　（37）坐倒吃比站倒吃好（座って食べるのは立って食べるのよりいい）

ここでは音声学的な問題とも関連している。もし文法機能の角度のみから問題をみた場合、「倒」と「著」の発音はかなりかけ離れているものの、「在／着」の文法機能は似通っているという見解は再び側面から裏付けられたといえる。

その他の方言においても、現地の方言の何らかの字で北京語の「着 zhe」に相当するものを見つけることができる。例えば、湖北方言の「倒／到」は北京語の「着 zhe」に相当する（趙元任 1948：1520 － 1521 頁参照）。

　　（38）北京語　：坐着（座っている）　　　　　站着（立っている）
　　　　湖北方言：坐到／倒　　　　　　　　　　站倒

臨武方言においても（李永明 1988）、「到」は北京語の「着 zhe」に相当する。

　　（39）北京語　：含着眼泪（涙を含んでいる）
　　　　　　　　　　順着大路走（大通りに沿って歩く）
　　　　臨武方言：含到眼泪
　　　　　　　　　　順到大路走

潮陽方言では（張盛裕 1980）、「在」が北京語の「着 zhe」に相当する。

　　（40）北京語　：坐着（座っている）　　　　　醒着（起きている）

潮陽方言：坐在　　　　　　　　　　醒在
　上述の方言の例の中で、「在／着」の用法が不統一であるばかりでなく、更に「着／到」が互いに交換できるという現象がある。このことは各方言における場所前置詞の発展が不均衡であることを表しており、もし音韻方面の研究結果がなければ、我々はどれがもとの字で、どれが変異体なのか、すなわちどれが源でどれが支流なのかをすぐにはっきりさせることは難しい。しかし、形式上は色々変化しても本質は変わらず、その他の方言における「在／着／到」の文法表現は互いに通じており、このことは「在／着」にも通じるところがあり、また方言中の「在／着／到」の混用は決して偶発的な現象ではないことを示している。

　とりわけ注意しなければならないのは、中国語以外の言語でも類似した現象があるということである。邢公畹（1979）は現代中国語と台語（Tai-Languages）における「了／着」を比較した論文の中で次のように指摘している。泰語の「ju^5」は中国語の「着 zhe」に相当し、本来の意味は「在」である。莫語の「z̩o^4」と布依語の「su^5」はいずれも中国語の「着 zhe」に相当し、本来の意味は「放置／置く」である。また邢公畹（208 頁）は次のようにも指摘している。現代台語において「着」には多くの変異体があり、かつ「在／着」には交替現象があることも分かった。泰語においては「在」と「着」は同じものである。氏の例をみてみよう。

　　（41）他在家。（彼は家にいる。）
　　（42）他吃饭在。（他吃饭着／彼は御飯を食べている。）
　　（43）坐着静静还流汗。（光坐着都流汗／ただ座っていて汗が流れる。）
この 3 つの例の中の「在／着」はいずれも「ju^5」と読む。

　上で挙げた方言及び少数民族の言語の中で、我々は一つの事実に注意しなければならない。「在／着」は文法機能はもちろん音の上でも密接な関係がある。「在／著」が競合して混用された結果、各方言の中で表現が異なってしまった。現代北京語において「在／着」の分業は完全に明確で、場所を表す前置詞は「在」であって、もはや「着」ではない。「在／着」それぞれにその役割がある。しかしその他の方言においては、場所前置詞となっているものに「在」「着」「到」がある。ある少数民族の言語でも「在／着」が交替する現象がみられる。こう

した言語事実により、ある方言中の場所前置詞はおそらく持続状態を表す虚辞の前身であり、場所前置詞はおそらく「付着」意味をもつ実詞が変わってきたものだと確信できる。こうした方言における場所前置詞は発音は異なるものの、その起源、意味及び機能にはかなりの一致を見出すことができる。この見解は我々に現代北京語中の「在／着」の文法表現、及びその機能分布には積極的な働きがあることを的確に説明している。

3　北京語における「在」と「着」の機能分布

前二節の資料の分析をもとに、我々は北方語の「V在／V着」は「V著」の2つの変異体であると仮定する。「V在」は完全に「V著」の意味特徴、即ち「付着」の意味特徴を継承しているが、「V着」の主要な意味特徴は「持続相」であり、「着zhe」は既に空間概念を表す語から時間概念を表す語へと変わっており、「持続状態」を表している。

「V在」と「V着」を比較してみると、「V在」が強調しているのはVの前の名詞（主語或いは目的語）の最終的な付着点であるが、「V着」は動詞の「持続状態」をより強調している。一回きりの動作であれば、「V在」しか用いることができず、「V着」は用いることができない。次の例をみてみよう。

(44) a　球 踢 在 玻璃 上 了。
　　　　球　蹴る　に　ガラス　上　（了 le）
　　　　球はガラスの上に蹴った。

　　 b　*玻璃 上 踢 着 球。
　　　　ガラス　上　蹴る　（着 zhe）　球
　　　　ガラスの上に球が蹴ってある。

(45) a　钉子 折 在 木头 里 了。
　　　　釘　折れる　で　木　中　（了 le）
　　　　釘が折れて木の中にある

　　 b　*木头 里 折 着 钉子。
　　　　木　中　折れる　（着 zhe）　釘
　　　　木の中で釘が折れている。

(46) a　船 沉 在 海 里 了。

　　　　　　船　沈む　に　海　中　（了 le）
　　　　　船が海の中に沈んだ。
　　b ＊海　里　沉　着　船。
　　　　　　海　中　沈む　（着 zhe）　船
　　　　　海の中に船が沈んでいる。
　逆にもし動詞の意味が表すのが重複性の動作である、即ち持続状態を表せるとき、「V着」しか用いることができず、「V在」は用いることができない。
　（47）a　喇叭　里　放　着　音乐。
　　　　　　スピーカー　中　流す　（着 zhe）　音楽
　　　　　スピーカーの中で音楽を流している。
　　b ＊音乐　放　在　喇叭　里。
　　　　　　音楽　流す　で　スピーカー　中
　　　　　音楽はスピーカーの中で流す。
　（48）a　屋　里　开　着　会。
　　　　　　部屋　中　開く　（着 zhe）　会議
　　　　　部屋の中で会議を開いている。
　　b ＊会　开　在　屋　里。
　　　　　　会議　開く　で　部屋　中
　　　　　会議は部屋の中で開く。
　（49）a　锅　里　煮　着　饭。
　　　　　　なべ　中　炊く　（着 zhe）　飯
　　　　　なべの中で飯を炊いている。
　　b ＊饭　煮　在　锅　里。
　　　　　　飯　炊く　で　なべ　中
　　　　　飯はなべの中で炊く。
　この意味的制約により、たとえ同じ動詞であっても、「V在／V着」文型において文法に合致していれば、文の意味は異なっていてもよい。
　（50）a　门　上　刷　着　漆　呢。
　　　　　　扉　上　塗る　（着 zhe）　漆　（呢 ne）
　　　　　扉に漆が塗ってある。［触らないように気をつけて］

　　　　　b　漆　刷　在　門　上　了。
　　　　　　　漆　塗る　に　扉　上　（了 le）
　　　　　　漆は扉に塗った。［うっかり扉に塗ってしまった］
　（51）a　房檐　上　滴　着　水　呢。
　　　　　　軒先　上　滴る　（着 zhe）　水　（呢 ne）
　　　　　　軒先に水が滴っている。
　　　　　b　水　滴　在　房檐　上　了。
　　　　　　　水　滴る　に　軒先　上　（了 le）
　　　　　　水が軒先に滴った。
　（52）a　池子　里　流　着　水。
　　　　　　　池　中　流れる　（着 zhe）　水
　　　　　　池に水が流れている。　　　　　　　　　［状態］
　　　　　b　水　流　在　池子　里　了。
　　　　　　　水　流れる　に　池　中　（了 le）
　　　　　　水は池に流れた。　　　　　　　　　　　［着点］

　もし動詞をおおまかに動態と静態に分けられるとしたら、現代中国語には実質２つの「着 zhe」がある。動態Ｖにくっつく「着 zhe」は「着₁」である。例えば「外面下着大雨／外では大雨が降っている」。静態Ｖにくっつく「着 zhe」は「着₂」である。例えば「墻上挂着画／壁の上に絵がかかっている」。「着₂」は存現文に多くみられる。
　中国語に２種類の「着 zhe」が存在するという見解については、朱徳煕（1990）、木村英樹（1983）、馬希文（1987）などが既に取り上げている。とりわけ木村（1983）は様々な方法を通して中国語には２つの「着 zhe」があることを証明した。１つは「動作がまさに進行していることを表す『着 zhe』」で、本稿では「着₁」と記す。もう１つは「状態の持続を表す『着 zhe』」で、本稿では「着₂」と記す。上記の研究者はいずれも、動詞の意味が異なるために、「着 zhe」の機能も明らかに異なるとしている。次の例を比較してみよう。
　（53）着₁
　　　　　a　吃　着　饭。
　　　　　　　食べる　（着 zhe）　飯

御飯を食べている。
- b 刮 着 胡子。
  そる （着 zhe） ひげ
  ひげをそっている。
- c 种 着 花。
  植える （着 zhe） 花
  花を植えている。

(54) 着₂
- a 挂 着 画。
  掛ける （着 zhe） 絵
  絵を掛けてある。
- b 穿 着 大衣。
  着る （着 zhe） コート
  コートを着ている。
- c 种 着 花。
  植える （着 zhe） 花
  花を植えてある。

「着₁」グループが表しているのは動作の持続であり、動作の終了点を強調しているのではない。「着₂」グループはある状態が持続していること、即ち動作の結果の持続を表している。「种着花」は多義であり、その意味はコンテクストによって決まる。もし「他在院儿里种着花呢／彼は庭で花を植えているところだ」ならば「着₁」であり、強調しているのは時間であって、動詞は動態的である。もし「院儿里种着花呢／庭に花が植えてある」ならば「着₂」であり、強調しているのは空間である。動詞はこのとき静態的である。

「着₁」と「着₂」は意味の上では明らかに異なるために、文法表現上も大きな区別がある。Vが動態を表すとき（このとき「V着」中の「着 zhe」は「着₁」である）、「着₁」は数量詞のある名詞と結びつくことはできない。ただ「単独の名詞」とだけ組み合わさることができる。この点については陸倹明（1988）がかつて指摘したことがある。Vが静態を表すとき（このとき「V着」中の「着 zhe」は「着₂」である）、「着₂」とこの２種類の形態の名詞フレーズは互

7　中国語における「在」と「着（著）」

いに相容れる関係にある。以下の例を比べてみよう。

(55) 着₁

　　a　他 喝 着 茶。
　　　　彼 飲む　(着 zhe)　お茶
　　　　彼はお茶を飲んでいる。

　　a′*他 喝 着 一 杯 茶。
　　　　彼 飲む　(着 zhe)　1 杯　お茶
　　　　彼は1杯のお茶を飲んでいる。

　　b　外面 下 着 雨。
　　　　外 降る　(着 zhe)　雨
　　　　外では雨が降っている。

　　b′*外面 下 着 一場 雨。
　　　　外 降る　(着 zhe)　ひとつ　雨
　　　　外ではひと雨降っている。

　　c　教室 里 上 着 课 呢。
　　　　教室 中　(上課 shangke 授業をする)　(着 zhe)　(上課 shangke 授業をする)　(呢 ne)
　　　　教室では授業をしている。

　　c′*教室 里 上 着 一堂 课。
　　　　教室 中　(上課 shangke 授業をする)　(着 zhe)　1つ　(上課 shangke 授業をする)
　　　　教室では1コマ授業をしている。

(56) 着₂

　　a　桌上 放 着 茶。
　　　　机 上 置く　(着 zhe)　お茶
　　　　机の上にお茶が置いてある。

　　a′ 桌上 放 着 一 杯 茶。
　　　　机 上 置く　1 杯　(着 zhe)　お茶
　　　　机の上に1杯のお茶が置いてある。

　　b　墙上 挂 着 画。

165

　　　　　壁　上　掛かる　（着 zhe）　絵
　　　　　壁に絵が掛かっている。
　　　b′墙　上　挂　着　两　幅　画。
　　　　　壁　上　掛かる　（着 zhe）　2　枚　絵
　　　　　壁に2枚の絵が掛かっている。
　　　c　床　上　躺　着　病人。
　　　　　ベッド　上　横になる　（着 zhe）　病人
　　　　　ベッドに病人が横になっている。
　　　c′床　上　躺　着　一个　病人。
　　　　　ベッド　上　横になる　（着 zhe）　1人　病人
　　　　　ベッドに1人の病人が横になっている。

「V〔動〕＋着」は数量詞のある名詞を排斥し、ただ無標の名詞フレーズを受け入れるが、「V〔静〕＋着₂」は2種類ともに受け入れることができることが分かる。注意しなければならないのは、「着₂」のグループにおいて、名詞に数量詞の修飾があるとき、「了 le」は「着 zhe」と交換が可能であり、代替関係にあるということである。「了 le」と「着 zhe」のこのときの文法機能は中和しているといえる。

　(57) a　桌　上　放　着／了　一　杯　茶。
　　　　　机　上　置く　（着 zhe／了 le）　1　杯　お茶
　　　　　机の上に1杯のお茶が置いてある
　　　b　墙　上　挂　着／了　两　幅　画。
　　　　　壁　上　掛かる　（着 zhe／了 le）　2　枚　絵
　　　　　壁に2枚の絵が掛かっている
　　　c　床　上　躺　着／了　一个　病人。
　　　　　ベッド　上　横たわる　（着 zhe／了 le）　1人　病人
　　　　　ベッドに1人の病人が横たわっている

以下の文において、我々は「着₂」のみを扱い、「V在」と「V着₂」を比較することとする。「V在」と「V着₂」の共通の意味特徴はそれらがいずれも空間の概念を強調し、「付着」の意味を有していることである。この条件下において、それらの文法機能、フレーズの組み合わせは相補分布の様相を呈して

いる。すなわち、語順から文法的制約まで、「V在」と「V着」は異なっているが、それらは意味の等しい文を表すことができる。最も有名な例は「台上坐着主席団／壇上に議長団が座っている」、「主席団坐在台上／議長団は壇上に座っている」である。この2つの文は、このときの「在／着」文の意味は基本的には等しいものの、「在／着」の文法的機能は等しくないことを典型的に反映している。

歴史的資料と比べてみると、「V着」の最も明らかな変化は場所語を含む文に語順の変化を引き起こしたことである。六朝時代は「著」（着 zhe）が場所を表す語を導いていたが、現代北方語ではただ「在」のみが場所を表す語を導くこととなった。「着 zhe」を伴った存現文において、場所を表す語は動詞の前にしか現れることができず、「在／着」は互いに交換できない。

(58) *台 上 坐 在 主席団。

　　　壇 上　座る　に　議長団
　　　壇上に議長団が座っている。

(59) *主席団 坐 着 台 上。

　　　議長団　座る　（着 zhe）　壇　上
　　　議長団が壇上に座っている。

「持続相」が「着 zhe」の主な意味特徴となり、「付着」が「在」の主な意味特徴となったことがみてとれる。語順、意味という2つの根本的な変化と対立により、「V在／V着」は多くの方面で相補分布の様態を呈している。我々は以下の4つの方面から、この問題について検討することができる。

A．動詞の意味が異なっており、「V在／V着」組の容認度も異なる。例えば「非持続動詞」である「死／死ぬ、摔／倒れる、落（là）／落ちる、火／怒る、丢／なくす、扔／捨てる、断／切る」などは「在」とは組み合わさるものの、「着 zhe」と組み合わさることはできない。例をいくつかみてみよう。

(60) a *屋 里 死 着 人 呢。

　　　　部屋 中　死ぬ　（着 zhe）　人　（呢 ne）
　　　　部屋の中で人が死んでいる。

　　 b 人 死 在 屋 里 了。

　　　　人　死ぬ　で　部屋 中　（了 le）

167

　　　　　　人が部屋の中で死んだ。
(61) a ＊桌上摔着书。
　　　　　　机 上 倒れる （着zhe） 本
　　　　　　机の上に本が倒れている。
　　 b 书摔在桌上了。
　　　　　　本 倒れる に 机 上 （了le）
　　　　　　本が机の上に倒れた。
(62) a ＊车上落着东西。
　　　　　　車 上 落ちる （着zhe） 物
　　　　　　車の上に物が落ちている。
　　 b 东西落在车上了。
　　　　　　物 落ちる に 車 上 （了le）
　　　　　　物が車の上に落ちた。
この類の動詞が一定のコンテクストにおいて持続状態を表せるときにのみ、「着zhe」を用いることができる。例えば：
(63) 地上扔着一节烟头。
　　　　地面 上 捨てる （着zhe） 1 （节jie） タバコの吸い殻
　　　　地面にタバコの吸い殻が捨ててある。

B．「V在」と「V着」を比較するとき、早くから繰り返し指摘されてきたことがある。即ち「V着」の後ろの名詞（NP）は定指示のものでも、不定指示のものでも構わないということである。同じ名詞（NP）は「V在」文型においては主語の位置を占めるため、通常は、このときのNPは定指示であって、不定指示であるとはみなされ得ない。例えば：
(64) a 墙上挂着（一幅）画。
　　　　　　壁 上 掛ける （着zhe） （1枚） 絵
　　　　　　壁に（1枚の）絵が掛けてある。
　　 b 画挂在墙上。
　　　　　　絵 掛ける に 壁 上
　　　　　　絵は壁に掛けてある。
(65) a 院子里种着（一些）花。

　　　　　庭　中　植える　（着 zhe）　（いくつかの）　花
　　　　　庭に（いくつかの）花が植えてある。
　　　b　花　种　在　院子　里。
　　　　　花　植える　に　庭　中
　　　　　花は庭に植えてある。
(66) a　碗　里　盛　着（两个）鸡蛋。
　　　　　お碗　中　入れる　（着 zhe）　（2個）　卵
　　　　　お碗に（2個の）卵が入れてある。
　　　b　鸡蛋　盛　在　碗　里。
　　　　　卵　入れる　に　お碗　中
　　　　　卵がお碗に入れてある。

　場所名詞はＶの前であれ、後ろであれ常に定指示である。意味の上では発話者の念頭においては指し示されているが、形態上は数量詞の修飾を受けず、かつ、場所名詞は常に動詞から最も近い[7]。「Ｖ在／Ｖ着」２つの文型中では、場所名詞でないものだけが、Ｖの前と後ろで意味及び形態上の区別がある。先に既に触れたように、「Ｖ着₂」と有標／無標のNPとは相容れるものであるが、同じ名詞が「Ｖ在」形式において主語となっているとき、NPは形態の上では数量詞の修飾を受けることができない。そうでなければ、その文は本物の中国語の文ではない。

　　(67)？一　幅　画　挂　在　墙　上。
　　　　　１　枚　絵　掛ける　に　壁　上
　　　　　１枚の絵が壁に掛けてある。

　Ｃ．存現文において「Ｖ着」を否定形式で使用すると「Ｖ在」よりも制約を受ける。否定形式を用いる際には「Ｖ在」形式の方が好んで用いられる。比較してみよう。

(68) a　？黑板　上　没　写　着　字。
　　　　　黒板　上　〜ていない　書く　（着 zhe）　字
　　　　　黒板に字が書いてない。
　　　b　字　没　写　在　黑板　上。
　　　　　字　〜ていない　書く　に　黒板　上

　　　　　　字は黒板に書いてない。
　（69）a　?院儿里没种着花。
　　　　　　　庭　中　～ていない　植える　(着 zhe)　花
　　　　　　庭に花が植えてない。
　　　　b　花没种在院儿里。
　　　　　　　花　～ていない　植える　に　庭　中
　　　　　　花は庭に植えてない。
　（70）a　?墙角没靠着梯子。
　　　　　　　壁隅　～ていない　立てかける　(着 zhe)　梯子
　　　　　　壁の隅に梯子が立てかけてない。
　　　　b　梯子没靠在墙角。
　　　　　　　梯子　～ていない　立てかける　に　壁隅
　　　　　　梯子は壁の隅に立てかけてない。

もし「V在」形式を用いずに、場所を表す語をVの前におくならば、むしろ次のようにいわれる。

　（71）a　黑板上没写／有字。
　　　　　　　黒板　上　～ていない　書く／ある　字
　　　　　　黒板に字が書いてない／ない。
　　　　b　院儿里没种／有花。
　　　　　　　庭　中　～ていない　植える／ある　花
　　　　　　庭に花が植わっていない／ない。
　　　　c　墙角没靠／有梯子。
　　　　　　　壁隅　～ていない　立てかける／ある　梯子
　　　　　　壁の隅に梯子が立てかけてない／ない。

まさに我々が先に述べたように、「着₂」には「付着」意味があるものの、「持続状態」がその最も根本的な意味特徴である。否定形式とこの意味特徴とは矛盾する。なぜなら「持続」の前提は「既に存在すること」であり、「在」はこの意味特徴（持続）を強調しないために「V在」形式の否定形式はよくみられるが、「V着」形式の否定形式はかなり不自然のように感じられる。「V在」と「V着」には命令文においても同様の相違がみられる。「V着」は命令文には

170

用いようがないが、「V在」にはこの制約はない。

(72) a ＊(把糖)桌上放着！
　　　　(把ba 砂糖)　机　上　置く　(着 zhe)
　　　　(砂糖を)机の上に置きなさい。

　　 b (把糖)放在桌上！
　　　　(把ba 砂糖)　置く　に　机　上
　　　　(砂糖を)机の上に置きなさい。

(73) a ＊(把画)墙上贴着！
　　　　(把ba 絵)　壁　上　張る　(着 zhe)
　　　　(絵を)壁の上に張りなさい。

　　 b (把画)贴在墙上！
　　　　(把ba 絵)　張る　に　壁　上
　　　　(絵を)壁の上に張りなさい。

D．テンス・アスペクト助詞をとるとき、「V在／V着」には文法的に均衡した相補分布の状態が現れる。「V在」は「了 le」としか共起できず、「呢 ne」とは共起できない；「V着」は「呢 ne」としか共起できず、「了 le」とは共起できない。次の何組かの例を比較してみよう。

(74) a 台上坐着主席团呢／＊了。
　　　　壇　上　座る　(着 zhe)　議長団　(呢 ne／＊了 le)
　　　　壇上に議長団が座っている。

　　 b 主席团坐在台上了／＊呢。
　　　　議長団　座る　に　壇　上　(了 le／＊呢 ne)
　　　　議長団が壇上に座っている。

(75) a 黑板上写着字呢／＊了。
　　　　黒板　上　書く　(着 zhe)　字　(呢 ne／＊了 le)
　　　　黒板に字が書いてある。

　　 b 字写在黑板上了／＊呢。
　　　　字　書く　に　黒板　上　(了 le／＊呢 ne)
　　　　字は黒板に書いてある。

(76) a 墙上贴着你的照片呢／＊了。

171

　　　　　壁　上　張る　（着 zhe）　君　の　写真　（呢 ne／*了 le）
　　　　　壁に君の写真が張ってある。
　　　b　你 的 照 片 贴 在 墙 上 了／*呢。
　　　　　君 の 写真　張る　に　壁　上　（了 le／*呢 ne）
　　　　　君の写真が壁に張ってある。
(77)　a　床 上 躺 着 病人 呢／*了。
　　　　　ベッド　上　横たわる　（着 zhe）　病人　（呢 ne／*了 le）
　　　　　ベッドに病人が横たわっている。
　　　b　病人 躺 在 床 上 了／*呢。
　　　　　病人　横たわる　に　ベッド　上　（了 le／*呢 ne）
　　　　　病人がベッドに横たわっている。

　こうした例により明らかなように、「呢 ne」と「了 le」の意味上の相違と文法の分業はまさに「V在」と「V着」の意味上の相違と文法の分業を反映している。「呢 ne」と「了 le」はいずれも「已然」を表しているが、「呢 ne」は未完の持続状態を強調しており、ただ現在の状況と比較したものである。一方「了 le」は動作が持続できるかどうかを強調したものではなく、ただ過去の状況と比較したものである。

(78)　a　外面 下 着 雪 呢。
　　　　　外　降る　（着 zhe）　雪　（呢 ne）
　　　　　外では雪が降っている（已然：現在では既に降っているが、いつまで降るのかは分からない。）
　　　b　外面 下 雪 了。
　　　　　外　降る　雪　（了 ne）
　　　　　外は雪だ（已然：現在は降っているが、以前は降っていなかった。）

　「呢 ne」と「了 le」の機能分布と「V着」と「V在」の機能分布は平行している。「V着」と「呢 ne」は動作の終了点を強調しているのではなく、表しているのは「時間の幅」の概念である。一方、「V在」と「了 le」は動作の終了点を強調しており、表しているのは「点」の概念である。

　以上のことをまとめて、「V在／V着」の文法特徴を簡潔な表にすることが

7　中国語における「在」と「着（著）」

できる。

	V在	V着
非持続状態Vとの連用	＋	－
否定文に用いる	＋	？－
命令文に用いる	＋	
「呢 ne」との共起	－	＋
「了 le」との共起	＋	－

　表中の「＋」は文法上成立することを、「－」は成立しないことを表す。北京語における「V在」と「V着」の分業は明確であり、文法上も相補分布であることが明らかにみてとれる。

　最後になぜ「在……V」と「V在」は2つの関連が緊密でない文型であるのかということについて簡単に触れておこう。「在……V」と「V在」はそれぞれ異なった軌道に沿って発展してきたものであり、動詞の後ろの前置詞「在」には「前に移動する」現象が発生しなかったと考えられる。もし中国語の前置詞が普遍的に前に移ると考えるとしたら、この見解には前置詞「在」については確実な根拠がない。

　「在……V」と「V在」は北京語においては一対一の対応関係を呈していない。この点については既に多くの論文、研究がある。ここではただこの2つの文型には2つの根本的な区分があることを指摘しておきたい。第1に「V在」は「V著（着）」のもつ「付着」という意味特徴を継承したものであるが、「在……V」はこの意味特徴の制約を受けていない。第2に「V在」における動詞は1回きりの動作しか表さないが、「在……V」における動詞は何度も反復される動作を表す。以下の例を比較してみよう。

(79) a　在 床 底下 放 风筝。
　　　　で　ベッド　下　揚げる　凧
　　　ベッドの下で凧を揚げる。
　　　［歇後語：力があっても発揮できない］
　　b　风筝 放 在 床 底下。

173

凧　置くに　ベッド　下
凧はベッドの下に置く。
(80) a　在 石头 上 磨 刀。
　　　　で 石 上 磨く 刃物
　　　　石の上で刃物を磨く。
　　b　*刀 磨 在 石头 上。
　　　　刃物 磨く で 石 上
　　　　刃物は石の上で磨く。
(81) a　在 树 上 刻 字。
　　　　で 樹 上 彫る 字
　　　　樹の上で字を彫る
　　b　字 刻 在 树 上。
　　　　字 彫る に 樹 上
　　　　字は樹の上に彫る。
(82) a　在 手 上 扎 针。
　　　　に 手 上 刺す 針
　　　　手に針を刺す［針灸］。
　　b　针 扎 在 手 上 了。
　　　　針 刺す に 手 上 （了 le）
　　　　針を手の上に刺した［不注意］。

　「付着」意味と「1回きりの動作」という意味特徴を根拠に、我々は容易に「在……V」と「V在」の意味を区別でき、かつなぜ文法的に適正な文と不適正な文があるのかを解釈できる。朱徳熙（1982）の例をいくつかみてみよう。

(83) a　在 旁边 笑。
　　　　で そば 笑う
　　　　そばで笑う。
　　b *笑 在 旁边。
　　　　笑う で そば
　　　　そばで笑う。

(84) a　在　床　上　咳嗽。
　　　　　　で　ベッド　上　咳をする
　　　　　ベッドで咳をする。
　　　b *咳嗽　在　床　上。
　　　　　咳をする　で　ベッド　上
　　　　　ベッドで咳をする。
(85) a *在　石头　上　砍　刀。
　　　　　に　石　上　叩き切る　刃物
　　　　　石の上で刃物を叩きつける。
　　　b　刀　砍　在　石头　上。
　　　　　刃物　叩き切る　に　石　上
　　　　　刃物が石の上に叩きつけられた。
(86) a *在　泥　里　踩　脚。
　　　　　に　泥　中　突っ込む　足
　　　　　足が泥の中に突っ込んだ。
　　　b　脚　踩　在　泥　里。
　　　　　足　突っ込む　に　泥　中
　　　　　足が泥の中に突っ込んだ。

　こうした例から容易に次の点がみてとれる。「V在」形式では「付着」が最も重要な意味特徴であるが、「在……V」形式においては、この意味制約はそれほど重要ではないようである。同様に「V在」形式においては動詞は1回きりの動作しか表せず、何度も反復される動作は表せないが、「在……V」においては動詞は通常、反復される動作、或いは持続の状態を表し、1回きりの動作は表さない。

4　結び

　我々はさしあたって以下のように考える。中国語の北方語における「V在」と「V着」は「V著」の2つの変異体であり、「V著」が場所を表す語を導く用法は六朝時には既に出現していた。「在／著」がある時期混用され競合した後、「V在」は北方語において「V著」に取って代わった。同時にまた「付着」の

175

意味特徴をも継承した。「著」は空間を表す語が時間を表す語へと変わったものであり、持続概念を表す。現代北方語において、「着 zhe」は動詞の意味に基づいて2つの「着 zhe」に区分することができる。1つは動作の持続を表し（着$_1$）、もう1つは状態の持続を表す（着$_2$）。北方語における「V在」と「V着$_2$」の機能は相補分布にあることがみてとれる。

　方言の資料により、「在／着／著」の使用と北方語の発展は不均衡であることが分かった。このことはある方言は最終的に（目下のところ）どの字を選んで場所を表す語を導く前置詞とするかは偶然のものであるが、「在／着」が互いに通じているのは必然的なことであるということを我々に告げている。

　「在」という字は早くから文献中に動詞として現れているが（Vの前にも後ろにもある）、「V在」は「V著」と競合した後に正式に定型化されたのであり、「在……V」との関係は密接ではない。「V在」には「付着」、「1回きりの動作」という意味特徴があるが、「在……V」はこうした意味特徴の制約を受けない。この分析方法を用いることにより、大量の「在……V」と「V在」が一対一に対応していない例文を解釈することができ、かつなぜある種の文は文法的ではないのかということも解釈することができる。

　上述の見解はある仮説、即ち1つの言語における時間詞は常に空間詞を源とするという仮説に有利である。中国語ではこうした変遷の軌跡ははっきりしている。「動詞＞空間詞＞時間詞」。この分析は「着 zhe」だけでなく「了 le」「過 guo」にも適用できる。

注

1) 徐震堮（1984）編著『世説新語校箋』、中華書局を参照。
2) 梅祖麟（1988）は「著」という字は静態動詞の後ろでは「在」の意味（例（14）－（16）参照）で、動態動詞の後ろでは「到」の意味（例（17）－（19）参照）であるとしている。
3) 本文例（7）－（11）、(28)(29)はいずれも劉堅（1985）編著の『近代漢語読本』、上海教育出版社からとった。
4) 『朴通事諺解，老乞大諺解』(1978)、台北，聯経出版社を参照。
5) 例（23）－（25）は王力（1980）の『漢語史稿』(中冊)、中華書局より。
6) 詹秀恵（1973）の統計には「著」の動詞としての用法は含まれていない。

7）Xu Dan(1990)の論文参照。

参考文献

戴耀晶　1991　「現代漢語表示持続体的"着"的語意分析／現代中国語の持続体を表す『着』の意味分析」,語言教学与研究,第2期,92 - 106.

范方蓮　1963　「存在句／存在文」,中国語文,第5期,386 - 395.

黄丁華　1958　「閩南方言的虚字眼"在,着,里"／閩南方言の虚辞『在、着、里』」,中国語文,第2期,81 - 84.

李永明　1988　『臨武方言／臨武方言』,湖南人民出版社.

劉寧生　1985　「論"着"及其相関的両個動態範疇／『着』とそれに関連する2つの動態範疇」,語言研究,第2期,117 - 128.

陸俊明　1988　「現代漢語中数量詞的作用／現代中国語における数量詞の働き」,語法研究和探索（四）,172 - 186,北京大学出版社.

呂叔湘　1984　増訂本「釈景徳伝灯録中在、著二助詞／景徳伝灯録における在、著2つの助詞について」,漢語語法論文集,北京,商務印書館.

馬希文　1987　「北京方言里的"着"／北京方言における『着』」,方言第1期,17 - 22.

梅祖麟　1988　「漢語方言里虚詞"著"字三種用法的来源／中国語方言における虚辞「著」の3つの用法の起源」,中国語言学報,第3期,193 - 216.

梅祖麟　未刊　「唐代、宋代共同語的語法和現代方言的語法／唐代、宋代共通語の文法と現代方言の文法」.

木村英樹　1983　「関于補語性詞尾"着/zhe/"和"了/le/"／補語的動詞接尾辞『着/zhe/』と『了/le/』に関して」,語文研究,第2期,22 - 30.

太田辰夫　1987　『中国語歴史文法』中訳本,北京大学出版社.

王　力　1958　『漢語史稿／中国語史稿』（中冊）,北京,中華書局.

魏培泉　近刊　『古漢語介詞"于"的演変略史／古代中国語の前置詞『于』の変遷略史』,台湾.

邢公畹　1979　「現代漢語和台語里的助詞"了"和"着"／現代中国語と台語における助詞『了』と『着』」,民族語文,第2期,84 - 98；3,206 - 212.

于根元　1983　「関於動詞後附"着"的使用／動詞の後につく『着』の使用について」,語法研究和探索（一）,106 - 119,北京大学出版社.

兪光中　1987　「"V在N_L"的分析及其来源献疑／『V在N_L』の分析及びその起源への

疑問」,語文研究,第3期,14 — 18.

袁家驊等　1983　『漢語方言概要／中国語方言概要』,北京,文字改革出版社.

詹秀恵　1973　『世説新語語法研究／世説新語文法研究』,台北,学生書局.

張盛裕　1980　「潮陽方言的連続変調(二)／潮陽方言の連続変調(二)」,方言第2期,123 — 136.

趙金銘　1979　「敦煌変文中所見的"了"和"着"／敦煌変文にみられる『了』と『着』」,中国語文,第2期,65 — 69.

趙元任 丁声樹等　1948　『湖北方言調査報告／湖北方言調査報告』,上海,商務印書館.

朱德熙　1982　『語法講義／文法講義』,北京,商務印書館.

朱德熙　1990　「"在黒板上写字"及相関句式／『在黒板上写字』及びそれと関連する文型」,『語法叢稿』,上海教育出版社.

Mei,Tsu-lin　1979　The Etymology of the Aspect Marker*Tsi* in the Wu Dialect, *Journal of Chinese Linguistics* V ol.7　1 — 14.

Peyraube,Alain(forthcoming) On the History of Chinese Locati Ve prepositions, Paper Presented at the Second International Symposium on Chinese Language and Linguistics, Academia Sinica, Nankang,Taibei,Taiwan.

Xu Dan　1990　Post V erbal Word Order in Chinese,*Cahiers de linguistique Asie Orientale*　1　91 — 107.

原文:「漢語里的"在"与"着(著)"」,中国語文,1992年第6期

8 動詞の後の「着」と「过」に関する意味分析

戴耀晶 著
中川裕三／張勤 訳

1 アスペクトマーカー

アスペクト（aspect）は1つの文法範疇として、特定の形式によってその特定の内容を表示する必要がある。現代中国語においてアスペクトの意味を表示する特定の形式には動詞の後の「了 le」、「着 zhe」、「过 guo」、「起来 qilai」、「下去 xiaqu」及び動詞の重ね型等がある。本稿では意味分析の観点から「着 zhe」と「过 guo」という2つのアスペクトマーカーについて検討する。

2 着zhe

「着 zhe」は現代中国語における持続相の形式マーカーであり，イベントが持続段階にあるという観察を表す。しかし，イベントの開始、終結については表さず，イベント全体についても表さない。「着 zhe」は不完結性・持続性・動態／静態二重性という3つの主要な意味内容を具え持っている。これらの意味内容によって多くの統語成分と「着 zhe」の共起が制限され、動詞の種類によっては「着 zhe」と共起した後の文の意味解釈にも制限が生じる。

2.1 不完結性

不完結性とは完結性と相対する概念である。完結性が指示するのは文がイベント構成全体の性質を表すということであり、分析前のイベントについて言語使用者が行った外部（outside）からの観察を表す。一方、不完結性が指示するのは文がイベント構成の局部的性質を表すということであり、分析後のイベントに対して言語使用者が行った内部（inside）からの観察を表す。現代中国語における持続相「着 zhe」の不完結性は、時間の進行過程におけるイベントの開始後と終結前の間の持続状況についての観察であることによって表される。

179

（1） a 　他 母亲 仔细 打量 着 我，[1]看得我有些发毛。
　　　　　彼 母親　子細に じろじろ見る　（着 zhe）　私
　　　　彼の母親にじろじろ見られていたために、私はちょっと怖くなった。
　　　b 　我 眨巴 着 眼睛 想 了 半天，然后回答：不对！
　　　　　私 まばたきをする　（着 zhe）　目 考える　（了 le）　長い間
　　　　私は目をぱちくりしながらしばらく考えてから、「違う。」と答えた。
　　　c 　哥哥 抖 着 一 张 新 来 的 晚报 对 我 说：真 可惜。
　　　　　兄 振るう　（着 zhe）　1 枚 新しい 来る　（的 de）夕刊 に 私言う：本当だ 惜しい
　　　　兄は新着の夕刊を振るいながら「ほんとに残念だ」と私に言った。

　持続相「着 zhe」の関心はあるイベントの持続部分だけであり、開始や終結といったイベントのその他の部分にはまったく無関心である。a 文の「他母亲打量着我／彼の母親にじろじろ見られていた」を例にとると、イベントがいつ開始し、いつ終結し、状況はどうであるかといったことは観察の視野に入っていない。同時にまた、イベントも外部から行われた全体的な観察ではなく、その点については、a 文と対応する完結相の構文「他母亲打量了我（一番）／彼の母親に（ひとしきり）じろじろ見られた」と比較しただけではっきりする。両者の時間軸上の表現は次の図に示した通りである。

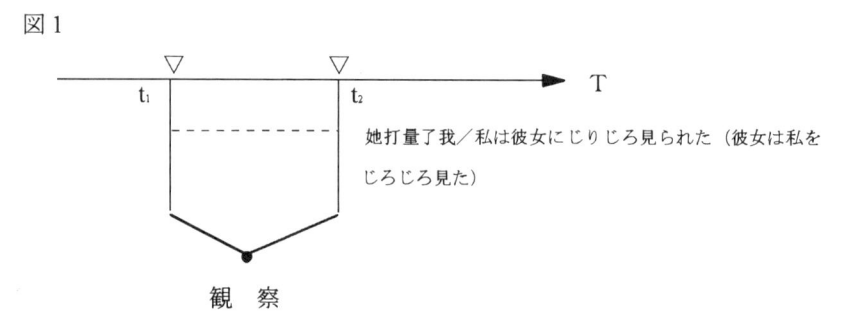

図 1

她打量了我／私は彼女にじりじろ見られた（彼女は私をじろじろ見た）

観　察

① 訳者注：中国語逐語訳は点線部のみとした。以下同じ。

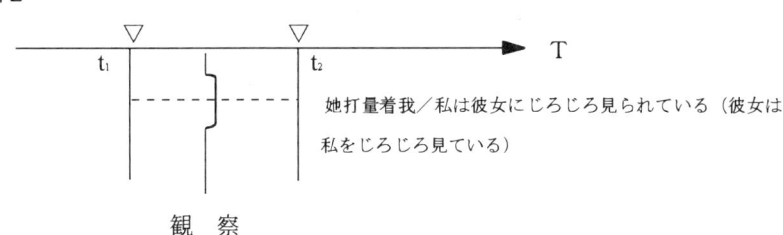

8　動詞の後の「着」と「过」に関する意味分析

図2

```
         ▽        ▽
─────────┼────────┼──────────────→ T
         t₁       t₂
         ┊┄┄┄┄┄┄┄┄┊
                     她打量着我／私は彼女にじろじろ見られている（彼女は
                     私をじろじろ見ている）

              観　察
```

　観察対象が時間の長さを t₁t₂ とするイベントであると仮定すると、完結相の範囲は外部から観察したイベント全体であり、イベントを分解しない場合、中国語では「了 le」を用いて明示する。一方、「着 zhe」が表す持続相はイベント内部構成の持続部分に着目することから、不完結的性質を具え持つと考えられる。

　その不完結的性質から、「着 zhe」はイベントの具体的な時間の長さを表す語句とは相容れない。なぜなら、それらの語句のために文が表すイベントが完結性を帯びてしまうからである。よって以下は非文である。

（2）a　＊姑娘 在 钱箱 里 翻腾 着 一阵。
　　　　　　娘　で　銭函　中　ひっかきまわす　（着 zhe）　ひとしきり
　　　　　娘は銭函の中をひとしきりひっかきまわしている。
　　　b　＊他 拼命 地 挣扎 着 三分钟，终于游到了岸边。
　　　　　　彼　懸命だ　（地 de）　もがく　（着 zhe）　3分間
　　　　　彼は3分間懸命にもがきながら、とうとう岸まで泳ぎ着いた。
　　　c　＊这 种 虚荣 和 自尊 保持 着 几十 年。
　　　　　　この　種　虚栄　と　自尊　持ち続ける　（着 zhe）　数十　年
　　　　　このような虚栄心と自尊心を数十年間持ち続けている。

　例文中の「一阵／ひとしきり」、「三分钟／3分間」、「几十年／数十年」はイベントの時間区分を明示しており、それによって文が表すイベントに分解不可能な全体的特徴が付与され、「着 zhe」の不完結性と矛盾してしまう。それらの語句を削除、または「着 zhe」を完結相マーカーの「了 le」に替えることにより、文は適格なものとなる。

　「着 zhe」は具体的な時間を標示する語句と相容れないだけでなく、動作量

181

を標示する語句とも相容れない。理由は、動作量を量るそれらの語句もまた文が表すイベントに完結性を付与するために、持続相の不完結性と矛盾してしまうからである。よって以下も非文である。

(3) a ＊小王 很 得意 地 又 朝 空中 抡 着 几 拳。
    王君 とても 得意だ （地 de） また 〜に向かって 空中 振り回す （着 zhe） いくつ 拳
    王君は得意になってまた空に向かって数回拳を振り回している。

 b ＊"书呆子！" 老黄 瞟 着 我 一 眼。
    本の虫 黄さん 横目で見る （着 zhe） 私 1 目
    「本の虫！」と叫んで、黄さんは私を横目でちらっと見ている。

 c ＊于是 我 教训 着 他 一番, 告诉他要考试了。
    そこで 私 しかる （着 zhe） 彼 ひとしきり
    そこで私は彼をひとしきり叱っていて、もうすぐテストだと言った。

「几拳／数回」、「一眼／ちらっと」、「一番／ひとしきり」のような動作量を表す語句は文中で不完結的意味を表す「着 zhe」とは共起できないのである。

それだけではなく、「着 zhe」の不完結性は、動作結果を表す語句と共起しないことによっても表される。なぜなら、動作に結果が生じると、対応するイベントが完結性を帯びてしまい、「着 zhe」の意味と相容れなくなるからである。以下も同様に非文である。

(4) a ＊他 果断 地 拉亮 着 电灯, 坐了起来。
    彼 きっぱりと （地 de） 引いて点ける （着 zhe） 電灯
    彼はパッと電灯のスイッチを引いて点けていながら、横たわっていた体を起した。

 b ＊他 在 热处理车间 找到 着 王科长。
    彼 で 熱処理工場 捜し当てる （着 zhe） 王課長
    私は熱処理工場で王課長を捜し当てている。

 c ＊她 从 军挎包 里 掏出 着 钱包。
    彼女 から 軍用のショルダーバッグ 中 ほじくり出す （着 zhe） 財布
    彼女は軍用のショルダーバッグをほじくりまわして財布を出している。

「拉亮／引いて灯りを点ける」、「找到／捜し当てる」、「掏出／ほじくり出す」はいずれも動作の結果を表し、それによって文が表すイベントに完結という意味が含意されるために、いずれの場合も「着 zhe」を伴うことができないのである。例えば、「打倒／打ち倒す」、「读懂／読んで分かる」、「看完／読み終わる」、「累垮／疲れて体をこわす」、「办好／うまくやる」、「走进／歩いて入る」、「跑开／走り去る」、「听明白／聞いて分かる」、「打扫干净／掃除してきれいにする」等の動補構造の語句は大部分が動作とその結果を表す。よってそれらも文中では通常不完結の意味を表す「着 zhe」とは共起せず、しばしば完結の意味を表す「了 le」と共起する。

時間の長さを表す語句、動作量を表す語句、動補構造の語句はいずれも「着 zhe」とは文中で共起しない。なぜならそれらはすべてイベント内部構成の不完結性の観察を妨げて「いる」からである。上述した３種類の非文は次のように改めることができる。

（５）a 他 拼命 地 挣扎 着，终于游到了岸边。
　　　　　彼 懸命だ （地 de） もがく （着 zhe）
　　　　　彼は懸命にもがきながら、とうとう岸まで泳ぎ着いた。
　　　b 小王 很 得意 地 又 朝 空中 抡 着 拳。
　　　　　王君 とても 得意だ （地 de） また 〜に向かって 空中 振り回す （着 zhe） 拳
　　　　　王君は得意になってまた空に向かって拳を振り回している。
　　　c 她 在 军挎包 里 掏 着 钱包。
　　　　　彼女 で 軍用のショルダーバッグ 中 ほじくる （着 zhe） 財布
　　　　　彼女は軍用のショルダーバッグから財布を取り出そうとしている。

このように改めると、どの文もイベントの持続段階だけを表すようになり、イベント全体に着目しなくなる。

2.2 持続性

持続性（duration）が指示するのはイベントプロセスが連続するということである。「着 zhe」は文が表すイベントがちょうど絶え間なく連続するプロセスにあることを明示する。例えば：

（６）a 她 脑子 里 不 停 地 闪动 着 郭辉 的 身影。
　　　　　彼女 脳 中 〜ない 絶える （地 de） 揺れ動く （着 zhe） 郭輝 の 面影

彼女の脳裡には郭輝の面影が絶えずちらついている。
- b 一 段 叫 人 悲愤 的 故事 叩击 着 战士们 的 心。
  1 くさり ～させる 人 悲しみ憤る （的 de） 物語 叩いて打つ （着 zhe） 戦士たちの 心

  ある悲愴な物語が戦士たちの心を打っている。
- c 我 大口地 呼吸 着 这 清新 的 空气，真有点坚持不住了。
  私 大きく口を開けてするように 吸う （着 zhe） この 清らかで新しい （的 de） 空気

  私は大きく口を開けてこのすがすがしい空気を吸っていると、本当に少々耐えられなくなった。

イベント自体の継続可能時間はまちまちである（「闪动身影／面影がちらつく」と「呼吸空气／空気を吸う」を比較されたい）が、そのような内容について「着 zhe」は無関心である。「着 zhe」の関心はイベントには持続プロセスが必ず必要だということだけなのである。

瞬間動詞は非持続という意味特徴を具え持っていて、時間軸上の密閉された1つの点として表される。開始と終結が重なり合い、プロセスが欠如し、「単変」（simple change）という特徴[1]を具え持っている。ところが「着 zhe」は時間的な延伸性を具え持っている。従って、理論的に言うならば、瞬間動詞と「着 zhe」は意味的に相容れないものであり、両者は同一文内で共起できないのである。よって以下は非文である。

（7） a ＊他 离开 着 心爱 的 岗位，心理怪难受的。
  彼 離れる （着 zhe） お気に入りだ （的 de） 職場

  彼はお気に入りの職場を離れていて、なんとも心苦しい。
- b ＊李伟 一直 忘 着 这 件 事。
  李偉 ずっと 忘れる （着 zhe） この （件 jian） こと

  李偉はずっとそのことを忘れている。
- c ＊广州 来 的 列车 正 到 着 上海站。
  広州 来る （的 de） 列車 ちょうど 到着する （着 zhe） 上海駅

  広州から来た列車がちょうど上海駅に到着している。

「离开／離れる」、「忘／忘れる」、「到／到着する」はいずれも瞬間動詞であり、「着 zhe」とは共起できない。なぜなら、それらはいずれも「着 zhe」の持

続性と矛盾してしまうからである。同類の動詞には「成立／成立する」、「达到／達成する」、「跌／転ぶ」、「获得／獲得する」、「毕业／卒業する」、「开除／除名する」、「碰见／（思いがけなく）出会う」、「取消／取り消す」、「死／死ぬ」、「停止／停止する」、「忘记／忘れる」、「牺牲／（正義のために）命をささげる」、「遗失／紛失する」、「遇到／（偶然）出会う」等があり、これらの動詞の意味的共通点は瞬間の結果を表すということである。

しかし、実際の言語運用では、「着 zhe」と共起する瞬間動詞も少なくない。例えば：

(8) a 王军 轻轻 地 敲 着 门。
　　　　王軍 そっと （地 de）ノックする （着 zhe）ドア
　　　　王軍はそっとドアをノックしている。

　　b 吴刚 在 月宫 里 砍 着 桂花树 呢。
　　　　呉剛 で 月宮 中 切る （着 zhe）モクセイの木 （呢 ne）
　　　　呉剛は月世界でモクセイの木を切っているよ。

　　c 跳着，跳着，凤梅的脚都抬不起来了。
　　　　跳ぶ（着 zhe），跳ぶ（着 zhe）
　　　　飛び跳ねているうちに、鳳梅は足が上がらなくなった。

「敲／ノックする」、「砍／切る」、「跳／跳ぶ」はすべて瞬間動詞で、非持続的瞬間動作（瞬間結果動詞とは異なる）を表し、文中ではいずれも持続の意味を表すアスペクトマーカー「着 zhe」を伴っている。以上はすべて現代中国語の適格文である。

同類の動詞には「点头／うなずく」、「咳嗽／咳をする」、「剁／（包丁で）細かくきざむ」、「踢／蹴る」、「拍／（手の平で）たたく」、「闪／よける」、「跺脚／地を蹴る」等がある。瞬間動作動詞が「着 zhe」と共起できる理由について、ここでは「数」の概念を導入して解釈する必要がある。

まず瞬間動詞と「了 le」が共起する状況を見てみよう。瞬間動詞は一瞬の間に発生、終結する動作を表し、意味的に単数の動作量と一致しなければならず、複数のものとは矛盾する。ところが以下のような適格文がある。

(9) 王军敲了一下，又敲了两下，门开了。
　　　王軍 ノックする（了 le）1 回，また ノックする（了 le）2 回，ドア 開く（了 le）
　　　王軍が1回ノックし、また2回ノックすると、ドアが開いた。

瞬間動詞は意味的に時間軸上の1点 (point) と対応し、期間 (period) とは矛盾する。しかしまた以下のような適格文もある。

(10) 王軍 足足 敲 了 三分钟, 才 有 人 过来 开门。
　　　王軍 ゆうに ノックする （了 le） 3分間, やっと いる 人 やってくる 開ける ドア
　　　王軍がまる3分間ノックして、ようやく誰かがやって来てドアを開けた。

例（9）の「王軍敲了两下门／王軍がドアを2回ノックした」は1つの完結したイベントであり、2回の動作（動作とイベントは大いに区別する必要がある）に言及している。それは動作が複数だということ、即ち、一瞬の動作が2回繰り返されたということである。例（10）の「王軍敲了三分钟门／王軍がドアを3分間ノックした」が表しているのも、1回の完結したイベント（「了 le」が用いられている）であるが、決して1つの動作を表しているわけではない。なぜなら、瞬間動詞「敲／ノックする」の意味内容が1回の動作だとすると「三分钟／3分間」の期間と相容れないからである（「王軍看三分钟书／王軍が本を3分間読む」と比較してみよう）。文は持続時間が3分間のイベントと、動作が何回も行われたということ、即ち一瞬の動作が何回も繰り返されたということを表しているのである。

瞬間動詞が運用上「了 le」と共起して動作の繰り返し (repetition) を表す点は、「着 zhe」と共起する状況にも適用できる。即ち、瞬間動詞が文中で「着 zhe」を伴って表すイベントの持続性は、動詞が表す動作が繰り返し行われることとして表されるものである。異なるのは、瞬間動詞と「着 zhe」の組み合わせの場合は、ただ単に抽象化された反復を表すだけで、動作が繰り返される具体的な回数（例えば、「＊敲着两次／2回ノックしている」）を表すことも、動作が繰り返される具体的な時間の長さ（例えば、「＊敲着三分钟／3分間ノックしている」）を表すこともできない点である。

瞬間動詞が「着 zhe」を伴って表す持続と非瞬間動詞が「着 zhe」を伴って表す持続は、意味内容が同じものではない。「敲着门／ドアをノックしている」と「推着门／ドアを押している」という時間軸における異なった表現を比較してみよう。

図の中の点線は瞬間動作の点が反復することによって形成された持続プロセスを表し、実線は動作自体が延伸することによって形成された持続プロセスを

表している。t₁t₂ はイベントに対する観察区間を表し、破線はイベントが延伸性を具え持っていて、不完結性イベントであることを表している。

図3

```
─────────┬───────────┬──────────────▶ T
         ▽           ▽
         t₁          t₂
- - - - -┼ - - - - - ┼- - - - -    敲着门／ドアをノックしている
         │           │
- - - - -┼ - - - - - ┼- - - - -    推着门／ドアを押している
         │           │
```

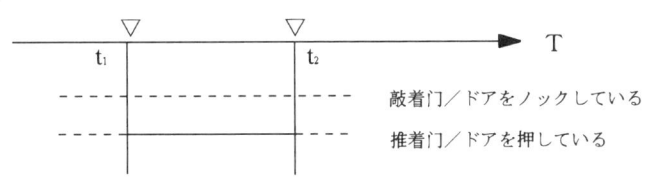

上掲の例文から分かるように、「着 zhe」と一緒に用いることができる瞬間動詞が表す動作性は、強く具体的で、反復可能性を具え持っており、通常は瞬間動作動詞である。それに対し、「着 zhe」と一緒に用いることができない瞬間動詞が表す動作性は、弱く抽象的で、反復することができず、通常は瞬間結果動詞である。

その他、瞬間動詞と「着 zhe」が共起して表す複数の概念が動作主体と関係する場合もある[2]。主体が単数で、動作が反復しない場合は、瞬間動詞は「着 zhe」と共起しない。主体が複数で、動作が反復できる場合の反復性は、多くの主体が連続して発する瞬間動作によって構成され、瞬間動詞と「着 zhe」が一緒になって1つの持続プロセスを表す。その点は上掲の各例と異なる。例えば：

(11) a ＊一 颗 手榴弹 爆炸 着。
　　　1 本 手榴弾 爆発する （着 zhe）
　　　1発の手榴弾が爆発している。

　　b 无数 手榴弹 爆炸 着。
　　　無数 手榴弾 爆発する （着 zhe）
　　　無数の手榴弾が爆発している。

　　c 手榴弹 一 颗 接 一 颗 地 爆炸 着。
　　　手榴弾 1 発 また 一発 （地 de） 爆発する （着 zhe）
　　　榴弾が1発また1発と爆発している。

「着 zhe」の持続性は、短時相の形態変化動詞の重ね型と比較することによって更に踏み込んだ説明が得られる。動詞の重ね型が瞬間動詞に用いられた場合、時間が短いという意味特徴の制約を受けることから、動詞が表す動作が反

復を含意する可能性もある。この場合と瞬間動詞が「着 zhe」を伴った場合とは意味内容の点で相通じるところがあるようだ。両者を比較してみよう。

(12) a 他 向 大家 点 点 头,（朗声说道……）
　　　　彼 ～に向かって みな うなずく うなずく 頭
　　　　彼はみんなに向かってちょっとうなずいて、（朗々とした声で言った～）

　　b 他 向 大家 点 着 头,（?朗声说道……）
　　　　彼 ～に向かって みな うなずく （着 zhe） 頭
　　　　彼はみんなに向かってうなずきながら（?朗々とした声で言った～）

a 文の「点点头／ちょっとうなずく」は 1 回だけではないかも知れないし、b 文の「点着头／うなずきながら」は必ず何回か反復する。いずれの場合も動作が複数回行われるという含意がある。が、この 2 種類のアスペクトの性質は決して同じではない。動詞の重ね型はイベントの非持続的特徴を強調するもので、「他点点头／彼はちょっとうなずいた」はある期間を占めているが、その期間はきわめて短く、言語使用者がこの形式を運用して強調しているのはイベントの持続ではなく、イベントの時間的な短さである。即ち、そのイベントは非持続的で、時間が短い、完結性イベントなのである。「着 zhe」はちょうどその反対で、強調するのはイベントの持続的特徴であり、「他点着头／彼はうなずきながら」は非持続的瞬間動詞を用いてはいるが、「着 zhe」という形態が瞬間動作を反復して行わせることによってイベントの持続を保証し、それによってイベントの不完結性をも保証しているのである。以下に幾つか例を挙げ、動詞の重ね型と「着 zhe」の持続性の差異を明らかにしよう。

(13) a "嗯", 金斗老汉 点 点 头, 表示赞成。
　　　　　　金斗老人 うなずく うなずく 頭
　　　　「よし」と言って、金斗老人はちょっとうなずき、賛成の意を表した。

　　b 金斗老汉 点 着 头, 表示赞成。
　　　　金斗老人 うなずく （着 zhe）頭
　　　　金斗老人はうなずきながら、賛成の意を表した。

　　c 为了给她补虚, 公爹 咬 咬 牙 杀了家里唯一的那只老

188

母鸡。

<small>おじいさん かむ かむ 歯 殺す（了 le）家 中 唯一 の あの 匹 ひねる 雌鶏</small>

彼女に栄養をつけさせるために、おじいさんはちょっと歯をくいしばって家で唯一のあのひねた雌鶏を殺した。

d　公爹咬着牙杀了家里唯一的那只老母鸡。

<small>おじいさん かむ（着 zhe）歯 殺す（了 le）家 中 唯一 の あの 匹 ひねる 雌鶏</small>

おじいさんは歯をくいしばり家で唯一のあのひねた雌鶏を殺した。

2.3　動態／静態二重性

動態と静態はイベントの２種類の表現方式である。動態が変化を表すのに対し、静態は変化を表さない。現代中国語の持続体「着 zhe」には動態的側面があり、「着 zhe」を伴った文が表すイベントには力の変化と位置の移動が現れうる。例えば:

(14)　a　我们就这么一声不吭地走着。

<small>私たち（就 jiu）このように 1 声 ～ない 声を出す（地 de）歩く（着 zhe）</small>

我々はそうやって黙りこくって歩いていた。

b　小鸟在树上欢蹦乱跳地唱着晨歌。

<small>小鳥 で 木 上 元気はつらつだ（地 de）歌う（着 zhe）朝 歌</small>

小鳥が木の上で元気よく朝の歌を歌っている。

c　严班长不停地转着圈，不停地自言自语。

<small>厳分隊長 ～ない 絶える（地 de）回る（着 zhe）輪</small>

厳分隊長は輪を描くように歩き続けながら、独り言を言い続けている。

以上の文が表すイベント「我们走着（路）／我々は（道を）歩いている」、「小鸟唱着歌／小鳥が歌を歌っている」、「严班长转着圈／厳分隊長は輪を描くように歩いている」は、非均質的（heterogeneous）時間構造を表しており、イベントプロセスのどの瞬間もその他の瞬間の状況と同じではない。例えば「走路／道を歩く」では、足を持ち上げる瞬間の後に足を降ろす瞬間が続き、力の強弱の変化と位置の上下移動があり、動態性が顕著である。もちろん、「着 zhe」の持続性によって決定されていることから、その動態性はイベント

プロセスの変化を表すだけで、イベントの開始または終結の変化を表すことはない。

その他、同様に「着 zhe」の持続という意味特徴の影響を受け、その動体性がはっきりしなくなる場合がある。とりわけ「着 zhe」が静態動詞または動作性が顕著でない動詞の後に現れたとき、文が表すイベントは往々にして1種の静態性を呈する。例えば：

(15) a 醒来一看，丁然 红 着 脸，坐在床边。
　　　　丁然 赤くする （着 hze） 顔
　　　意識が戻って見てみると、丁然が顔を赤らめて、ベッドの端に腰掛けていた。

b 广场中央，矗立 着 一 座 烈士 纪念碑。
　　そびえ立つ （着 zhe） 1 （座/やや大きなものを数える量詞） 烈士 記念碑
　広場の中央に、烈士の記念碑が聳えている。

c 我 现在 是 这样 渴望 着 爱，渴望 着 友情。
　　私 今 （是 shi） こんなに 渇望する （着 zhe） 愛，渇望する （着 zhe） 友情
　私は今こんなに愛と友情を渇望している。

d 他 的 话 里 蕴藏 着 挺 复杂 的 感情。
　　彼 の 話 中 潜む （着 zhe） とても 複雑だ （的 de） 感情
　彼の話の中には非常に複雑な感情が含まれている。

以上の「着 zhe」を伴った文が表しているのは、いずれも持続的特徴を具え持った静態イベントである。イベントの持続プロセスにおいては、イベントの開始の変化（静態に入る変化のこと）も、プロセスにおける変化も、もちろん終結の変化も観察されない。イベントは均質的（homogeneous）時間構造を具え持っており、イベントプロセスのどの瞬間もその他の瞬間の状況と同じである。「着 zhe」はこれらの文の中で静態的意味特徴を表しているのである。馬希文（1987）が「着 zhe」の意味について検討した際、「動詞の後ろに「着 zhe」を加えると状態を明示するようになる。」と結論付けたことがある[3]。イギリスの言語学者 G.Leech（1981）も「持続は静態の1特徴である。」と指摘している[4]。2人とも持続相の動態的特徴を否定または無視し、その静態的意味を強調しているのである。

以上に挙げた実例からわかるように、「着 zhe」は動態／静態の二重性を具え

持っており、このような二重性と動詞の意味特徴との間には密接な関係がある。動態的意味特徴を具え持った動詞が「着 zhe」を伴う場合、文が表すイベントも動態性を具え持つ。例えば「走着／歩いている」、「唱着／歌っている」、「转着／回っている」、「寻找着／捜している」、「催促着／催促している」、「吠着／（犬が）吠えている」、「解释着／説明している」、「拥挤着／押し合い圧し合いしている」、「扭动着／（体を）くねらせている」、「做着／作っている」、「眨着／まばたきしている」、「抽泣着／すすり泣きしている」、「奔跑着／奔走している」等である。一方、静態的意味特徴を具え持った動詞が「着 zhe」を伴った場合、文が表すイベントは静態性を具え持つ。例えば「红着／赤らめている」、「矗立着／聳えている」、「渴望着／渇望している」、「蕴藏着／埋蔵されている」、「存在着／存在している」、「坐着／座っている」、「站着／立っている」、「等着／待っている」、「围着／囲んでいる」、「充满着／充満している」、「容纳着／収容している」、「掌握着／把握している」、「隔着／隔てている」、「包含着／含んでいる」、「爱着／愛している」、「惦记着／気にかけている」等である。

「着 zhe」との共起関係において、所謂「位置義」動詞（例えば、「穿／着る」、「挂／掛ける」、「套／かぶせる」のような、動作の結果がある位置に残る動詞のこと）は比較的複雑で、意味的に動態と静態の境界に位置するタイプ、又は動態と静態の両方の性質を兼ね具えたタイプと言える。実際の文では、このタイプの動詞が述語になる場合、動態のイベントを表すことができる一方で、静態のイベントを表すこともできる。「着 zhe」の二重性はこのタイプの動詞と一緒に用いられるときに最も際立つ。例えば：

(16) 诗人 穿 着 时新 的 茄克，好不得意。
　　　詩人 身につける （着 zhe） 流行だ （的 de） ジャケット
　　　詩人は流行のジャケットを身につけながら（纏っていて）、得意満面であった。

この文形式は2種類の性質のイベントを表すことができる。1つは動態イベントで、詩人はちょうどジャケットを身に着ける動作を行っているところである。もう1つは静態イベントで、詩人は流行のジャケットをすでに身に纏っている。2つのイベントの間には一定の関係が存在し、動態イベントは静態イベントの前のイベント（原因）であり、静態イベントは動態イベントの後のイベント（結果）である。換言すると、静態イベントは動態イベントの延伸と見な

すことができる。ここでは「着 zhe」の二重性が表されているのである[5]。

　具体的な文においては、「着 zhe」の二重性には偏倚が現れうる。強い動態的特徴を表す場合もあれば、逆に強い静態的特徴を表す場合もある。これは主として文の意味構造類型の影響（もちろん第一に動詞の意味類別の影響）によるものである。例えば動作主が現れる文では、「着 zhe」は強い動態性を表す。

(17)　a　常鳴 捏 着 一 団 泥巴，说是要捏出一个关公来。
　　　　　　常鳴　こねる　（着 zhe）　1 塊 泥
　　　　　　常鳴は1塊の泥をこねながら、関公を作ると言う。
　　　b　妈妈 系 着 围裙 走 进 屋 说："你嚷嚷个啥？"
　　　　　　母　絞める　（着 zhe）　エプロン　歩く　入る　部屋　言う
　　　　　　母はエプロンを締めながら部屋に入って来て、「何を騒いでいるの。」と言った。
　　　c　王燕 在 台灯 下 急匆匆地 写 着 什么。
　　　　　　王燕　で　電気スタンド　下　あたふたと　書く　（着 zhe）　なに
　　　　　　王燕は電気スタンドの下で急いで何か書いている。

　一方、動作主が現れない場合、とりわけ所謂「存在文」では[6]、「着 zhe」は強い静態性を表す。

(18)　a　工厂 大门 上 挂 着 一 块 "闲人 免 进" 的 牌子。
　　　　　　工場　正門　上　掛かる　（着 zhe）　1 枚　"無用の者 〜してはいけない 入る"　の　札
　　　　　　工場の正門には「関係者以外立入禁止」の札が掛かっている。
　　　b　小青年 嘴 里 叼 着 一 根 "万宝路"。
　　　　　　若造　口　中　くわえる　（着 zhe）　1 本　"マルボロ"
　　　　　　若造は口に「マルボロ」をくわえている。
　　　c　墓碑 上 刻 着 "一个 生活 在 山林 中 的 老妇人"。
　　　　　　墓碑　上　刻む　（着 zhe）　"1　（个／量詞）　生活する　で　山林　中　の　老婦人"
　　　　　　墓碑には「山林で暮していた老婦人」と刻まれている。

　文によっては動作主が現れてもイベントは依然として強い静態性を表す場合がある。というのは動作主を表す語句が文中では実際には動作を行わず、ただ単に前の動態イベントの結果影響が現れた位置を表すだけだからである。よってそれを位置義を表す語句に書き換えても基本的意味は変らない。

(19)　a　郭辉 (身上) 穿 着 一身 蓝天牌 运动衣。

郭輝　(体 上)　着る　(着 zhe)　上下ひと揃い　藍天ブランド　スポーツウェア

郭輝は「藍天」ブランドのスポーツウェアを（身に）着けている。
  b 我　(手 里)　拿 着 这 封 信，心里不是滋味。
　　　　私　(手中)　持つ　(着 zhe)　この　通　手紙

私は（手に）この手紙を持ちながら、心の中はほんとに辛かった。
  c 丽萍　(肩 上)　挎 着 一 个 篾篓，顺河沿走过来。
　　　　麗萍　(肩上)　かける　(着 zhe)　1 個　竹篭

麗萍は（肩に）竹篭をかけ、川に沿って歩いて来た。

　以上において強い動作性と強い静態性という言い方をしたのは、位置義動詞が「着 zhe」を伴った場合は本質的に意味の二重性を具え持つ形式だからである。多くの場合、動作の持続（動態性）と結果の持続（静態性）には強弱の偏倚があるだけで、はっきり区別するのは難しい。例えば、上に挙げた「捏着泥巴／泥をこねている」、「叼着香烟／煙草をくわえている」、「拿着信／手紙を持っている」等の例はいずれも2重の意味（多義と見なす者もいる）を具え持っていて、動作を表すと同時に、結果をも表している。

2.4 「着zhe」と「了le」の「互換」

　文法に関する文献では、「着 zhe」と「了 le」には「互換」可能な場合がある点についてしばしば言及される。最後にその点について検討してみたい。

　「着 zhe」はイベント構成の内部観察に着目する、不完結相の形式マーカーである。一方、「了 le」はイベント構成の外部観察に着目する、完結相の形式マーカーである。両者は基本的性質が異なっていて、当然運用面でも区別があり、互換不可能なものである（「他喝着茶／彼はお茶を飲んでいる」と「他喝了茶／彼はお茶を飲んだ」を比較してみよう）。しかし以下の文では、「着 zhe」と「了 le」の区別がなくなっているようである。

(20)　a 墙 上 挂 着 ／ 了 一 幅 画。
　　　　　壁 上 掛かる　(着 zhe)　／　(了 le)　1 枚 絵

壁に絵が1枚掛かっている。
　　b 脸 上 长 着 ／ 了 一 颗 黑 痣。
　　　　　顔 上 できる　(着 zhe)　／　(了 le)　1 個　黒い　ホクロ

顔に黒いホクロが1つできている。

193

c　椅子 上 坐 着 ／ 了 两 个 人。
　　　　椅子 上 座る（着 zhe）／（了 le）　2　（个／人などを数える量詞）　人
　　椅子に人が２人座っている。

　以上は異なった類型の動詞構造の存在文[7]であるが、「着 zhe」と「了 le」はこれらの文では意味の変化をもたらさずに「互換」可能なようである。このような言語現象はどのように解釈すればよいだろうか。

　範方蓮（1963）は、ここの「了 le」と「着 zhe」はほぼ同じ意味で、置き換え可能であるが、動詞の後で完了態を表す「了 le」とは異なる、と考えている[8]。于根元（1983）は、一部の動詞が状態を作りだした動作はすぐに完了してしまうが、作りだした状態は長時間持続可能であり、動作が完了したと言う場合、状態が形成されたとことをも意味している。修辞上重複や硬さを避けるために、「着 zhe」を書いたり、「了 le」を書いたりする、と説明している[9]。劉寧生（1984）は、「着 zhe」が後続するのは状態動詞、「了 le」が後続するのは動作動詞で、「着 zhe」と「了 le」は絶対に同じではないが、両者の差異は存在文では中和される、と考えている[10]。

　以上の３つの説明は観点が異なっていて、「了 le」の分化に着目したり、修辞上の変化に着目したり、動詞の下位カテゴリーに着目したりしている。説明力の点でも差異が認められるが、「着 zhe」と「了 le」は上述の文型においては文意を変えることなく互換可能という点では共通している。

　本稿では次のように考えている。「着 zhe」と「了 le」の差異が上述の文型で失われておらず、両者を互換した後の文は適格文であっても、決して文の「意味が同じ」わけではない。「着 zhe」を用いた文が表すのは不完結性強静態持続イベントで、その不完結性は、当該イベントに対する観察が内部に着目したものであり、イベントが分解可能であることを「着 zhe」が指示することによって表される。その強い静態性は、「着 zhe」が位置義動詞の後に用いられた場合存在文においては変化を表さないことによって表される。その持続性は、当該イベントがちょうど持続プロセスにあることを「着 zhe」が指示することによって表される。一方、「了 le」を用いた文は現実の完結性動態イベントを表し、その完結性は、当該イベントに対する観察の方向が外部からのもので、イベントが分解不可能であることを「了 le」が指示することによって表される。その動態性は、存在構文においてある静態に「突入」（entering）する起点変化を

「了 le」が指摘することによって表される。その現実性は、ある参照時間において、すでに発生したイベントを文が表すことを「了 le」が指示することによって表される。「着 zhe」と「了 le」が異なるものであるということは、存在文と意味的にパラレルな関係にある2つの構文に変換するときの差異を通して証明することができる。両者を比較してみよう。

(21) a₁ 墙 上 挂 着 一 幅 画。
　　　　壁 上 掛かる （着 zhe） 1 枚 絵
　　　　壁に絵が1枚掛かっている。
　　a₂ 墙 上 挂 了 一 幅 画。
　　　　壁 上 掛かる （了 le） 1 枚 絵
　　　　壁に絵が1枚掛かっている。
　　b₁ 墙 上 挂 着 的 是 一 幅 画。
　　　　壁 上 掛かる （着 zhe） （的 de） （是 shi） 1 枚 絵
　　　　壁に掛かっているのは1枚の絵だ。
　　b₂ *墙 上 挂 了 的 是 一 幅 画。
　　　　壁 上 掛かる （了 le） （的 de） （是 shi） 1 枚 絵
　　　　壁に掛かったのは1枚の絵だ。
　　c₁ 一 幅 画 在 墙 上 挂 着。
　　　　1 枚 絵 に 壁 上 掛かる （着 zhe）
　　　　1枚の絵が壁に掛かっている。
　　c₂ *一 幅 画 在 墙 上 挂 了。
　　　　1 枚 絵 に 壁 上 掛かる （了 le）
　　　　1枚の絵が壁に掛かった。

　左側の同義変換では適格文ができるが、右側は同じ変換にもかかわらず非文ができてしまう。この種の統語的対応形式は意味的な対応関係によって説明できないのである。たとえ存在文においてであっても、「着 zhe」と「了 le」は依然として言語体系におけるそれぞれの意味特徴を保持しているため、互換説は成立し得ない。なぜなら、互換後同じように適格な文は作れても、同じような文法・意味内容を具え持った文を作ることができないからである。

3　过 guo

「过 guo」は現代中国語における経験相の形式マーカーである。現実相の形式マーカーの「了 le」と同様に、時間プロセスにおけるイベント構成を外部から観察することに着目し、イベントの分割不可能な全体的性質を表す。両者の相違は、文がイベントの現実性を表す点を「了 le」が強調するのに対し、「过 guo」が強調するのは文が表す時間経過性である点である。

3.1　「过 guo」に関して

中国語においてアスペクトの意味を表す形態は徐々に進化発展してきたものであり、その進化発展のプロセスは現在も依然として続いている。1940年代、文法に関する重要な論著が幾つか発表されたが、いずれも「アスペクト」の章節で「过 guo」というアスペクトマーカーについて言及しておらず、その点は中国語文法史上注目に値する現象と言える。呂叔湘（1942）は12種類の「動相」形式について検討し、王力（1944）は6種類の「情貌」の表示方法について言及し、高名凱（1948）は6種類の「アスペクト」の表示方法について述べているが、いずれも「过 guo」については触れていない[11]。実際には、「过 guo」には早期白話においてすでに次のような典型的な経験相の用法があった。例えば：

(22)　a　学生 也 亲 念 过 几 遍, 并无差落, 哪有此话？（明《警世通言》第十五巻）
　　　　学生　も　自分で　読む　(过 guo)　いくつ　回
　　　　学生も自分で何遍か読んだことがあるが、大した間違いはない。そんなことがあるでしょうか。
　　b　妹妹几岁了？可 也 上 过 学?（清《紅楼夢》第三回）
　　　　（可 ke）　も　通う　(过 guo)　学校
　　　　あなたおいくつになられたの。やはりお勉強はやっておいででしょうね。

50年代以降になると、文法研究に関する文献では「过 guo」は「着 zhe」と「了 le」と同様にアスペクトマーカーと見なされ、アスペクトの観点から議論を展開させた著作が次第に多くなってきた[12]。

現代中国語の「过 guo」に盛られている意味項目は豊富で、実質的意味の形態素の場合もあれば、文法的意味の形態素の場合もあり、それぞれの意味項目の間に1本の拡張チェーンができあがっている。例えば：

(23) a 我跳上公共汽车，竟然 一下子 坐 过 了 站。
　　　　　　　　　　　なんと いきなり 乗る 過ぎる （了 le） 停留所
　　　私はバスに跳び乗ったが、なんとあっという間に停留所を乗り過ごしてしまった。

　　b 忍一忍，熬 过 高考，我们痛痛快快玩一场！
　　　　　堪え忍ぶ 過ぎる 大学受験
　　　もうちょっと我慢して、大学受験を乗り切ってから、1回思いっきり遊ぼう。

　　c 我 已经 考虑 过 了，不当这个体育委员。
　　　私 すでに 考慮する （过 guo） （了 le）
　　　私はすでに考慮済みです。この体育委員はやりません。

　　d 我 曾经 写 过 一 篇 小文，叫《读者的阶梯》。
　　　私 かつて 書く （过 guo） 1 篇 小文
　　　私はかつて『読者の階段』という小文を書いたことがある。

例文 a の「过 guo」はある空間を通過する、b の「过 guo」はある時間を経過するという意味であり、両者共に実質的意味を表す形態素である。c の「过 guo」はある程度文法化していて、「完了」の意味を含意している。完了とはつまりある点（イベントの終結点）を経過したということである。d の「过 guo」は完全に文法化していて、経験におけるあるイベントを表している。「过 guo」の意味が実質的なものから機能的なものに至る軌跡（trace）は次の図に示した通りである。

図4

　　　　　　通過 → 経過 → 完了 → 経験
　　　実 ─────────────────────▶ 虚

本稿で検討するアスペクトマーカーの「过 guo」が指示するものは、d が表す「経験」という抽象的意味である。c が表す「完了」のような半ば文法化した意味について言及することもあるが、b が表す「経過」、a が表す「通過」

については具体的意味と見なし、ひとまず検討の対象としない。

3.2　「过guo」の動態性

　「过 guo」は動態、完結、経験という３項目の主要な意味特徴を具え持っている。「过 guo」が文中で表すのは経験におけるイベントであるため、当該イベントは歴史上発生したことがあるがすでに終結していて、当然のことながら変化を経験している。「过 guo」の動態性が指示するのは時間経過における変化のそのような性質なのである。例えば：

(24)　a　我 教 过 郑海波，当 过 他 的 班主任。
　　　　　　私 教える （过guo） 鄭海波 なる （过guo） 彼 の クラス担任
　　　　　　私は鄭海波を教えたことがあるし、彼のクラスの担任を務めたことがある。

　　　b　有 人 曾 做 过 不 让 人 做梦 的 实验。
　　　　　　いる 人 かつて する （过guo） ～ない ～させる 人 夢を見る （的 de） 実験
　　　　　　かつて誰かが人に夢を見させない実験をしたことがある。

　「我教郑海波／私は鄭海波を教えた」と「有人做实验／誰かが実験をした」はどちらもかつて起こったことがあるイベントであり、「过 guo」は時間経過におけるこの種の動態変化をマークする。一方、「了 le」がマークするのは現実の動態変化であり、過去における現実変化の場合もあれば、現在における現実変化の場合もあれば、未来における現実変化の場合もある。例えば：

(25)　a　王洁 去年 暑假 到 了 庐山 旅游。
　　　　　　王潔 去年 夏休み 到着する （了 le） 廬山 旅行
　　　　　　王潔は去年の夏休みに旅行で廬山に行ったことがある。

　　　b　王洁 现在 估计 已经 到 了 庐山。
　　　　　　王潔 現在 推定する すでに 到着する （了 le） 廬山
　　　　　　王潔は今おそらくすでに廬山に着いただろう。

　　　c　王洁 明天 到 了 庐山 一定 会 打 电报 回 来。
　　　　　　王潔 明日 到着する （了 le） 廬山 きっと ～のはずだ 打つ 電報 帰る 来る
　　　　　　王潔は明日廬山に着いたらきっと電報を打ってくるはずだ。

　「过 guo」と「了 le」は動態性において異なる点があと１つある。静態動詞が述語になるとき、「过 guo」の動態性は、ある種の静態から離脱する変化、

8 動詞の後の「着」と「过」に関する意味分析

即ち終結の変化を明示することによって表される。一方、「了 le」の動態性は、ある種の静態へ突入する変化、即ち開始の変化を明示することによって表される。次の2つの文を比較してみよう。

(26) a　他 俩 红 过 脸。　　　（已脱离"红脸"）
　　　　　彼 2人 赤くする （过 guo） 顔
　　　　彼ら2人は顔を赤らめたことがある。（すでに「红脸／赤い顔」を離脱している）

　　 b　他 俩 红 了 脸。　　　（已进入"红脸"）
　　　　　彼 2人 赤くする （了 le） 顔
　　　　彼ら2人は顔を赤らめた。（すでに「红脸／赤い顔」に突入している）

　上のa文の「过 guo」が表している意味は、終結を経過した動的変化で、彼ら2人は「红脸／赤い顔」という静態を離脱している。b文が表している意味は、開始を経過した動態変化で、彼ら2人は「红脸／赤い顔」という静態に突入している。「过 guo」が静態動詞の後ろに用いられて終結性の動態を表す文を、あと幾つか挙げておこう。

(27) a　我什么都知道，谁 让 咱们 好 过 一 场 呢！
　　　　　誰 ～させる 私たち 仲がよい （过 guo） 1 （场 chang） （呢 ne）
　　　　私は何でも知っていますよ。私たち昔はいい仲だったじゃないですか。

　　 b　我 实在 怀疑 他们 是否 真诚 地 相爱 过。
　　　　　私 本当に 疑う 彼ら ～であるかどうか 誠意のある （地 de） 愛し合う （过 guo）
　　　　彼らが心から愛し合ったことがあるかどうか私は実は疑わしいと思っている。

　　 c　说实话，彩红 着实 迷惑 过 我 一阵。
　　　　　彩红 実に 惑わす （过 guo） 私 しばらく
　　　　実を言うと、私は確かに彩红に惚れ込んでいたことがある。

　　 d　从前 他 也 曾 紧张 过，沉重 过……
　　　　　昔 彼 も かつて 緊張する （过 guo） 沈む （过 guo）
　　　　昔は彼でさえ緊張したこともあるし、沈んでいたこともあるし、～

199

「过 guo」が終結性の動態的特徴を具え持っているために、終結の意味と相容れない一部の静態動詞は経験相のマーカーの「过 guo」を伴うことができない。例えば、「认得／見知っている」、「认识／見知っている」、「认为／理解している」、「晓得／知っている」、「知道／知っている」、「包含／含んでいる」、「充满／充満している」等である。以下は非文である。

(28)　a　＊我 知道 过 这 件 事。
　　　　　　私 知る （过guo） この （件jian） 事
　　　　　　私はこの事を知っていることがある。
　　　b　＊这 里面 包含 过 老 工人 多少 心血 呵。
　　　　　　この 中 含む （过guo） 年取った 労働者 どれほど 心血 （呵he）
　　　　　　この中には年配の労働者のどれほど多くの心血が含まれていることがあったのだろう。

3.3　「过guo」の完結性

「过 guo」の完結性が指示するのは時間を経過した全体的性質である。例えば：

(29)　a　老鬼 一 听 谢小晶 也 在 内蒙 插 过 队，当即拍板。
　　　　　　老鬼 ～と 聞く 謝小晶 も で 内モンゴル （插队／（文化大革命時に主に知識青年が）人民公社の生産に入隊する） （过guo） （插队／人民公社の生産に入隊する）
　　　　　　老鬼は謝小晶も内モンゴルの生産隊に入隊させられたことがあると聞くやいなや、即決した。
　　　b　报 上 不是 宣传 过 爸爸 是 改革家 吗？怎么又怀疑爸爸贪污呢？我弄不明白。
　　　　　　新聞 上 ～ない （是 shi） 宣伝する （过 guo） 父 （是 shi） 改革家 （吗 ma）
　　　　　　新聞で父が改革家だと宣伝したことがあるじゃないですか。どうしてまた父が汚職したなんて疑うのですか。私にはわかりません。

「谢小晶插队／謝小晶が生産隊に入隊させられた」と「报上宣传爸爸／新聞で父を宣伝した」はどちらも外部から観察した完結したイベントである（「着 zhe」とは異なる）と同時に、歴史上かつて発生したことがあり、且つすでに終結しているイベントである（「了 le」とは異なる）。これらの文では動詞の前

に副詞の「曽（経）／かつて」を用いて修飾することができる。実際の言語資料では、「过 guo」と「曽（経）／かつて」が一緒に用いられることが非常に多い。次に例を挙げておこう。

(30) a 发表了这篇电视讲话以后，他 曽 接到 过 恐吓 电话，但他并未寻求特别保护。
  彼 かつて 受け取る （过guo） 脅迫 電話
  このテレビ講話を発表した後、彼に1度脅迫電話が掛かってきたことがあるが、彼は決して特別な保護を求めるようなことはしなかった。

 b 和 我 曽経 读 过 的 三毛 作品 相比较，琼瑶的小说像小夜曲，很动听，就是太缠绵、太伤感了。
  と 私 かつて 読む （过guo） （的de） 三毛 作品 比較する
  私が以前読んだことがある三毛の作品と比べると、瓊瑤の小説はセレナーデのように感動的であるが、ただ情が細やかすぎるし、センチメンタルすぎる。

指摘しておかなければならないのは、ここで言うところの完結が指示するのは、「过 guo」を伴った文がイベントに対する全体的観察を表すということであって、原理的に分解できないということではない。ここで言うところの時間経過が指示するのは、「过 guo」を伴った文がイベントのかつて経験したという特徴を表すということであって、そのイベント（とりわけ動詞が表す動作）の現在への影響については触れない。例えば：

(31) a 我们 只 握 过 两 次 手，没想到一次是开始，一次便是结束。
  私たち ただ 握る （过guo） 2 回 手
  私たちは2回しか握手したことがない。1回が知り合ったときで、1回が別れるときだなんて思いもよらなかった。

 b 几 年 前，几 位 新潮 评论家 就 特别 关注 过 王朔 的 小说。
  いくつ 年 前， いくつ （位 wei） ニューウェーブ 評論家 すでに 特に 注目する
  （过guo） 王朔 の 小説
  早くも数年前に、何人かのニューウェーブ評論家が王朔の小説に特に注目したことがある。

a 文の「我们握两次手／私たちは２回握手した」というイベントは「过 guo」を用いることによってその完結性をマークしている。文中の数量詞の「两次／２回」は当該イベントが原理的に分解可能であることを指示しているが、「过 guo」（又は「了 le」）の出現及び構文表現的特徴（例えば「着 zhe」を伴えない）がはっきり表しているように、言語使用者はこの「两次」を分解されない総体と見なしているのである。原理的に分解可能ということよりも構文表現的に分解されないことの方が優先されるが、後ろで２つのパラレルな静態文を用いて前の文が含意している原理的分解可能性を表している。b 文の「几位评论家关注王朔的小说／何人かの評論家が王朔の小説に注目した」というイベントは「过 guo」を用いてその時間経過という特徴をマークしている。この文は彼らが依然として「注目している」か否かについて言及していないが（「几年来，评论家们一直关注着王朔的小说／数年来、評論家たちはずっと王朔の小説に注目している」とを比較されたい）、もちろん否定もしていない[13]。それは又別の表現レベルの問題である。だが、「过 guo」が時間経過・終結という意味特徴を具え持っているために、それによって表されるイベントも「現在すでにそのようではない」という意味を含意する傾向にある。例えば：

(32)　a　白发 斑斑 的 老校长 参加 过 五四运动。
　　　　　白髪 点々たる （的 de） 老校長 参加する （过 guo） 5.4 運動
　　　　　白髪の老校長は5.4運動に参加したことがある。
　　　b　我 记得 写 信 告诉 过 您 郭辉 考上 大学 的 事。
　　　　　私 覚えている 書く 手紙 教える （过 guo） あなた 郭輝 試験に受かる 大学 （的 de） 事
　　　　　郭輝が大学に合格したことを私があなたに手紙でお伝えしたことがあると記憶しています。
　　　c　十渡 前 几 天 还 淹死 过 游人，万一 出事 呢？
　　　　　十渡 前 いくつ 日 まだ 溺死する （过 guo） 遊覧客
　　　　　十渡では数日前に遊覧客が溺死したことがある。万一事故が起こったらどうするつもりだ。

　上の各例文における「参加／参加する」、「告诉／知らせる」、「淹死／溺死する」等の動詞は「过 guo」を伴ったことによって文が表しているイベントが現在すでにそのようではないということを含意するようになっているが、これは

推論によって文から必然的にでてくる意味ではない。次の２つの文を比較してみよう。

(33) a 去年 春游 去 过 一 次 长城，今年要选另外一个风景区。
<small>去年 春のピクニック 行く （过 guo） 1 回 長城</small>
去年春のピクニックで１度長城に行ったことがあるので、今年は別の景勝地を選ばなければならない。

b 我跟着来到他家，那 虽然 只 来 过 一 次，却是我已经熟悉的房间。
<small>あの 〜ではあるが ただ 来る （过 guo） 1 回</small>
私は彼について彼の家までやってきた。１回しか来たことがないが、私がすでによく知っている部屋だ。

　ａ文の「去过／行ったことがある」は、現在すでにそのようではないし、ｂ文の「来过／来たことがある」は今又来たのである。「过 guo」が現在に与える影響は一種の可能性の影響であって、決して必然的な影響でないことは明らかである。「过 guo」が強調するのは文が単に時間を経過した完結的なイベントを表すということであり、その他の方面の含意は文の各構成部分と共に決定されるのである。

　「过 guo」が表す完結性には付加的なもう１つ特別な意味がある。即ち、文が表すイベントは１回に留まらず重複して発生する可能性がある（しかし必然ではない）ということである。そのため 50 年代に「过 guo」が「未完了反復相」のマーカーであるという見解が一部の研究者から提出されたことがある[14]。例えば例（33）における「去过长城／長城に行ったことがある」、「来过他家／彼の家に来たことがある」が表しているイベントはどちらも完結的なものであり、しかも終結している（「未完了」説は成立し得ない）が、このタイプのイベントの個体量が多数であるという意味を含意している。即ち、当該イベントの集合（set）が含むメンバーは１つだけとは限らないということである。「同学们去长城春游／学生たちが長城にピクニックに行く」、「我来他家／私が彼の家に来る」の発生は１回にとどまらなくてもよい。

　趙元任（1968）は「不定過去態」について検討した際、軽声の「过 guo」は純粋な接尾辞であり、「過去に少なくとも１回はあったことがある」という意味であると述べている。李訥（1983）は「経験相」について検討した際、「过

guo」はそのイベントがある時間に少なくとも1回は経験され、その時間は通常過去であると述べている。

　実際の言語運用では、多数という意味を表すことができない一部の動詞は確かに「过 guo」を伴うことができない。例えば以下の文は通常非文法的だと考えられている。

(34) a ＊张家 的 小三子 去年 长 大 过。
　　　　張家 の 三男 去年 成長する 大きくなる （过 guo）
　　　　張家の三男は去年大きくなったことがある。

　　b ＊李 大爷 小时候 死 过 一 次，后来又活过来了。
　　　　李 伯父 幼少のころ 死ぬ （过 guo） 1 回
　　　　李おじさんは幼少のころ1度死んだことがあり、後に又生き返った。

　　c ＊一九五六年，他 在 北京大学 毕 过 业。
　　　　1956年，彼 で 北京大学 （毕业／卒業する） （过 guo） （毕业／卒業する）
　　　　1956年、彼は北京大学を卒業したことがある。

現代中国語における経験イベントの強調式否定には2種類の形式がある。そのうちの1つは「一次也没（有）V过／1度もVしたことがない」（もう1つの形式は「从来没（有）V过／これまでVしたことがない」）である。例えば：

(35) a 哪一次？你 一 次 也 没 交 过！你为什么不交作文？
　　　　君 1 回 も ～なかった 提出する （过 guo）
　　　　いつですか。君は1度も提出したことがないですよ。君はどうして作文を提出しないのですか。

　　b 我们相处几年，一 次 手 也 没有 握 过。
　　　　1 回 手 も ～なかった 握る （过 guo）
　　　　私たちは付き合って数年になるが、1度も手を握ったことがない。

　　c 可惜 的 是，他 一 次 课 也 没有 给 我 补 过。
　　　　残念だ （的 de） （是 shi），彼 1 回 授業 も ～なかった に 私 補う （过 guo）
　　　　残念なのは、彼が1度も私に補習してくれたことがないことだ。

この種の否定形式の存在は、その意味的基礎として当該イベントの発生が1回にとどまらなくてもよいということを前提（presuppose）している。

　そうではあるが、「过 guo」が含意しているかも知れない多数という意味を

強調しすぎるのもよくないし、「过 guo」のアスペクトの意味を「反復相」として概括してしまうのは更によくない。もちろん、「少なくとも1回は経験された」と規定する必要もない。

その理由は2つある。1つは、「过 guo」が表すのは可能性としての多数であって、必然的な多数ではないということである。例えば：

(36) a 妈妈 再 没 提 过去 爱 过 的 那 个 人。
　　　　お母さん 再び ～なかった 提起する 過去 愛する （过 guo） （的 de） あの （个 ge） 人
　　　　お母さんはむかし愛したことがあるその人のことを2度と口にすることはなかった。

　　b 她 是 教 过 我们 的 所有 老师 里 最 特别 的 一 位。
　　　　彼女 （是 shi） 教える （过 guo） 私たち （的 de） あらゆる 先生 中 最も 特別 だ （的 de） 1 （位 wei）
　　　　彼女は私たちが教わったことがあるすべての先生の中で最も特別な方です。

上の2つの例文に含まれている「妈妈爱过那个人／お母さんはその人を愛したことがある」、「她教过我们／彼女は私たちに教えたことがある」というイベントは、「少なくとも1回は経験された」のように数量によって限定することは困難である。なぜなら「相爱／愛し合う」、「教书／教師をする」という概念は通常回数によって陳述されることがないからである。

もう1つは、イベントは動詞ではなく文によって表されるということである。一部の動詞が表す動作は何回でも発生できるのに、その動詞が用いられた文が表すイベントの方は何回も発生できないことがある。例えば：

(37) a 你 读 过 书，懂得道理，为什么做这种事？
　　　　あなた （读书／学校で勉強する） （过 guo） （读书／学校で勉強する）
　　　　あなたは学校で勉強したことがあって、道理がわかっているのに、どうしてこんなことをしたのですか。

　　b 妈，您 就 没 做 过 女 孩子 吗？
　　　　お母さん，あなた （就 jiu） ～なかった ～になる （过 guo） 女 子ども （吗 ma）
　　　　お母さんも昔は女の子だったんでしょう。

「读／読む」、「做／作る」はどちらも何回でも発生できる動作であるが、

205

「你读过书／あなたは学校で勉強したことがある」、「您做过女孩子／あなたは昔女の子だった」のような文が表すイベントは何回も発生しようのないものである。意味が抽象的で数えようがない場合（例えばa文）もあれば、一生のうちで1回しかない場合（例えばb文）もある。

　以上のような認識から、本稿は「过 guo」の意味を回数の概念によって説明するのではなく、経験における動態の完結的イベントを表す、というふうに概括したのである。

3.4　「过guo」の時間経過性

　時間経過性は「过 guo」の最も重要な意味特徴である[15]。時間経過性は曾然性と呼ぶこともできる。それが指示するのは、ある参照時間において「过 guo」を伴った文がその参照時間の前に発生し且つ参照時間から離脱したイベント、即ち、経験におけるイベントを表す、ということである。

　時間経過性と現実性は異なる。参照時間の前（参照時間を含む）に実現したイベントはすべて現実性を具え持っており、動詞の後に「了 le」を用いてマークする。参照時間の前（参照時間を含まない）に発生し且つ終結したイベントは時間経過性を具え持っており、動詞の後に「过 guo」を用いてマークする。時間経過性の参照時間は通常発話時間である。現実性と時間経過性の時間軸上の期間は次の図に示した通りである。

図5

```
              ▽      ▽  （参照時間）
              t₁     t₂                    T
    过  ─────┐
             │
    了  ─────┴──┐
```

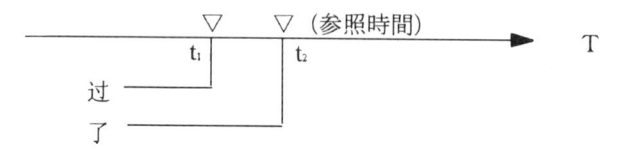

　現実イベント発生の限界点は t_2 であり、経験イベント発生・終結の限界点は t_1 である。「$t_1 - t_2$」は両者の時間差である。次の2つの文を比較してみよう。

(38) a　这 地方 我 住 了 三 年。
　　　　この 場所 私 住む （了 le） 3 年
　　　　この場所に私は3年間住んだ。
　　 b　这 地方 我 住 过 三 年。
　　　　この 場所 私 住む （过 guo） 3 年

この場所に私は3年間住んだことがある。

a文は「了 le」を用いて、ある現実イベントを表している。一方、b文は「过 guo」を用いて、ある経験イベントを表している。両者の時間軸上の表現は次の図に示した通りである。

図6

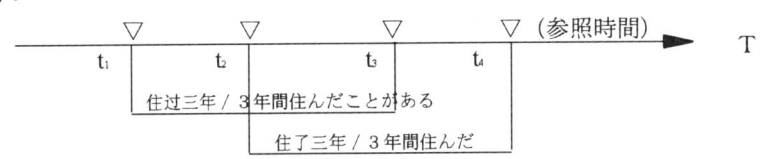

```
         ▽      ▽           ▽           ▽ (参照時間)
─────────┼──────┼───────────┼───────────┼──────────────▶ T
         t₁     t₂          t₃          t₄
         住过三年 / 3年間住んだことがある
                住了三年 / 3年間住んだ
```

t₄は参照時間で、「了 le」が表すイベントは、t₂からt₄まで（3年間）持続する完結的イベントである。文が終結するか否かについては言及しておらず、住み続けるかも知れないし、住み続けないかも知れない。「过 guo」が表すイベントも、t₁からt₃まで（3年間）持続する完結的イベントであるが、そのイベントはすでに終結していて、且つ参照時間t₄から離脱している。

ここで挙げたのは「了 le」が現在における現実を表す場合であるが、「了 le」が過去における現実を表す場合であれば、時間指示的には「过 guo」と非常によく似ている。次の2つの文を比較してみよう。

(39) a 解放前，我在这儿住了三年。
　　　　解放前，私 に ここ 住む （了 le） 3 年
　　　　解放前、私はここに3年間住んでいた。
　　 b 解放前，我在这儿住过三年。
　　　　解放前，私 に ここ 住む （过 guo） 3 年
　　　　解放前、私はここに3年間住んだことがある。

過去の時間を表す「解放前／解放前」という語句の出現により、2つの文が表しているのはどちらも過去に発生し且つ終結したイベントである。2つの表現は時間軸の上で重なり合っていると見なされる。例えば：

図7

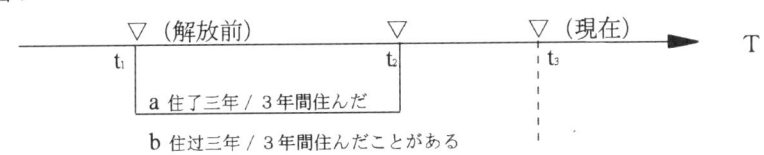

```
         ▽ (解放前)              ▽           ▽ (現在)
─────────┼──────────────────────┼───────────┼──────────────▶ T
         t₁                     t₂          ┊ t₃
           a 住了三年 / 3年間住んだ
           b 住过三年 / 3年間住んだことがある
```

207

正に、過去のイベントを表す「了 le」と「过 guo」が時間指示的に重なり合うという意味において、両者は互換可能な場合がある。例えばa文の「了 le」は「过guo」に、b文の「过guo」は「了 le」にそれぞれ置き換え可能である。次の各例文における「了 le」と「过 guo」は時間指示という点で互換可能である。

(40) a 奥斯汀 生前 只 发表 过 七 篇 文章。
オースチン 生前 ただ 発表する (过guo) 7 篇 論文
オースチンは生前7本しか論文を発表しなかった。

b 这些 被褥，房东 只是 在 结婚 时 盖 过 一 次。
これら 布団，家主 ただ～だけだ に 結婚する 時 掛ける (过guo) 1 回
これらの蒲団は、家主が結婚したときに1回使っただけだ。

c 从 镜子 里，我 看出 上次 染 了 的 头发，已然 露出 了 白 根。
から 鏡中，私 見つける 前回 染める (了 le) (的 de) 髪，すでに 現れる (了 le) 白い 根
鏡を見ると、この前染めた毛の根元がもう白くなっているのがわかった。

d 是呀！我小时候，就由于太认真，还 挨 了 爷爷 的 一 顿 揍 呢！
また 受ける (了 le) お祖父さん の 1 (顿／動作の回数を表す量詞) おしおき (呢 ne)
そうなんです。私は幼いころ、真面目過ぎたために、お祖父さんのおしおきにまで遭ったんですよ。

だが、互換後の文の意味内容が同じわけではない。「过 guo」はイベントの時間経過性を強調し、「了 le」はイベントの現実性を強調する。両者は中国語のアスペクト範疇の体系における地位が異なるのである。例(39)のイメージ図（図7）を見ると、「过 guo」と「了 le」は時間指示的に重なり合っているが、参照時間が異なっている。「住过三年／3年間住んだことがある」の参照時間は現在（t₀）であることから、b文が表すイベントは時間経過という特徴を具え持っている。一方、「住了三年／3年間住んでいた」の参照時間は「解放前」（t₁t₂）であることから、a文が表すイベントは（過去における）現実という特徴を具え持っている。従って、過去のイベントを現実描写する文では、

「了 le」のみ使用可能で、「过 guo」は使用不可能である。次の例文における「了 le」はどれも「过 guo」に置き換えることができない。
(41) a 那 天 晚上, 她 和 几 个 狂热 崇拜 诗人 的 女 同学 敲 响 了 诗人 的 房门, 受到 了 诗人 热情 的 接待。
あの 日 夜, 彼女 と いくつ (个／量詞) 狂熱だ 崇拜する 詩人 (的 de) 女 学生 ノックする 音がする (了 le) 詩人 のドア, 受ける (了 le) 詩人 親切だ (的 de) 接待

その日の夜、彼女と熱狂的に詩人を崇拝している何人かの女学生たちが詩人宅のドアをノックし、詩人の心のこもったもてなしを受けた。
b 那 一 次, 我 丢掉 了 会计 职务, 却 意外 地 获得 了 爱情。
あの 1 回, 私 なくしてしまう (了 le) 会計 職務, ところが 以外だ (地 de) 手に入れる (了 le) 愛情

そのとき、私は会計の職務をなくしてしまった代わりに、意外にも愛情を手に入れたのだった。

「过 guo」は時間経過性という特徴から、終結したイベントを表す。一方、「了 le」はイベントが既に実現したという現実の特徴を強調するだけで、決して必然的に終結の意味を含意するわけではない。次の2つの文を比較すると、両者が意味的に明らかに異なることがわかる。
(42) a 李洋 去 过 北京。
李洋 行く (过 guo) 北京
李洋は北京に行ったことがある。
b 李洋 去 了 北京。
李洋 行く (了 le) 北京
李洋は北京に行った。

正に多くの研究文献が指摘しているように、a文の含意は、李洋が北京におらず、イベントが既に終結しているということであり、b文の含意は、依然として北京にいる[16] (或いは北京に行く途中である。「了 le」自体が目指すゴールを明示するわけではない。例えば「李扬打了他, 但当没打着／李洋は彼を殴ろうとしたが、当たらなかった」) ということである。このような差異は過去の時間を表す語句の出現によって解消されるものではない。

(43) a 小 时候，李洋 去 过 北京。
　　　　幼い頃，李洋 行く （过 guo） 北京
　　　　幼い頃、李洋は北京に行ったことがある。
　　b 小 时候，李洋 去 了 北京。
　　　　幼い頃，李洋 行く （了 le） 北京
　　　　幼い頃、李洋は北京に行った。

　a文は「小时候／幼い頃」発生し且つ既に終結したイベントを表しており、李洋は（今）北京にいない。一方b文は「小时候／幼い頃」実現した現実のイベントを表しており、李洋はまだ北京にいるかもしれない。このような意味上の区別は次の文では中和される。

(44) a （小 时候，）李洋 去 过 一 次 北京。
　　　　（幼い頃，）李洋 行く （过 guo） 1 回 北京
　　　　（幼い頃、）李洋は1度北京に行ったことがある。
　　b （小 时候，）李洋 去 了 一 次 北京。
　　　　（幼い頃，）李洋 行く （了 le） 1 回 北京
　　　　（幼い頃、）李洋は1度北京に行った。

　計数語の「一次／一度」が割り込んだことによって、両文が表すイベントはどちらも既に終結しており、李洋は現在北京にいないという含意を推論することができる。だが、「过 guo」が表すのは時間経過という意味での終結であり、「了 le」が表すのは過去のおける現実という意味での終結なのである。

注

1） 陳平「論現代漢語時間系統的三元結構造／現代中国語における時間体系の3元構造」は次のように指摘している。「単変」タイプのイベントの発生と終結はどちらも一瞬のことで、時間軸上の開始点と終結点はほぼ重なっている。『中国語文』1988年第6期参照。

2） B.Comrie. *Aspect* では、2つの英語の例文を挙げて、主語の数が瞬間動詞の使用に与える影響を説明している（Cambridge University Press 1976, 43頁）
　　a.? (at this point) John is reaching the summit.

（この瞬間）ジョンは頂上に到着しつつある。、

　　b.The soldiers are already reaching the summit.
　　兵士たちはもう頂上に到着しつつある。
3）馬希文「北京方言里的"着"／北京方言の中の『着 zhe』」、『方言』1987 年第 1 期参照。
4）G.Leech, *Semantics*, 169 頁。中訳本 238 頁。
5）劉寧生「論"着"及其相関的両個動態範疇／『着 zhe』とそれに関連する 2 つの動態範疇」の考察によると、「着 zhe」は状態の持続と動作の進行を表すことができ、「着 zhe」を伴ったときに両者の対立的差異がはっきり現れるのは「放置」という上位概念を具え持った動詞である。『語言研究』1985 年第 2 期参照。
6）範方蓮「存在句／存在文」の説明によると、「着 zhe」を伴った存在文の形式は「場所詞＋動詞「着 zhe」＋数量名の組み合わせ」である。『中国語文』1963 年第 1 期参照。
7）李臨定『現代漢語句型／現代中国語の文型』第 10 章「存在の文型」における関連記述参照。商務印書館出版。
8）注 6）と同じ。
9）于根元「関於動詞后附"着"的使用／動詞に後続する『着 zhe』について」、『語法研究和探索（一）／文法研究と探求（1）』117 頁参照。北京大学出版社出版。
10）劉寧生『論"着"／『着 zhe』について』タイプ原稿。55 頁。
11）黎錦熙『新著国語文法』(1955 年校訂本) は「过 guo」について言及している。だが、著者は「过 guo」を過去の時間を表す副詞と見なし、「已经／すでに」、「已然／すでに」、「曾经／かつて」、「早就／とっくに」、「向来／これまで」、「刚才／さっき」、「完／終わる」等とあわせて論じている。このようにすると、「过 guo」が表すアスペクトの性質は希薄化してしまう。
12）俞敏（1954）、陸宗達等（1954）114 頁、張秀（1957）160 頁は「过 guo」を「経験相」の語尾と考えている。ドラゴノフ（1952）129 頁、ヤーホントフ（1957）126 頁は「过 guo」を「不定過去時」の形態と考えている。伊三克等編著『華語課本／中国語教科書』201 頁は「过 guo」を「未完了－反復相」のマーカーと考えている。

13) それは次のような文がありうるからである。「几年前，几位新潮评论家就特别关注过（现在仍然关注着）王朔的小说／早くも数年前に、何人かのニューウェーブ評論家が王朔の小説に特に注目したことがある（そして今でも注目している）。」
14) 注12) 参照。
15) 幾つかの研究報告の命名からも「过 guo」の時間経過性という特徴が分かる。ヤーホントフ『漢語的動詞範疇／中国語の動詞範疇』は「过 guo」を「不定時過去」（tense）と呼び、趙元任『漢語口語語法／中国語口語文法』は「不定過去態」（aspect）と呼んでいる。
16) 張暁鈴（1986）、孔令達（1986）、劉月華（1988）等における関連記述参照。李訥（1983）『漢語語法／中国語文法』208頁の記述も参照。台湾文鶴出版有限公司。

原文：「動詞后"着"和"過"的語義分析」，胡裕樹、範暁主編『動詞研究』，河南大学出版社，1995年

9 「着」の意味構造及びその文法的意味

張黎 著
于康／伊藤さとみ 訳

0 はじめに
統語的分布から見れば、「着 zhe」には主に次のような形式がある[1]。

1) Ｖ着
2) ＳＶ着
3) Ｓ₁Ｓ₂Ｖ着
4) ＳＶ着Ｏ
5) ＳＶ₁着Ｖ₂Ｏ
6) ＳＶ₁着（Ｏ）Ｖ₂
7) ＳＶ₁着Ｖ₁着，（Ｓ）Ｖ₂
8) Ｖ着Ｘ

統語的分布は言語単位の重要な属性の1つである。言語単位の内在的構造を明らかにするためには、統語的分布からさらに言語単位の意味構造を記述しなければならない。本稿は、上述の「着 zhe」の統語的分布に基づき、「着 zhe」が置かれる意味コンテクストを検討し、さらに「着 zhe」の文法的意味をまとめ、それに関連する現象をも検討するものである。

1 「着zhe」の意味構造
1.1 Ｖ着
「Ｖ着」が「着 zhe」のもっとも簡単な形式である。これは単独で文として用いられる場合、一般に「Ｖ着」は願望・命令文になる。例えば：

（1）听 着！
　　　聞く　（着 zhe）
　　　聞いていなさい。
（2）躺 着！
　　　横たわる　（着 zhe）
　　　横になりなさい。

213

この種の文は、ある状態になること、或いはある状態を保つことを求めることを意味し、次のような拡張形式がある。
　　（3）听 着 点儿！
　　　　　聞く　（着 zhe）　少し
　　　　ご留意下さい。
　　（4）想 着 点儿！
　　　　　考える　（着 zhe）　少し
　　　　心がけてください。
　　（5）看 着 点儿！
　　　　　見る　（着 zhe）　少し
　　　　見張ってください。
　　（6）学 着 点儿！
　　　　　学ぶ　（着 zhe）　少し
　　　　まねてください。
　拡張形式を持つ「V着」における「V」は、「听／聞く、看／見る、想／考える、学／学ぶ、拉／引っ張る、扶／支える、拽／牽く」などのように、一般に均質的状態を備えた動作を指す。これに対し、非均質的状態の動作はそのような拡張形式を持たない。例えば：
　　（7）躺 着 点儿（×）
　　　　　横たわる　（着 zhe）　少し
　　　　横になって下さい（×）
　　（8）吃 着 点儿（×）
　　　　　食べる　（着 zhe）　少し
　　　　食べてください（×）
　　（9）踢 着 点儿（×）
　　　　　蹴る　（着 zhe）　少し
　　　　蹴ってください（×）
　　（10）打 着 点儿（×）
　　　　　打つ　（着 zhe）　少し
　　　　打ってください（×）
　「躺／横たわる、吃／食べる、踢／蹴る、打／打つ」類の動作は、行われる

過程において、その動作に質的変化が生じている。
　拡張形式を持つ「Ｖ着」は、ある状態を保つことを求めるものであるのに対し、拡張形式を持たない「Ｖ着」はある状態になることを求めるものである。

1.2　ＳＶ着

　「ＳＶ着」は具体的に次のように分類することができる。例を見てみよう。

　　　　　　　　　Ａ
(11) 交通艇 向 前 疾驶 着。
　　　交通艇 に向かって 前 疾駆する　（着 zhe）
　　　交通艇が前に向かって疾駆している。
(12) 汽车 在 公路 上 飞奔 着。
　　　車 で 道路 上 疾走する　（着 zhe）
　　　車が道路を疾走している。
(13) 东郭 先生 在 路 上 走 着。
　　　東郭 さん で 道路 上 歩く　（着 zhe）
　　　東郭さんは道を歩いている。

　　　　　　　　　Ｂ
(14) 灯笼 在 那儿 挂 着。
　　　提灯 に あそこ 掛ける　（着 zhe）
　　　提灯があそこに掛けてある。
(15) 菜 在 桌子 上 摆 着。
　　　おかず に テーブル 上 並べる　（着 zhe）
　　　おかずがテーブルの上に並べてある。
(16) 花 在 花瓶 里 插 着。
　　　花 に 花瓶 中 差し込む　（着 zhe）
　　　花が花瓶に差し込んである。

　Ａ類は、ＳとＶの間に「動作主―動作」という意味関係が存在しており、その文全体が動態的特徴を呈しているので、動態文と見なしてもよい。それに対し、Ｂ類は、ＳとＶの間に直接的な意味選択関係が存在しておらず、文全体が静態的特徴を呈しているので、静態文と見なしてもよい。

従って、A類の意味構造は、「動作主―動作」の状態の現れ（動態文）と記述することができ、B類の意味構造は、主体がある状態に置かれている（静態文）と記述することができる。

1.3 S_1S_2V着

例を見てみよう。
  （17）汽車 門 开 着。
    車　ドア　開く　（着 zhe）
    車はドアが開いている。
  （18）大门口 灯 亮 着。
    玄関口　灯り　つく　（着 zhe）
    玄関は灯りがついている。
この種の文の意味構造は、ある場所―ある出来事、である。
 （17）の「汽車／車」は広義的場所と解釈することができる。なぜなら、この種の文において、S_1とS_2の間には必ず包含関係がある、即ちS_1がS_2を含んでいるからである。よって、次のような変換形式が成り立つ。
  （19）汽车 的 门 开 着。
    車　の　ドア　開く　（着 zhe）
    車のドアが開いている。
  （20）大门 口 的 灯 亮 着。
    玄関口　の　灯り　つく　（着 zhe）
    玄関の灯りがついている。
しかし、変換前と変換後の文では、機能が異なる。変換前では場所を表す語句が話題であるが、変換後では場所を表す語句が話題でなく、場所を表す語句によって修飾される出来事が話題となる。また、変換前では出来事が題述であるが、変換後では出来事の中の状態が題述となる。
 一方、この種の形式の意味構造は、ある場所―ある出来事、であるので、出来事の主体が後に出現してもよい。すると、次のような形式になる。
  （21）汽车 开 着 门。
    車　開く　（着 zhe）　ドア
    車はドアが開いている。

(22) 大門 口 亮 着 灯。
　　　　玄関　口　つく　（着 zhe）　灯り
　　玄関は灯りがついている。
　ただし、変換前と変換後の文では、機能が異なる。変換前では、意味の中心は出来事の状態にあるが、変換後では、意味の中心は出来事の主体にある。

1.4　ＳＶ着Ｏ

　意味的には、「ＳＶ着Ｏ」は次のように下位分類することができる。

　　　　　　　　　　Ａ
(23) 大家 唱 着 歌。
　　　　みんな　歌う　（着 zhe）　歌
　　皆さんは歌を歌っている。
(24) 妈妈 读 着 信。
　　　　お母さん　読む　（着 zhe）　手紙
　　お母さんは手紙を読んでいる。

　　　　　　　　　　Ｂ
(25) 屋 里 开 着 会。
　　　　部屋　中　開く　（着 zhe）　会議
　　部屋の中には会議が開かれている。
(26) 外面 下 着 雨。
　　　　外　降る　（着 zhe）　雨
　　外は雨が降っている。

　　　　　　　　　　Ｃ
(27) 台 上 坐 着 主席团。
　　　　ステージ　上　座る　（着 zhe）　議長団
　　ステージには議長団が座っている。
(28) 床 上 躺 着 三 个 人。
　　　　ベッド　上　横たわる　（着 zhe）　3　個　人
　　ベッドには3人が横たわっている。

A類は、ＳＶＯの意味関係が「動作主―動作―被動作主」であり、動態性が強い。それに対し、Ｂ類におけるＳＶＯの意味関係は「場所を表す語句―自動詞的動作―動作主」であり、Ｃ類におけるＳＶＯの意味関係は「場所を表す語句―動作―主体」である。Ｂ類もＣ類も静態文である。

1.5　ＳＶ₁着Ｖ₂Ｏ

まず例を見てみよう。

(29) 小王 蹲 着 吃 饭。
　　　王くん しゃがむ （着 zhe） 食べる ご飯
　　王くんはしゃがんでご飯を食べる。

(30) 小李 躺 着 看 书。
　　　李くん 横たわる （着 zhe） 見る 本
　　李くんは横たわって本を読む。

言うまでもなく、意味上、Ｖ₁はＶ₂の状態を表す（動作の様式も状態の抽象的な形式の１つと見なされ得る）。この種の形式におけるＶ₁とＶ₂は必ず形態が異なり、しかもＶ₁がほとんど拡張形式を持たないのに対し、Ｖ₂はかなり自由な拡張形式を持っている。例えば：

(31) 李明 眼看 着 被 那 个 人 抢 走 了 钱包。
　　　李明 この目で見る （着 zhe） ～される あの （个 ge） 人 奪う いく （了 le） 財布
　　李明は目の前で自分の財布をあの人に奪われてしまった。

(32) 小王 笑 着 把 小李 推 到 了 旁边。
　　　王くん 笑う （着 zhe） （把 ba） 李くん 押す 到る （了 le） 横
　　王くんは笑いながら、李くんを横に押した。

即ち、Ｖ₂は構造の中心であり、Ｖ₁は意味の中心である。

1.6　ＳＶ₁着（Ｏ）Ｖ₂

例を見てみよう。

A

(33) 他 抓 着 我 的 手 不 放。
　　　彼 つかまる （着 zhe） 私 の 手 ～ない 離す
　　彼は私の手を握ったままで手放さない。

(34) 我们 租 着 房子 住。
　　　私たち 賃貸する （着 zhe） 部屋 住む
　　　私たちは部屋を借りて住む。

　　　　　　　　　B
(35) 他 按 着 爸爸 的 话 做。
　　　彼 従う （着 zhe） お父さん の 話 する
　　　彼はお父さんの話に従ってする。
(36) 我 顺 着 河边 走。
　　　私 沿う （着 zhe） 川辺 歩く
　　　私は川辺に沿って歩く。

A類ではOが省略でき、省略された後の形式は1.5の形式と同じである。B類ではV₁はV₂の様式であり、様式も1種の抽象化された状態である。

1.7 S V₁着V₁着,（S）V₂

例を見てみよう。
(37) 小王 说 着 说 着, 就 掉 下 了 眼泪。
　　　王くん 話す （着 zhe） 話す （着 zhe），（就 jiu） 落ちる くる （了 le） 涙
　　　王さんは話しているうちに、涙がこぼれてきた。
(38) 孩子 听 着 听 着, 就 睡 着 了。
　　　子供 聞く （着 zhe） 聞く （着 zhe），（就 jiu） 眠る （着 zhao） （了 le）
　　　子供は聞いているうちに、眠ってしまった。

意味上、V₁はV₂に付随する状態であり、場合によっては、1つの「V₁着」を省くこともできる。例えば：
(39) 小王 说 着, 就 掉 下 了 眼泪。
　　　王くん 話す （着 zhe），（就 jiu） 落ちる くる （了 le） 涙
　　　王さんは話しているうちに、涙がこぼれてきた。

1.8 V着X

例を見てみよう。
(40) 躺 着 舒服, 站 着 不 舒服。

横たわる （着 zhe） 気分がいい, 立つ （着 zhe） ～ない 気分がいい
横になっていると気分がいいが、立っていると気分が悪くなる。
(41) 看 着 好看, 用 着 却 不 方便。
見る （着 zhe） 格好がいい, 使用する （着 zhe） かえって ～ない 便利だ
見た目は格好がいいが、使うとかえって不便だ。

この種の文では「V着」は、実際には条件を表す。即ち1種の状態が存在するという条件である。よって、次のような変換ができる。

(42) 躺 着（的话）舒服, 站 着（的话） 不 舒服。
横たわる （着 zhe）（ならば）気分がいい, 立つ （着 zhe）（ならば）～ない 気分がいい
横になっていれば気分がいいが、立っていれば気分が悪くなる。

(43) 看（的话）好看, 用（的话）却 不 方便。
見る （ならば）格好がいい, 使用する （ならば）かえって ～ない 便利だ
見れば格好がいいが、使えばかえって不便だ。

この種の文では、Xは実際にはある種の主観的評価である。よって、次のような言い方ができる。

(44) 我 认为, 躺 着 舒服, 站 着 不 舒服。
私 思う, 横たわる （着 zhe） 気分がいい, 立つ （着 zhe） ～ない 気分がいい
私は、横になっていると気分がいいが、立っていると気分が悪くなると思う。

これは1つの評価文である。即ち条件とされる状態を評価するのである。その意味構造は、「状態条件—評価」、である。

「着 zhe」の各形式における意味特徴をまとめると、次の表のようになる。

形式	「着 zhe」の意味特徴
V着	ある状態になる或いはある状態を保つ
SV着	主体がある状態を呈する
S₁S₂V着	ある場所にある状態が存在する
SV着O	主体がある状態に置かれている
SV₁着V₂O	動作の状態
SV₁着（O） V₂	抽象的な状態（様式）
SV₁着V₁着,（S）V₂	付随する状態
V着X	状態の評価

上掲の表から分かるように、「着 zhe」はある種の状態を表すものである。この状態は異なる文の形式において異なるパターンを呈しているので、その異なるパターンを状態の変異体とする。

2　動作の３種類のパターン

意味上、動作には３種類のパターンがある。図示すると、次のようになる。

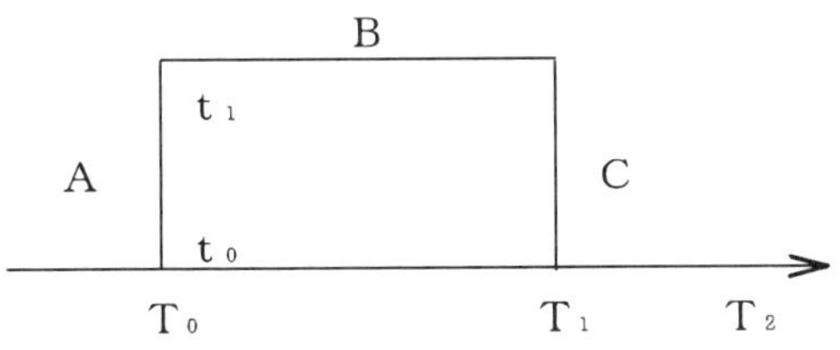

Ｔ類は動作の外部時間、即ち時間軸に現れる動作の属性を表す。ｔ類は動作の内部時間を表す。

Ａパターンは、開始から完結までが瞬間的に完結する動作、即ち$t_0 = t_1$を指す。このパターンの動作は動詞の原形で表すことができる。例えば：

到／到る、定／決める、死／死ぬ、胜／勝つ、败／負ける、灭／消す、断／断つ、来／来る、丢／なくす、摔／倒れる、塌／崩れる、

通过／通過する、粉碎／砕く、俘虏／捕虜にする、投降／投降する、逮捕／逮捕する、原谅／許す、到达／到着する、取消／取り消す、完成／完成する、接受／受け入れる

Ｃパターンは、動作が一定の時間を経過した後に完結することを指す。この種の完結は様々な形式で表現することができる。

１）動作の「アスペクト」

例えば：吃了吃　／食べてみた（試行相）

吃过／食べたことがある（経験相）

吃了／食べた（完了相）等々

２）各種の「動詞＋補語」構造

例えば：吃饱（了）／いっぱい食べる（た）

喝醉（了）／酔っぱらう（た）

　　　　　打坏（了）／壊す（た）　等々
　3）各種の数量を表す目的語
　　　例えば：時間量を表す目的語
　　　　　　　看一小时／１時間見る、睡十分钟／10分眠る
　　　　　動作量を表す目的語：
　　　　　　　去一趟／１回行く、来两次／２回来る
　　　　　名詞量を表す目的語：
　　　　　　　洗一件衣服／服を１着洗う、买一本书／本を１冊買う
　Aパターンの動作とBパターンの動作はいずれも変化を有するものである。即ち、T_0からT_1までに、動作にパターンの変化が生じるのである。異なるのは、Aパターンが$t_0 = t_1$、Bパターンが$t_0 \neq t_1$という点である。

　動作の第3種類のパターンは、動作がある種の均衡的で変化しない形で持続・進行することを指す。その典型的な標識が「着 zhe」である。即ちもし１つの動作が「着 zhe」を伴うとすれば、その動作はある種の均衡的で変化しない持続状態に置かれていることを表すことになる。動作のこの種のパターンを動作の「状態」と呼ぶ。

　従って、「状態」は、AパターンやBパターンとは異なるのである。これはそれらが「着 zhe」と共起するか否かということからもわかる。Aパターンの動作はいずれも「着zhe」を伴うことができない。例えば：
　　　　　到着（×）　　死着（×）　　胜着（×）　　丢着（×）
　　　　　通过着（×）　逮捕着（×）　到达着（×）　取消着（×）
　Cパターンの各種の文法形式も「着 zhe」を伴うことができない。例えば：
　　　　　吃着吃（×）　　　吃着过（×）　　　　吃着了（×）
　　　　　吃饱着（×）　　　喝醉着（×）　　　　打坏着（×）
　　　　　看着一小时（×）　谁着十分钟（×）　　去着一趟（×）
　　　　　来着两次（×）　　买着一件衣服（×）　写着两篇文章（×）
　一方、Cパターンの各種の文法形式は互いに比較的自由に共起することができる。例えば：
　　（45）唱 了 起来 ／ 唱 起来 了
　　　　　歌う　（了 le）　はじめる　／　歌う　はじめる　（了 le）
　　　　　歌いはじめた／歌いはじめた

(46) 写 了 下去 ／ 写 下去 了
　　　　書く　（了 le）　いく　／　書く　いく　（了 le）
　　　　書き続けていった／書き続けていった
(47) 去 过 了
　　　　行く　（过 guo）　（了 le）
　　　　行きました
(48) 吃 了 吃
　　　　食べる　（了 le）　食べる
　　　　食べてみた
(49) 写 了 三 篇 文章 ／ 写 三 篇 文章
　　　　書く　（了 le）　3　篇　文章　／　書く　3　篇　文章
　　　　文章を3編書いた／文章を3編書く
(50) 看 了 一 小时 ／ 看 一 小时 了
　　　　見る　（了 le）　1　時間　／　見る　1　時間　（了 le）
　　　　1時間見た／見てから1時間になる
(51) 去 了 三 次 ／ 去 三 次 了
　　　　行く　（了 le）　3　回　／　行く　3　回　（了 le）
　　　　3回行った／3回も行った
(52) 吃 饱 了 ／ 喝 足 了
　　　　食べる　お腹がいっぱい　（了 le）　／　飲む　足りる　（了 le）
　　　　お腹いっぱい食べた／いっぱい飲んだ

　当然、動作のCパターンを表す文法形式は、必ずしもすべて互いに自由に共起することができるものではなく、いくつかの選択制限の規則がある。そうであっても、上述の共起できる例から、Cパターンの動作を表す文法形式はいずれも同一範疇に属するものであり、一方「着 zhe」はそれらと異なるものであることが明らかである。

3　「状態」、「進行」、「持続」の異同

　「状態」、「進行」、「持続」の3者は意味が比較的近いが、区別しなければならない概念である。
　この3つの概念がしばしば混同して使われるのは、それらがいずれも時間軸

223

上における動作の存在様式を表しているからである。この３者の違いは、「状態」は１種の均質的で変化のない存在様式であるのに対し、「進行」は、外力の作用で動作がある時点において変化していることを指すので、非均質的であること、そして、「持続」は、外力の作用で動作がある時点から他の時点へ移動することを指す、という点である。

この３つの概念は、意味特徴のマトリックスで表すことができる。

$$\text{状態} \begin{bmatrix} +均質 \\ 時間量 \\ -外力 \\ 描写 \\ 静態 \end{bmatrix} \quad \text{進行} \begin{bmatrix} -均質 \\ 時点 \\ +外力 \\ 叙述 \\ 動態 \end{bmatrix} \quad \text{持続} \begin{bmatrix} \pm均質 \\ 時間方向 \\ +外力 \\ 叙述 \\ 動態 \end{bmatrix}$$

即ち、この３つの概念はすべて客観的な時間軸における動作の延長される様式を含んでいるが、それぞれの内部のパターンと観察の視点が異なるので、異なる範疇を形成しているのである。

動作内部のパターンから見れば、状態は、１種の均質的なパターンであり、変化せず、パターンの変換もないが、進行は、１種の非均質的なパターンであり、随時に変化し得、しかも変化後にパターンの変換があるのに対し、持続は、均質的である場合もあれば、非均質的である場合もある。一方、状態は外力と直接に関係しないので、動作主が現れなくてもよい。しかし、進行と持続は外力の維持を必要とするので、意味的には強制的に動作主が必要である。次の例を比較してみよう。

 a 墙 上 挂 着 画儿。   （動作主が必要でない）
   壁　上　掛ける　（着 zhe）　絵
   壁に絵が掛けてある。
 b 小王 看 书 呢。   （動作主が必要）
   王くん　見る　本　（呢 ne）
   王くんは本を読んでいる。
 c 他 哭 了 下去。   （動作主が必要）
   彼　泣く　（了 le）　いく

彼は泣き続けている。

aは動作主がなくても、自然な文になるが、bとcは動作主がなければ、非文となる。例えば：

　b' 看　书　呢。（×）
　　　見る　本　（呢 ne）
　　本を読んでいる。
　c' 哭　了　下去。（×）
　　　泣く　（了 le）　いく
　　泣き続けている。

時間の属性から見れば、動作の状態は1種の「量」の特徴を呈している。即ち：

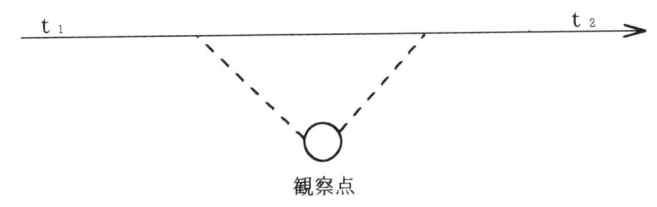

破線は、観察点から見れば、動作の状態がいつ始まり、いつ完結するかが分からない、即ち状態の時間はその始点を計ることもできなければ、その終点を計ることもできない、ということを表す。これは1種の客観的な時間量である。

時間の属性から見れば、動作の進行は1種の「点」の特徴を呈している。即ち：

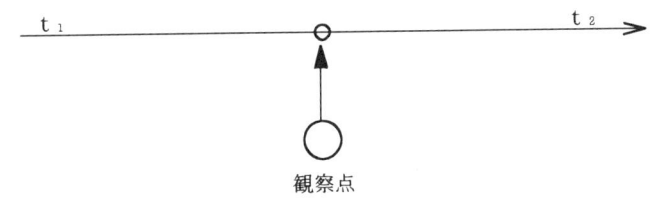

実線は、動作の「進行」と観察点とが同時に出現するという関係にある、即ち「進行」が常に1つの観察点を伴っており、現在、過去、未来を問わず、「進行」はいつもこの時点に対応していることを表す。「進行」のこのような時間属性を「即時性」と呼ぶ。即ちこの時刻またはある時刻において、ある動作が進行中だということである。従って、「進行」の即時的状態は人間のある種の

主観的切り込み、つまり「進行」の時点属性はある種の主観的時点なのである。これは次の例から伺える。

(53) 那 段 时间, 我 正 谈 恋爱 呢, 没 时间 学习。
　　　　　その　一区切り　時間，僕　ちょうど～ている　話す　恋愛　　（呢ne），～なかった
　　　　　時間　勉強する

　　　その時、僕はちょうど恋愛中だったので、勉強する時間がなかった。

「谈恋爱／恋愛をする」は一定の時間が必要であり、客観的には時間量或いは時間幅であるが、話し手は、「正…呢／ちょうど～ている」を通してそれを時点化させているのである。「進行」のこのような主観的時間属性は次の現象を説明することもできる。

(54) 他 正 站 着 说 话 呢。
　　　　彼　ちょうど～ている　立つ　（着 zhe）　話す　話　（呢 ne）

　　　彼は立って話をしているんだ。

「正…呢／ちょうど～ている」は「現在進行中」を表し、「着 zhe」は「站／立つ」の状態を表す、つまり「現在進行中」の中に動作の状態が含まれている。合理的な解釈は、「正…呢／ちょうど～ている」は話し手の「現在」という時点における動作の客観的な状態に対する１つの切り込み、或いは主観が客観に対して行った１つの選択を表している、というしかないであろう。

時間の属性から見れば、「持続」は、１種の時間方向的特徴を呈している。即ち：

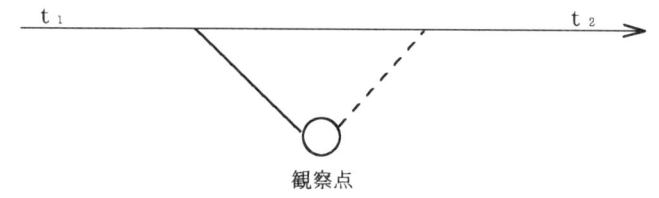

観察点

実線は、観察者にとって、「持続」する時間の始点が既知であることを表し、破線は完結点が未知であることを表す。これは１種の客観的な時間方向である。

外部の特徴から見れば、「進行」と「持続」は動態的行為であり、それに対し「状態」は静態的パターンである。

話し手にとっては、「進行」と「持続」は叙述の傾向があり、「状態」は描写の傾向がある。実は、叙述と描写とは言語使用者のある種の主観的意図であ

り、さらに掘り下げなければならない意味概念である。

4 「アスペクト」について

　中国語の「アスペクト」の問題は未だによい解決方法が見つかっていない。その根本的な原因は、「アスペクト」の理論に対する理解にズレが存在するからである。伝統的な、素朴な理解としては、「アスペクト」は統語範疇のものであり、言語が異なっても、大体同じような「アスペクト」を有するはずであると考えられてきた。

　実際には、2つの概念を区分すべきである。1つは、統語レベルの「アスペクト」であり、もう1つ意味レベルの「アスペクト」である。だが、伝統的な「アスペクト」に対する理解は、一般に統語レベルものに限られ、しかも中国語学界はいつも屈折言語の「アスペクト」に照らしながら、中国語の「アスペクト」を決めることに慣れている。

　しかし、筆者は、統語レベルの「アスペクト」は、形式からしても、内容からしても、民族性を有しており、いずれも意味レベルの「アスペクト」がその言語の統語レベルに反映された部分なのであり、真に普遍性を備えるのは意味レベルの「アスペクト」である、と思う。

　意味レベルから言えば、「アスペクト」は動作の状態である。そして、動作の異なる状態は異なる「アスペクト」のベースである。形態を中心とする伝統的な文法研究では「アスペクト」は統語範疇のものと見なされてきた。これは間違ってはいないが、これだけでは不十分であろう。形態表現の豊かな言語は形態変化によって一部の動作の状態を表し、統語レベルの「アスペクト」を形成するが、必ずしもすべての言語が同様な統語的手段で同様な動作の状態を引き出し、同様な統語範疇（アスペクト）を形成するものではない。また必ずしもすべての動作状態があらゆる言語において同様な形式で統語レベルに繰り上げられるのでもない。よって、合理的な説明は次のようになるであろう。

　異なる言語は異なる形式で異なる動作状態を表現する。異なる言語では、統語レベルに繰り上げられ、なおかつ最終的に統語範疇を形成する動作状態は必ずしも同じものではない。従って、異なる言語における統語レベルの「アスペクト」はその内包が異なり得る。

　もちろん、これは、異なる言語間で同様な動作状態に共通する制約がないと

いうのではなく、異なる言語は同様な動作状態に対して異なる言語手段で表現することができるということである（Ａ言語では統語的手段が用いられるのに対し、Ｂ言語では語彙の手段が用いられる可能性がある。またＡ言語では文法的手段が用いられるのに対し、Ｂ言語では意味レベルに止まる可能性もある）。これが所謂「文法化」の過程である。

　この問題を理解するため、いくつか簡単な例を挙げ、説明を加えたい。

　例えば、「存在」のような常識的範疇はすべての民族が直面するが、中国語の場合は、「有／ある、いる」１つで表現し、日本語の場合は、人を表すものと物を表すものの２つがある。

　（55）教室に学生が15人いる。
　　　　教室里有十五个学生。
　（56）教室に机が３つある。
　　　　教室里有三张桌子。

中国人も日本人も同様な「存在」という世界に直面している。しかし、日本人は言語において物事の存在と人間の存在を表す表現を分化させ、独特な統語範疇を形成している。

　また、例えば、同じ人の主観的願望であっても、中国語では「想／～たい、～たがる」１つが用いられるが、日本語では人称によって異なる統語形式が用いられる。例えば：

　（57）私は海水浴に行きたい。
　　　　我想去洗海水浴。
　（58）王くんは海水浴に行きたがる。
　　　　小王想去洗海水浴。

例に示されているように、同じ心理の願望であっても、中国語では１つの語彙によって表現されているのに対し、日本語では人称により異なる２つの形式を用いて表現されている。

　更に、例えば、同じ「状態」を表しても、中国語では「着 zhe」１つが用いられるが、日本語では「状態」の種類によって、異なる「状態」表現が分化され用いられる。

　（59）小王躺着。
　　　　王くんは横たわっている。（動作持続状態）

(60) 书在桌子上放着。
　　　本は机の上に置いてある。（物の存在状態）
(61) 墙上挂着画儿。
　　　壁に絵が掛けてある。（動作結果の存在状態）
　　　壁に絵が掛かっている。

　これに類似する現象は、言語の比較研究（外国語との比較、方言との比較、古代、近代中国語との比較を含む）においてよく見かけるものである。上述の現象だけでも、言語の対象が意味を通して統語範疇、統語関係、統語構造に引き出される際、民族によって用いられる方略が必ずしも同じではなく、引き出される統語的内容も必ずしも同じではない、ということをすでに十分に物語っている。

　この面において、中国語では、屈折言語と異なる「文法化」の傾向が強く表されている。中国語には屈折言語のような体系的な形態変化がないので、本質上1種の「意合文法（意味による構成法）」である。従って、中国語の「アスペクト」及び「アスペクト」の表現形式については、中国語の事実に基づき、真実を求め正しく掘り下げていかなければならない。

参考文献

陳　剛　　1980　「試論"着"的用法及其与英語進行式的比較／『着』の用法及び英語の進行形との比較」, 中国語文, 第1期.

馬慶株　　1981　「時量賓語和動詞的類／時間量を表す目的語と動詞の種類」, 中国語文, 第2期.

胡樹鮮　　1981　「"着"的表情状方式的作用／状態様相を表す『着』の機能」, 四平師院学報, 第3期.

木村英樹　1983　「関于補語性詞尾"着/zhe/"和"了/le/"／補語的動詞接尾辞『着/zhe/』と『了/le/』に関して」, 語文研究, 第2期.

劉寧生　　1985　「論"着"及其相関的両個動態範疇／『着』とそれに関連する2つの動態範疇」, 言語研究, 第2期.

宋玉柱　　1985　「助詞"着"的両種用法／助詞『着』の2つの用法」, 南開学報, 第1期.

馬希文　　1987　「北京方言里的"着"／北京方言における『着』」, 方言, 第1期.

戴耀晶　　1991　「現代漢語表示持続体的"着"的語義分析／現代中国語における持続相

を表す『着』の意味分析」,語言教学与研究,第2期.
費春元　1992　「説"着"/『着』について」,語文研究,第2期.

原文:「"着"的語義分布及其語法意義」,語文研究,1996年第1期

10 言語成分の同一性から見た助詞「过」の帰属問題

孔令達 著
森宏子／于康 訳

1

現代中国語の文法研究において、いかに正確に言語成分の分類に一貫性を持たせるかという問題は、これまで研究者を悩ませ続けて来た難問である。60年代初頭、中国では早くもこの問題を巡る論争が巻き起こり、呂叔湘氏が理論上の総括として「関於"語言単位的同一性"等等／「言語成分の同一性」等の問題に関して」を発表した。当該論文は、分布理論を駆使して各言語成分の同一性を確定する方法を詳細に論じ、当時やまたその後の文法研究に極めて大きな影響を与えた。とはいえ、近年の中国語の文法研究の動向から見ても、言語成分の同一性問題が完全に解決されたとはまったく思えない。助詞「了 le」、「着 zhe」、「过 guo」の1つ取って見ても、いったいそれぞれ何種類あるのか、諸説紛々たる有り様で、それぞれの主張に大きな開きがあることにも驚く。最近では、石毓智氏が、助詞「着 zhe」だけでなく、「了 le」も「过 guo」もすべて1つのものであるという新説を発表された。石氏の「論現代漢語的"体"範疇／現代中国語の「アスペクト」について」という論文の冒頭に次のような一節がある[1]。

> 一般に動態助詞[①]「了 le」には2種類あると考えられている。つまり、「了₁」は動詞の後に使われ、動作の完了を表すのに対し、「了₂」は文末に使われ、ある事態に変化が生じた、または今まさに変化しようとしていることを表し、文を完結させる働きを有するということである[2]。朱徳熙は「了₂」を語気助詞に分類している[3]。この種の名称上の区別は「了 le」が持つ、必ずしも全く同様ではない2つの文法的意味を理解する際に役に立つが、

---

① 訳者注：一般的にアスペクト助詞を意味する。

しかし、筆者は「了₁」と「了₂」は、実質的には同一のものが統語上の異なる位置に現れた文法的変異体にすぎず、両者の使用条件は同じであると考えている。そこで、本稿では2つの呼び名をもつ「了 le」を1つの要素として見なすことにする。

「过 guo」の使用は「了 le」と似ており、異なる語句との共起により、「動作の終了」を表す場合と「過去にかつてこのような事柄があった」という意味を表す場合の区別がある。しかし、それらの文法的意味は共通しているだけでなく、使用条件も同じであるので、「了 le」と同じように、2つの意味を持つ「过 guo」を1つの実体として見なすことにする。

助詞「了 le」、「着 zhe」、「过 guo」の分類に見られる言語成分の同一性問題は、最も顕著なものであり、しかも典型的な問題であると思う。この問題を明らかにすることは、これら助詞の真相を知るための一助になるのみならず、虚辞研究全体に有利に働くであろう。以上のようなことが本稿の動機である。より具体的に、深い議論が行えるよう、本稿は、議論の範囲を「过 guo」に限定することとする。

2

1985年以前の文法学の著書を見てみると、助詞「过 guo」についての議論は、概ね次の3つに分かれる[3]。

（Ⅰ）「経験」を表す「过 guo」のみを取り上げ、「終結」を表す「过 guo」には言及しないもの。この種の著書が最も多い。例えば、胡裕樹主編『現代漢語／現代中国語』、朱徳熙『語法講義／文法講義』などがそうである。

（Ⅱ）「経験」を表す「过 guo」が助詞であることを認めはするが、「終結」を表す「过 guo」が助詞であることは認めないもの。この考えは趙元任『漢語口語語法／中国語口語文法』に代表される。『漢語口語語法／中国語口語文法』は動詞接尾辞（即ち本稿でいう助詞）について、次のように指摘している。

「过 guo」：不定過去相。動詞の「过 guo」は方向補語としても用いられる。例えば、「走过了橋[①]／橋を通り過ぎた」、「说过了就算了／言ってしまったのなら、それでいい」などである。「吃过了饭了／ご飯を食べた」

---

① 訳者注：下線は訳者による。

における「过 guo」もやはり補語であり、完了相を表す接尾辞「了 le」を伴なうことがある。しかし、軽声で発音する「过 guo」は、純粋な接尾辞であり、「かつてそのようなことが少なくとも一度はあった」ということを意味する[4]。

「吃过了饭了／ご飯を食べた」の「过 guo」は「終結」を表す。趙氏は、この「过 guo」は、「走过了桥／橋を通り過ぎた」の「过 guo」と統語機能が同じで、「やはり補語」であって動詞接尾辞ではないと考えている。

（Ⅲ）中国語の助詞「过 guo」は1種類であるが、異なる用法や意味を具えていると考えるもの。これは呂叔湘主編『現代漢語八百詞／中国語用例辞典』（以下『八百詞』と呼ぶ）に代表される。『八百詞』の「过(·guo)」の項目では、その用法について以下のように3点にわたり説明がなされている。

1) 動詞の後に用い、その動作の終結を表す。このような「動詞＋过」も1種の「動詞＋結果補語」形式であるが、一般的な「動詞＋結果補語」形式とは異なり、その間に「得 de」、「不 bu」を挿入することができなければ、否定の形式もない。その後に語気助詞「了 le」を伴なうことがある。例えば、「吃过了饭再去／ご飯をたべてから行く」、「赶到那儿，第一场已经演过了／そこに駆けつけたら第1幕はすでに終わっていた」。

2) 動詞の後に用い、かつてそのようなことがあったということを表す。例えば、「这本小说我看过／この小説は読んだことがある」、「他一次也没找过我／彼は一度も私を訪ねてきたことがない」。

3) 形容詞＋「过(·guo)」の形式を取る。一般に時間を明示する必要があり、現在と比較する意味を持つ。例えば、「他小时候胖过／彼は小さい頃太っていたことがある」、「前几天冷过一阵，这两天又热起来了／数日前は寒かったが、ここ2、3日はまた暖かくなった」。

以上の論述には次のような3つの問題点がある。

（ⅰ）動詞の後に用いて「終結」を表す「过 guo」は、方向動詞なのか、それとも助詞なのか。

（ⅱ）もし、動詞の後に用いて「終結」を表す「过 guo」が、助詞であるならば、動詞の後に用いて「経験」を表す「过 guo」とは同じものなのか、それとも別のものなのか。

(ⅲ) 形容詞の後に用いる「过 guo」と、動詞の後に用いて「経験」を表す「过 guo」とは同じものなのか。

　この３点はいずれも言語成分の同一性問題に関わるが、異なるレベル上のものであるのに過ぎない。（ⅰ）は、品詞的に同一のものかどうかを決めることであり、（ⅱ）と（ⅲ）は、同じ品詞の中で、それぞれの言語成分の同一性をはっきりさせることである。より低い層から言えば、形態素の同一性を決めることである。以下この３点について考えてみよう。

3

　便宜上本稿は、「（某所を）通過する」ことを表す方向動詞としての「过 guo」を「过 a」、動詞の後に用いて「終結」を表す「过 guo」を「过 b」、動詞の後に用いて「経験」を表す「过 guo」を「过 c」、形容詞の後に用いられる「过 guo」を「过 d」とする。この４つの「过 guo」の音声上、意味上、そして最も重要な文法上の異同を表で示すと、次のようになる。

	発音	意味	文　法　特　徴			
			「了₁」を伴なう	「了₂」を伴なう	「X过」間に「得」「不」挿入可	否定形「没有X过」の有無
过 a	guòまたは軽声guo	（某所を）通過する	＋	＋	＋	＋
过 b	通常軽声guo, 強調する時や「过 c」と区別する時はguò	動作の終結	＋	＋	－	－
过 c	常に軽声guo	かつてそのようなことがあった	－	－	－	＋
过 d	常に軽声guo	（欠）	－	－	－	＋

表中の「＋」は可能、「－」は不可能を表す。

　まず、前掲表について説明する。

　（ⅰ）「过 a」の発音について。『漢語口語語法／中国語口語文法』6.6.6 では、方向補語（「过 guo」を含む）は「通常、軽声で発音するが、可能補語形式では軽声では発音しない」としている。『八百詞』では、「動詞＋方法補語」における方向補語の「过 guo」の発音を「//・guò」としている。『八百詞』の「凡例」第10条は次のように述べている。

方向動詞の音声表記は少々特殊である。「・」は、軽声と本来の声調の両方の発音があることを表す。例えば、「来」は「//・lái」と表記するが、「拿来／持ってくる」の「来」は軽声で発音し、「拿得（不）来／持ってくることができる（できない）」の「来」は第2声で発音することがある。つまり、『漢語口語語法／中国語口語文法』と『八百詞』は同じで、可能補語形式では「过a」を第4声と発音し、その他の場合は軽声と発音する、と考えているのである。

範継淹氏によれば「过a」の発音はかなり複雑であるという。範氏は「動詞和趨向性後置成分的結構分析／動詞と方向性後置成分の構造分析」のなかで、「过a」の幾つかのパターンを取り上げ、発音に関して次のように述べている。

V 过	「过 guo」はいかなる場合も軽声では発音しない
V 过 N	「过 guo」は常に軽声で発音する
V 过了	「过 guo」は第4声で発音する
V 过了 N	「过 guo」は軽声で発音する
V 得／不过	「过 guo」は軽声では発音しない
V 得／不过 N	「过 guo」は軽声では発音しない

軽声の法則は次の通りである。
1）「得 de」と「不 bu」を伴う可能補語形式の中では「过 guo」はすべて軽声では発音しない。
2）目的語を伴い、しかも「得 de」と「不 bu」を伴なわない形式では「过 guo」はすべて軽声で発音する。
3）「V$_x$」（後ろに「了 le」を伴うか否かに関わらず）ではすべて軽声では発音しない[5]。

（ⅱ）「过b」の発音について。「吃过了饭了／ご飯を食べた」の「过 guo」（即ち「过b」）の発音について、『漢語口語語法／中国語口語文法』には明確な言及はないが、『八百詞』では軽声で発音するとしている。しかし、劉月華によれば、「过b」は軽声と第4声の両方で発音することがあるという[6]。筆者の調査でも、「过b」は常に軽声で発音するというわけではなく、少なくとも、次の2ケースにおいては第4声で発音する。

1)「終結」という意味を強調するとき。例えば：
  （1）晚饭 我 确实 吃 过(guò) 了, 你们 别 客气。
      夕飯　私　確かに　食べる　(过guò)　(了 le), あなたたち　〜するな　遠慮する
      夕飯は本当にすませたので、どうぞお気遣いなく。
  （2）你 吃 过(guò) 饭 马上 就 去！
      あなた　食べる　(过guò)　飯　すぐ　(就 jiu)　行く
      食事をしたらすぐに行きなさい！

2)「过 b」と「过 c」がまったく同じ形式に現れ、第4声で発音しなければ「过 c」との見分けがつかなくなってしまうとき。例えば：
  （3）你 吃 过(guò) 药 没有？
      あなた　食べる　(过guò)　薬　ない
      薬はのんだのか。
  （4）你 吃 过(·guo) 药 没有？
      あなた　食べる　(过·guo)　薬　ない
      薬をのんだことはありますか。

（3）と（4）の形式はまったく同じで、「N_1 V 过 N_2 没有」と記号化することができる。しかし、「过 guo」の発音が異なるので、一方は「过 b」となり、もう一方は「过 c」となる。そして意味もはっきりと異なる。また、発話のシチュエーションも異なるし、その答え方も異なる。（3）で問われていることは、あることをすでにしたのかということである。それは例えば次のようなシチュエーションが想定される（もちろんこれが唯一のケースというわけではない）。王さんは病気になり、医者から薬をもらった。医者から寝る前に薬を1粒飲むように言われている。王さんの妻が夜勤から帰宅すると、王さんはもうベッドで横になっている。それを見て妻は王さんがもう薬をのんだのかどうか知らないのでそのように聞いたのである。すると王さんはこう答えるであろう。「吃过了／のんだ」、あるいは「还没吃呢／まだのんでいない」、と。一方、（4）で問われていることは経験である。これは次のようなシチュエーションが想定される。李くんは、自分はずっと健康だから注射を打ったことがないと自慢している。陳くんは、李くんがこれまで病気をしたことがないなんて信じられずにそのようにたずねたのである。すると李くんはこう答えるであろう。「吃过／のんだことがある」、あるいは「没吃过／のんだことがない」、

と。もし（3）の「过 guo」を軽声で発音すれば、（4）と見分けがつかなくなり、（3）の意味を表現できなくなる。

（ⅲ）「过d」の意味について。『八百詞』は、形容詞が「过 guo」を伴うことによって表される全体的な意味の特徴について述べるのみで、この形式における「过 guo」そのものの意味については言及しない。前掲表の「(欠)」になっている「过d」の意味については後ほど検討したい。

（ⅳ）表の「文法的特徴」は、『漢語口語語法／中国語口語文法』と『八百詞』に述べられている内容の中で、「过 guo」の同一性確定に重要な項目だけに限定する。

4

まず1番目の問題から検討したい。即ち、「过b」は「过a」と同類なのか、それとも「过c」と同類なのかという問題である。

前掲表から分るように、音声形式、意味特徴、文法特徴において、「过b」は、「过a」と同じではなく、あるいは必ずしもすべて同じではない。「过c」ともやはり同じことがいえる。従って、全項目を判断の基準にして「过b」を分類するわけにはいかない。そこで、ある項目を採択して分類の基準にするしかないわけであるが、異なる基準を採択することによって異なる結果を招いてしまう可能性がある。これは問題の難しいところである。『漢語口語語法／中国語口語文法』と『八百詞』とが「过b」について異なる処理をしてしまったこともそういうところにある。

では、「过b」を分類するに当たり、どの項目を基準にすべきであろうか。項目の採択は、「过a」が属する方向動詞と、「过c」が属する助詞それぞれが有する類的な特徴から考えなければならず、また同時に、形式分析と意味分析を合わせて行うという原則に基づき、意味特徴と文法特徴の両方から考えなければならないと思う。この2つの観点に立てば、「过b」を分類するのには、「X过」間に「得de」と「不bu」が挿入可能かどうかということと、「过guo」の意味を基準項目とすべきであろう。

「得de」と「不bu」が挿入可能かどうかという点から見れば、「動詞＋方向補語」と「動詞＋助詞」は大きく対立している。範継淹（1963）によれば、「動詞＋『上』類（上 shang、下 xia、进 jin、出 chu、回 hui、过 guo、开 kai、起 qi）」

間には 例外なく「得 de」と「不 bu」が挿入可能である。それに対し、「動詞＋了（·le）」、「動詞＋着（·zhe）」、「動詞＋过（·guo、経験を表す）」はいずれも「得 de」や「不 bu」の挿入が不可能である。これに止まらずさらに範囲を広げて見ると、「動詞＋方向補語」という形式の間には、一般に「得 de」と「不 bu」の挿入が可能であるが、助詞類（動態助詞、構造助詞、語気助詞を含む）の前には、「得 de」や「不 bu」を置くことはできない。意味から見れば、方向動詞は空間移動を表し、意味がしっかり存在しているのに対し、動態助詞は動作行為の進行状況を表し、意味がかなり希薄である。「过 b」は、動作の「終結」を表し、典型的な「アスペクト」表現である。以上２つの側面から判断して、「过 b」は助詞（動態助詞）に分類するのが合理的であろう。

　確かに「了₁」を伴うことができるかどうかという点も文法上重要な特徴である。しかし、「过 b」の文法的性格を決定する上で、「了₁」を伴うことができるかどうかという特徴は、「X 过」間に「得 de」と「不 bu」が挿入可能か否かという特徴ほど重要ではない。論理的に推し量ると、もし大前提に「すべての『動詞＋方向補語』形式の間には『得 de』と『不 bu』を挿入することができる」があり、小前提に「『動詞＋过 b』形式の間には『得 de』と『不 bu』を挿入することはできない」とあれば、「動詞＋过 b」は「動詞＋方向補語」形式ではない、即ち「过 b」は方向動詞ではないという結論が得られるであろう（「所有的人都吃事物,石头不吃事物,所以石头不是人。／すべての人はものを食べる。石はものを食べない。ならば石は人ではではない。」という推論の成立と比較してみよう）。しかし、もし大前提に「すべての『動詞＋方向補語』形式は『了₁』を伴うことができる」があり、小前提に「『動詞＋过 b』形式は『了₁』を伴うことができる」とあったとしても、必ずしも必然的に「動詞＋过 b」は「動詞＋方向補語」形式である、即ち「过 b」は方向動詞である、という結論には至らないであろう（「所有的人都呼吸空气,猫呼吸空气,所以猫是人。／すべての人は呼吸をする。猫は呼吸をする。ならば猫は人である」という推理の不成立と比較してみよう。これは三段論法のルールに違反し、つまり「中項は二度周延せず」というルールに違反したのである）。従って、「过 b」は方向動詞ではない、と言った方が大いに論理にかなう。もちろん、「过 b」は動態助詞であると言ってしまうと、理論的な問題を持ち出すことになる。つまり中国語において動態助詞の連用が可能であることを認めなければならない

ことになる。しかし、それを認めてもかまわないと思う。なぜなら、他の助詞にも連用の現象が見られるからである。次例は語気助詞の連用の用例である。

(5) 唉! 这 一家 也 真 够 痛苦 的 了。
　　　ああ! この 一家 も 本当に たいへん 苦しい (的 de) (了 le)
　　　ああ！この家もけっこうたいへんだなぁ。
(6) 上海, 王 老师 去 过 的 吧?
　　　上海, 王 先生 行く (过 guò) (的 de) (吧 ba)
　　　上海は王先生は行ったことがあるのでしょ。
(7) 你 听见 我 刚才 说 的 话 了 吗?
　　　あなた 聞こえる 私 さっき 話す (的 de) 話し (了 le) (吗 ma)
　　　私がさっき言ったこと聞こえた。
(8) 妈, 你 看 人家 的 信 了 吧?[7]
　　　母さん, あなた 見る 人 の 手紙 (了 le) (吧 ba)
　　　母さん、人の手紙を見たんでしょ。

動態助詞が連用可能であることを認めることと、前述の理論の枠組みとは抵触しないので、受け入れてもよいであろう。

逆に言えば、「过b」を方向動詞にしてしまうと、文法的特徴上（「得de」と「不 bu」を挿入できるか否かを指す）「動詞＋方向補語」形式に不揃いの現象をもたらすばかりでなく、類的な意味の上でも、方向動詞に不揃いの現象をもたらすことになる。

以上をまとめると、「过b」は「过a」と同類ではなく、「过c」と同類であるということになる。

5

次に2番目の問題を検討したい。即ち、「过b」と「过c」は1つの語なのか、それとも2つの語のなのか。あるいは1つの形態素なのか2つの形態素なのかという問題である。

呂叔湘氏は『漢語語法分析問題／中国語の文法分析』の第13節において形態素と漢字の関係について述べるに当たり、形態素の確定問題を多角的に論じている。呂氏は音声、意味、字形の3つの側面に着目し8通りの可能性を考えた。次の表はその引用である（「*」印の注釈も呂氏による）[8]。

音	意味	形	例	形態素	字
同	同	同	圆	1	1
同	同	異	園、园	1	1（異体字）
同	異*	同	会huì、会kuài	2	1（多義語）
異	同	同	妨 fāng～fáng	1	1（多音語）
異	異*	同	行 xíng～háng	2	1（多音多義語）
異	同	異	行、走	2	2（同義語）
同	異	異	圆、园	2	2（同音語）
異	異	異	圆、方	2	2

「*」はつながりのない複数の意味があることを指す。つながりのあるものはやはり「同」に数える。

　呂氏は表の後に次のように述べている。「上述の３つの問題（孔注：形態素の大小、異同、及び漢字との対応に関する問題）は、ある程度簡略化したものである。実際の状況はもっと複雑で、難問も少なくない」[9]。事実は確かにその通りである。例えば表中の５番目および呂氏の注釈に照らして言えば、もし異音同形で、意味が異なっても「つながりがある」のであれば、それは１つの形態素であって、２つの形態素ではないということになる。しかしそれに反する例は多い。「了 le」を例に取れば、「終結」や「終了」の意味を表す「了 liǎo」と、動作や「実現」の意味を表す「了（·le）」は、発音が異なるが、字形は同じであり、意味は異なっても、「つながりがある」。通時的に見れば、後者は前者から変遷してきたもの[10]であり、共時的に見れば、今もなお両者にはつながりがあることがわかる。では、「了 liǎo」と「了（·le）」は１つの形態素なのか、それとも２つの形態素なのであろうか。おそらくこれを１つの形態素と見なす者はいないであろう。『八百詞』も２つの語（形態素）として別々に挙げている。「过 a」、「过 b」、「过 c」もそれに近似する。筆者等はかつて「过 b」と「过 c」の出自を通時的に考察したことがあり[11]、「过 b」と「过 c」がいずれも直接的あるいは間接的に「过 a」から変遷してきたことはまず間違いないと断言できる。本稿の扱う資料に限界があり、「过 b」と「过 c」のうちどちらが先に現れたか、どちらが後に現れたかということを、いろいろな資

料を持ち出して証明することはできないが、「过a」から「过b」へ、それから「过b」からさらに「过c」に変遷した、と推測することができる。というのは、「过a」と「过b」の意味的構造が酷似しているからである。異なる点は、「过a」は空間に関係するが、「过b」は時間に関係するという点である。「过 guo」の意味が空間から時間に変わると、「过a」は「过b」になるのである。「过c」と「过b」はともに時間に関係するものであるが、意味的構造は異なる。「过c」は、ある具体的な動作を指し示す機能がなくなり、同類の動作をひとまとめにして指し示し、しかも「过b」のように純粋に動作進行の状況を表すといったようなものではない。また、「过c」は発話時と関係があり、発話時以前の状況について述べるものである[12]。

　「过c」の直接の出自は「过b」であって「过a」ではなかろうと思われる。それは「过a」から「过c」に変遷したと考えるよりも、「过b」から「过c」に変遷したと考える方がスムーズにいくからである。

　「过a→过b→过c」という歴史的変遷があり、「过b」は、「过a」から変遷してきた結果であると同時に、「过c」の変遷の基礎でもある。まさにそのために、現代語においても、「过b」は、「过a」の特徴（第4声で発音すれば、「了 le」を伴うこともできる）を持ちつつ、「过c」の特徴（例えば、拘束性があり、「V过」の中に「得de」と「不bu」を挿入することができない）をも具えるのである。

　『八百詞』などの一般的な文法書では、「过a」と「过c」を2つの語（形態素）と見なしている。「过b」は、音声形式、意味特徴、文法特徴において、「过a」と同じではなく、あるいは必ずしもすべて同じではない。また、「过c」とも同じではなく、あるいは必ずしもすべて同じではないので、それを1つの独立した語（形態素）として見なすべきであろう。つまり、「过b」と「过c」は、1つの語（形態素）ではなく、2つの語（形態素）なのである。

6

　では次に3番目の問題を考えてみよう。即ち、「过d」と「过c」は1つの語なのかという問題である。

　「过d」と「过c」は、発音が同じで、字形も同じである。もし、同じ意味であれば、必ず1つの語となる、のだとすれば、「过d」の意味はなんであろ

うか。これについて『八百詞』に直接的な言及はない。筆者は、「过 d」の意味は「过 c」と同じであり、即ち「かつてそのようなことがあったということを表す」のだと考える。例えば、「他小时候胖过／彼は小さい頃太っていたことがある」は、彼が幼い頃「太っている」ということがあったということを意味する。また「前几天冷过一阵／数日前は寒かった」は、数日前に「寒い」ということがあったということを意味する。問題点となるのは、『八百詞』によれば「形容詞が「过 guo」を伴えば、時間への言及が必要となり、現在と比較する意味を持つ」とのことであるが、ならば「过 d」は「かつてそのようなことがあった」という意味のほかに、「現在と比較する意味」もある、と言えるのであろうかという点である。しかし、筆者はそのような意味はないと思う。以下その理由を述べる。

　『八百詞』によると、「（名詞）＋過去を表す時間詞＋形容詞＋过 d」という形式は、「現在と比較する意味」を持つことになる。このような意味がどうして出てくるのかという点については、今一度じっくり考えてみる必要があるので、性急に結論を出すことはできない。とはいえ、この意味は、過去を示す時間詞に、形容詞、そして「过 d」が組合わさることによって発生したもので、なかでも形容詞がその中心的な役割を果たしているものと思われる。そこで次のような証明（「他小时候胖过／彼は小さい頃太っていたことがある」を例として）をしてみる。

1）形容詞を動詞に置き換えると、比較の意味は曖昧になる。例えば、「他小时候胖过／彼は小さい頃太っていた」は、「他现在不胖／彼は今太っていない」を含意し、比較の意味を発生させる。「他小时候去过上海／彼は小さい頃上海へ行ったことがある」は、過去におけるある出来事を述べるに過ぎず、必ずしも「他现在不去上海／今は上海へは行かない」ということを意味するものではない。

2）過去を表す時間詞を取り払っても、比較の意味は依然として残る。ただしその意味は元の文ほど明確ではない。例えば、「他胖过／彼は太っていた」はやはり「他现在不胖／彼は今太っていない」を含意する。ただ、「他胖过」だけでは意味的に極めて曖昧なので、通常そのような言い方はしない。

3）「过 d」を取り払っても、比較の意味は依然として残る。例えば、「他

小时候胖／彼は小さい頃太っていた」はやはり「他現在不胖／彼は今太っていない」と比べているのである。

4）過去を表す時間詞と「過d」を同時に取り払っても、依然として比較の意味は存在するが、比較の内容が変わる。例えば、「他胖／彼は太っている」は、「你不胖／あなたは太っていない」ないしは「我不胖／私は太っていない」を含意する。これは同一動作主の比較ではなく、異なる動作主の比較となる。

以上から、「(名詞)＋過去を表す時間詞＋形容詞＋過d」という形式が有する比較の意味は、形容詞によってもたらされるものであり、過去を表す時間詞と「過d」は具体的な比較内容に（過去の状況と現在の状況を比べる）ある一定の制限を与えるにすぎないことがわかる。このような一定の制限を与える働きは、過去時を表す時間詞が本来有する意味や「過d」が本来有する意味（かつてそのようなことがあったということを表す）の中にすでに備わっているもので、そこにさらに何か新たな意味を見出す必要はない。

よって、「過d」と「過c」は発音が同じで字形も同じ、しかも意味も同じということで完全に１つの語であると言える。

7

以上、３つの問題を検討して、次のような結論を得るに至った。現代中国語の助詞（動態助詞）「過 guo」には２つあり、１つは、動詞の後ろに用いられ動作の終結を表すものであり、もう１つは、動詞や形容詞の後ろに用いられ「かつてそのようなことがあった」ということを表す。そこで、前者を「過₁ guo」後者を「過₂ guo」といってよかろう。

９年も前に筆者はすでにこのような結論を出していた[13]。本稿の目的は、その結論を再び繰り返すことにあるのではなく、「過₁ guo」と「過₂ guo」を立てるに当たっての理論的な根拠を示すことにあり、また、言語成分の同一性原則に対する理解と同一性確定に当たっての具体的な方法を示したかったのである。本稿で検証した論証のプロセスが成立可能であるならば、結論そのものに劣らず意義のあるものと思われる。

最後に、最初にさかのぼり石毓智氏が発表した新説の問題点（１参照）を検討してみよう。石氏は、現代中国語の動態助詞「過 guo」は１種類しかなく、

「どんな語につくかによって「動作の終結」を表したり、「かつてそのようなことがあったということを表し」たりする」、と言っている。このような石氏の考えに筆者は同意できない。石氏の観点は次の２つの事実を見落としているからである。まず、終結を表す「过 guo」と経験を表す「过 guo」は音声形式が異なる（２参照）。音声形式は語彙（形態素）の同一性を確定する上で極めて重要な根拠となる。２番目に、終結を表す「过 guo」と経験を表す「过 guo」は使用上常に対立した関係にあるものではない。両者は同じコンテクストに現れることもあり、同じ語につくこともある。この２点はいずれも石論文の観点を揺さぶるに足りるものであろう。1番目の問題についてはこのぐらいにして、２番目の問題について以下もう少し触れたい。

　石論文によれば、助詞「过 guo」は、Ａというコンテクストでは終結という意味を表し、Ｂというコンテクストでは経験の意味を表し、コンテクストによって意味が異なるということになる。逆に言えば、１つの意味は１つのコンテクストにのみ関係する、即ち、終結を表す時はＡというコンテクストと関係があり、経験を表す時はＢというコンテクストと関係があるいうことになる。

　もし同じコンテクストで「过 guo」が終結と経験の両方を表すことができるとすれば、石氏の考えは成り立たなくなる。さもなくば、２つの「过 guo」があって、１つは終結を表し、もう１つは経験を表し、両者の使用されるコンテクストは違う場合もあれば、同じ場合もあると解釈しなければならないことになる。

　現実の使用情況は、後者の分析を支持する。本稿の考察によれば、次のような２つのコンテクストにおいて、「过 guo」は終結という意味を表すこともできれば、経験という意味を表すこともできる。

　　　（Ｉ）N_1 Ｖ―N_2 没有？

例えば：

　　　（９）你 问 过 他 没有？
　　　　　　あなた　聞く　（过 guo）　彼　ない
　　　　　彼に聞いたの。
　　　　　彼に聞いたことがあるの。

　書き言葉としては「过 guo」は終結という意味を表すことができる。この文は「你是不是已经问过了他了？／あなたはもう彼に聞いたのでしょうね」とい

う意味を表す。またこの「过 guo」は経験という意味を表すこともできる。その場合、文は「你过去是不是曾经问过他？／あなたはかつて彼に聞いたことがあるのでしょうね」という意味を表す。話し言葉では発音の強弱によって意味を区別することができる。第4声で発音すれば、終結を表し、軽声で発音すれば、経験を表すこととなる。

(Ⅱ) V—N₁的 (N₂)

例えば：

(10) 打 过 针 的（人）请 举 手！
　　　　打つ （过 guo） 注射 （的 de） （人） どうぞ 挙げる 手
　　　　注射を打った人、手を挙げて！
　　　　注射を打ったことがある人、手を挙げて！

(10)の「过 guo」は、4声で発音すれば、終結を表すが、軽声で発音すれば、経験を表すこととなり、文全体の意味もそれによって異なる。

この2つの現象は現代中国語には2つの「过 guo」があるという考えを有力に支持するものと思われる。

注

1) 『中国社会科学』1992年第6期参照。
2) 石毓智論文では、この部分に注釈があり、この分類は呂叔湘主編『現代漢語八百詞／中国語用例辞典』にならうものであると言っている。しかし実際のところ、『現代漢語八百詞／中国語用例辞典』はこの2つの「了 le」をどちらも助詞としか言っておらず、「動態助詞」とは言っていない。一般に「了₁」は動態助詞、「了₂」は語気助詞であると考えられている。
3) 研究者によってその使用する術語はまちまちである。「語尾」と呼ぶ者もあれば、「接尾辞」と呼ぶ者もあり、また「アスペクト助詞」と呼ぶ者もあれば、「動態助詞」と呼ぶ者もある。とはいえ術語の違いは本稿が論じる問題に影響を与えない。
4) 趙元任 (1979) 129頁参照。
5) 『中国語文』1963年第2期参照。
6) 劉月華「動態助詞"过₂过₁了₁"用法比較／動態助詞『过₂』『过₁』『了₁』の用法比較」『語文研究』1988年第1期参照。
7) この4例はともに黄伯栄・廖序東主編『現代漢語／現代中国語』甘粛人民出版社、1988

年、368-369 頁より引用。
8) 9) 呂叔湘（1984）491 頁参照。
10) 王力『漢語史稿／中国語史稿』中華書局 1980 年、中巻 305 頁参照。
11) 張暁鈴・孔令達「現代漢語動態助詞「过」的来源／現代漢語の動態助詞『过』の出自」『語法求索』所収、華中師範大学出版社、1989 年参照。
12) これはあくまでも一般論である。
13) 孔令達「動態助詞"过"和動詞的類／動態助詞『过 guo』と動詞の種類」『安徽師範大学報』1985 年第 3 期；孔令達「関于動態助詞"过₁ guo"和"过₂ guo"／動態助詞『过₁ guo』と『过₂ guo』について」『中国語文』1986 年第 4 期参照。

主要参考文献

呂叔湘　　1984　　『漢語語法論文集／中国語文法論文集』（増訂本),商務印書館.
趙元任　　1968　　『中国話的文法／中国語口語文法』, University of California Press.中国語訳『漢語口語語法／中国語口語文法』, 呂叔湘訳, 商務印書館, 1979.
朱德熙　　1982　　『語法講義／文法講義』, 商務印書館.
範継淹　　1963　　『動詞和趨向性後置成分的結構分析／動詞と方向性後置成分の構造分析』, 中国語文, 第 2 期.

原文：「従語言単位的同一性看助詞"過"的分合問題」, 語法研究和探索（八), 1997, 商務印書館

11　静態的位置を表す「着」の意味と用法

斉滬揚 著
伊藤さとみ／于康 訳

0　はじめに

0.1　現代中国語の空間的位置は静態的位置と動態的位置の2種類に分けられる[1]。静態的位置を表すのは「位置構文」であり、動態的位置を表すのは「移動構文」である。「着 zhe」構文は静態的位置を表す位置構文の1種である。

0.2　本章で論じる「着 zhe」構文は、その構造形式と構造階層が、下に挙げた文と等しいものを指している。
　　（1）台 上 坐 着 主席団。①
　　　　　ステージ　上　座る　（着 zhe）　議長団
　　　　ステージに議長団が座っている。
　　（2）台 上 演 着 梆子戯。
　　　　　ステージ　上　演じる　（着 zhe）　バンツウ劇
　　　　ステージでバンツウ劇を演じている。
　　（3）马路 上 走 着 一 群 人。
　　　　　道路　上　歩く　（着 zhe）　一　群　人
　　　　道路を一群の人が歩いている。
主語の部分は場所を表す語句（一般に場所を表す語または名詞に方向・位置を表す語を付加したもの）から成り、述語部分は「動詞＋着 zhe＋名詞」から成る。よって、その他のタイプの「着 zhe」を伴っている文は、本稿の議論の対象ではない。

0.3　まず、下の3つのグループの例文を見てみよう。

---

① 訳者注：下線は訳者による。以下同。

Aグループ：
（4）台 上 坐 着 主席团。
　　　ステージ　上　座る　（着 zhe）　議長団
　　　ステージに議長団が座っている。
（5）床 上 躺 着 一 个 人。
　　　ベッド　上　横たわる　（着 zhe）　1　個　人
　　　ベッドの上に1人の人が横たわっている。
（6）衣架 上 挂 着 一 件 大衣。
　　　外套掛け　上　掛ける　（着 zhe）　1　着　コート
　　　外套掛けに1着のコートが掛けてある。

Bグループ：
（7）台 上 演 着 梆子戏。
　　　ステージ　上　演じる　（着 zhe）　バンツウ劇
　　　ステージでバンツウ劇を演じている。
（8）门 外 敲 着 锣鼓。
　　　門　外　たたく　（着 zhe）　銅鑼
　　　門の外で銅鑼をたたいている。
（9）体育馆 里 进行 着 篮球 比赛。
　　　体育館　中　行う　（着 zhe）　バスケットボール　試合
　　　体育館の中でバスケットボールの試合を行っている。

Cグループ：
（10）马路 上 走 着 一 群 人。
　　　道路　上　歩く　（着 zhe）　1　群　人
　　　道路を一群の人が歩いている。
（11）操场 上 滚 着 雪球。
　　　運動場　上　転がす　（着 zhe）　雪だるま
　　　運動場で雪だるまを転がしている。
（12）沟 里 流 着 许多 污浊 的 水。
　　　溝　中　流れる　（着 zhe）　たくさん　汚い　（的 de）　水
　　　溝に汚い水がいっぱい流れている。

この3つのグループは同じ構造を有しているが、その内部に含意された意味

248

構造関係は決して同じではない。このことは、言い換えを用いてはっきりさせることができる。

(13) 台 上 坐 着 主席団。
　　　ステージ 上 座る （着 zhe） 議長団
　　ステージに議長団が座っている。
　　　→ （ⅰ）主席団 坐 在 台 上。
　　　　　　議長団 座る に ステージ 上
　　　　　議長団がステージに座っている。
　　　→*（ⅱ）台 上 正在 坐 主席団。
　　　　　　ステージ 上 ～ている 座る 議長団
　　　　　*ステージに議長団が座っているところだ。

(14) 台 上 演 着 梆子戏。
　　　ステージ 上 演じる （着 zhe） バンツウ劇
　　ステージでバンツウ劇を演じている。
　　　→*（ⅰ）梆子戏 演 在 台 上。
　　　　　　バンツウ劇 演じる に ステージ 上
　　　　　*バンツウ劇がステージの上で演じられている。
　　　→ （ⅱ）台 上 正在 演 梆子戏。
　　　　　　ステージ 上 ～ている 演じる バンツウ劇
　　　　　バンツウ劇がステージの上で演じられているところだ。

　AグループとBグループの言い換えは相補分布的である。即ち、Aグループは（ⅰ）式に言い換えられるが、（ⅱ）式には言い換えられない。一方、Bグループは（ⅱ）式に言い換えられるが、（ⅰ）式には言い換えられない。このように、AグループとBグループの意味構造関係は異なっている。
　Cグループには次のような言い換えを行うことができる。

(15) 马路 上 走 着 一 群 人。
　　　道路 上 歩く （着 zhe） 1 群 人
　　道路を一群の人が歩いている。
　　　→　　一 群 人 在 马路 上 走 着。
　　　　　　1 群 人 ～ている 道路 上 歩く （着 zhe）
　　　　　一群の人が道路を歩いている。

→（ⅲ）马路 上 走 来 一 群 人。
　　　　道路　上　歩く　来る　1　群　人
　　道路を一群の人が歩いて来る。

　Cグループはすべて（ⅲ）式に言い換えられる。即ち、動詞の後の「着 zhe」を方向動詞に変え、新しい構造を形成することができるのである。この特徴はAグループやBグループの例文がいずれも具えていないものである。このことから分かるように、Cグループの意味構造関係はAグループやBグループと同じはずはない。議論の便宜のため、このA、B、Cの三グループの「着 zhe」構文をそれぞれ「着₁ zhe」文、「着₂ zhe」文、「着₃ zhe」文と記す。

0.4　本稿は「着₁ zhe」文、「着₂ zhe」文、「着₃ zhe」文の内部の違いを論じ、この3種類の構文の意味特性と語用的特性を明らかにする。また、空間位置の体系の中におけるこの3種類の構文の位置づけを考察し、「着 zhe」構文と対応する関係にある、動態助詞の「了 le」を伴う文についても考察と比較を行う。

1　「着zhe」構文中の動詞の意味特性

1.1　「着₁ zhe」文の動詞はいずれも非動作動詞であり、文全体で表されているのは動作の後に生じた状態である。よって、次のような例文において、動詞はいずれも非動作動詞である。

　　（16）柜子 里 藏 着 不 少 细软。
　　　　　タンス　中　隠す　(着zhe)　～ない　少ない　金目のもの
　　　　　タンスの中に少なからぬ金目のものを隠している。
　　（17）本子 里 记 着 许多 学习 中 的 心得。
　　　　　ノート　中　記す　(着zhe)　たくさん　勉強　中　の　収穫
　　　　　ノートに勉強で得た収穫がたくさん書かれている。
　　（18）身 上 盖 着 三 床 被。
　　　　　体　上　覆う　(着zhe)　3　枚　布団
　　　　　体に布団を三枚掛けている。
　　（19）天空 中 飘扬 着 红旗。
　　　　　空　中　翻る　(着zhe)　赤旗
　　　　　空に赤旗が翻っている。

(20) 烈士 陵园 里 埋葬 着 无数 先烈。
　　　　烈士 陵墓園 中 埋葬する （着 zhe） 無数 革命に殉じた烈士
　　　烈士陵墓園には無数の革命に殉じた烈士が埋葬されている。

ただし、「着₁ zhe」文の動詞の非動作性即ち状態性は、動詞の後に「着 zhe」を付加してはじめて表されるものである。これは、「殆どの状態動詞が対応する同形の動作動詞を有している」（李臨定 1990）からである。「着₂ zhe」文と「着₃ zhe」文の動詞はすべて動作動詞であり、この種の動詞の動作性は、動詞自身が具えているもので、「着 zhe」を付加した後で表されるのは動作の持続である。次の文中の動詞のうち、Aグループは「着₂ zhe」文、Bグループは「着₃ zhe」文である。

Aグループ：
(21) 收音机 里 唱 着 流行 歌曲。
　　　　ラジオ 中 歌う （着 zhe） 流行 歌
　　　ラジオで流行歌を流している。
(22) 外事办公室 里 陪 着 客。
　　　　外交事務局 中 相手をする （着 zhe） 客
　　　外交事務局で客の相手をしている。
(23) 教室 里 辩论 着 谁 当 学生会 主席 的 问题。
　　　　教室 中 議論する （着 zhe） 誰 なる 学生会 会長 （的 de） 問題
　　　教室では誰が学生会会長になるかを議論している。
(24) 灯光 下 审查 着 报表。
　　　　照明 下 審査する （着 zhe） 報告表
　　　照明の下で報告表を審査している。

Bグループ：
(25) 天空 中 飞 着 一 群 小 鸟。
　　　　空 中 飛ぶ （着 zhe） 1 群 小さい 鳥
　　　大空を一群の小鳥が飛んでいる。
(26) 阴沟 里 爬 着 许多 小 虫。
　　　　暗渠 中 這う （着 zhe） たくさん 小さい 虫
　　　暗渠の中をたくさんの小さい虫が這っている。
(27) 身 后 跟 着 一些 不明 身分 的 人。

体　後　つける　(着 zhe)　少し　明らかでない　身元　(的 de)　人
後ろに身元不明の人がついている。
(28) 广场　上空　盘旋　着　一　群　白鸽。
広場　上空　旋回する　(着 zhe)　1　群　白鳩
広場の上空を一群の白鳩が円を描いて飛んでいる。

従って、「着₁ zhe」文の動詞は[－動作]と記すことができ、「着₂ zhe」文と「着₃ zhe」文の動詞は[＋動作]と記すことができる。

1.2　「着₁ zhe」文、「着₂ zhe」文、「着₃ zhe」文の動詞はすべて[＋持続]という意味特徴を持っている。
　「着₁ zhe」文の動詞は、次の例からも分かるように、いずれも状態動詞である。
(29) 墙　上　挂　着　一　幅　画。
壁　上　掛ける　(着 zhe)　1　枚　絵
壁に一枚の絵が掛けてある。
(30) 银行　里　存　着　一　笔　钱。
銀行　中　預ける　(着 zhe)　1　口　金
銀行にひと口の金を預けている。
(31) 床　上　躺　着　一　个　人。
ベッド　上　横たわる　(着 zhe)　1　個　人
ベッドの上に1人の人が横たわっている。
(32) 门　外　蹲　着　两　只　石狮子。
門　外　しゃがむ　(着 zhe)　2　匹　狛犬
門の外に2匹の狛犬がしゃがんでいる。
「挂／掛ける」、「存／預ける」、「躺／横たわる」、「蹲／しゃがむ」は、いずれも状態の持続を表す。
　「着₂ zhe」文は動作の持続を表しているため、「着₂ zhe」文に現れる動詞は瞬間動詞であってはならない。学者の中には、「门外敲着锣鼓／門の外で銅鑼をたたいている。」の中の「敲／たたく」のような動詞は、「動作性が比較的強く、具体的で、また反復性を持っている」ので、瞬間動詞であると見なしているものもいるが[2]、実際には、意味から見ても、文中の分布から見ても、「敲

/たたく」類の動詞は、「死/死ぬ」や「开始/始まる」などの純粋な瞬間動詞とははっきりと区別される。例えば、「敲/たたく」類の動詞は、「着 zhe」と共起して動作の持続を表すときには、普通の非瞬間動詞と区別することができなくなる。また、「着₂ zhe」文に用いられる「敲/たたく」類の動詞は、他の動詞と同じように、時間幅を表す語句と共起することができる。

(33) 台 上 演 着 梆子戏。 → 台 上 演 了 两 小时 梆子戏。
　　　ステージ 上 演じる （着 zhe） バンツウ劇
　　ステージでバンツウ劇を演じている。
　　　　　　ステージ 上 演じる （了 le） 2 時間 バンツウ劇
　　　　ステージでバンツウ劇を2時間演じた。

(34) 门 外 敲 着 锣鼓。 → 门 外 敲 了 半天 锣鼓。
　　　門 外 たたく （着 zhe） 銅鑼
　　門の外で銅鑼をたたいている。
　　　　　　門 外 たたく （了 le） しばらく 銅鑼
　　　　門の外でしばらく銅鑼をたたいた。

「着₃ zhe」文の動詞は、必ず持続動詞でなければならないが、「马路上走着一群人/道路を一群の人が歩いている」における「走」のように、瞬間動詞のように見えることもある。しかし、持続動詞である「走/歩く」と瞬間動詞である「走/離れる」は、異なる意味項目を持つ2つの「走」である。即ち、「走」は、「離れる」という意味を持つ場合は、瞬間動詞となるが、「歩く」という意味を持つ場合は、持続動詞となるのである。「马路上走着一群人/道路を一群の人が歩いている」における「走」は、「歩く」という意味であるので、持続動詞である。その他、「飞/飛ぶ」、「爬/這う」、「盘旋/回旋する」などもみな持続動詞である。

ただし、「着₁ zhe」文の動詞は、[＋状態持続]という意味特徴を表すのに対し、「着₂ zhe」文と「着₃ zhe」文の動詞は、[＋動作持続]という意味特徴を表す。

1.3 「着 zhe」構文は、空間位置を表す構文であり、「着₁ zhe」文と「着₂ zhe」文の動詞は、非移動性という特徴を持っている。「着₁ zhe」文の動詞は、非動作動詞であるため、当然移動することはできない。「着₂ zhe」文の動詞は、動

作動詞であるが、その動作行為はある「一点」上でしか行われない。言い換えると、この種の動作行為は、時間軸でのみ行うことができ、空間軸では行うことができないのである。例えば、「台上演着梆子戏／ステージでバンツウ劇を演じている」という文においては、「演／演じる」という動作は、空間位置については「台上／ステージ上」という「一点」上でのみ行われるが、時間位置上では、「始まり―進行―終わり」という過程を有している。「着₃ zhe」文の動詞は、移動動詞である。移動動詞の特徴は、空間位置において、動作行為がある「一点」から別の「一点」へ移動して行うことができるので、「着₃ zhe」文の動詞は、すべてその後に方向動詞を付加することができる。また「着₂ zhe」文の動詞も、「唱／歌う→唱起来／歌い始める」や「审查／審査する→审查出来／審査して（結果が）見つかる」のように、方向動詞を付加することがあるが、ここでは、動詞に方向動詞が付加されても、具体的な移動を表してはいない。ここで用いられているのは方向動詞の派生的意味であり、「着₃ zhe」文の動詞とは異なっている。

従って、「着₁ zhe」文と「着₂ zhe」文の動詞は、[－移動]と記すことができるのに対し、「着₃ zhe」文の動詞は、[＋移動]と記すことができる。

1.4 「着₂ zhe」文の動詞は、次の例文のように、いずれも被動作主を伴うことを必要とする。

  (35) 菩萨 面前 磕 着 头。
    菩薩 前 額ずく （着 zhe） 頭
    菩薩の前で額ずいている。
  (36) 外事办公室 里 陪 着 客。
    外交事務局 中 相手をする 「着 zhe」 客
    外交事務局で客の相手をしている。
  (37) 洗衣机 里 洗 着 衣服。
    洗濯機 中 洗う （着 zhe） 衣類
    洗濯機の中で衣類を洗っている。
  (38) 台 上 演 着 梆子戏。
    ステージ 上 演じる （着 zhe） バンツウ劇
    ステージでバンツウ劇を演じている。

これらの文において、動詞の後の名詞はいずれも動作行為の受け手であり、動作主はどの文にも現れていない。

「着₃ zhe」文の動詞はいずれも被動作主を伴うことを必要としない。

(39) 马路 上 走 着 一 群 人。
　　　道路　上　歩く　(着 zhe)　1　群　人
　　　道路を一群の人が歩いている。

(40) 水沟 里 流 着 污浊 的 水。
　　　溝　中　流れる　(着 zhe)　汚い　(的 de)　水
　　　溝に汚い水が流れている。

これらの文において、動詞の後の名詞はいずれも動作行為のなし手を表すものである。なぜなら、このような文はいずれも「一群人在路上走着／一群の人が道を歩いている」、「污浊的水在水沟里流着／汚い水が溝に流れている」と言い換えることができるからである。

「着₁ zhe」文の動詞には、次の例文のように、被動作主を伴うことを必要とするものもあれば、

(41) 墙 上 挂 着 一 幅 画。
　　　壁　上　掛ける　(着 zhe)　1　枚　絵
　　　壁に1枚の絵が掛けてある。

(42) 柜子 里 藏 着 不 少 东西。
　　　タンス　中　隠す　(着 zhe)　～ない　少ない　もの
　　　タンスの中に少なからぬものを隠している。

また、次のように、被動作主を伴うことができないものもある。

(43) 床 上 躺 着 一 个 人。
　　　ベッド　上　横たわる　(着 zhe)　1　個　人
　　　ベッドの上に1人の人が横たわっている。

(44) 门 外 蹲 着 两 只 石狮子。
　　　門　外　しゃがむ　(着 zhe)　2　匹　狛犬
　　　門の外に2匹の狛犬がしゃがんでいる。

よって、「着₁ zhe」文の動詞は[±被動作主]、「着₂ zhe」文の動詞は[＋被動作主]、「着₃ zhe」文の動詞は[－被動作主]と記すことができる。

以上をまとめると、次のようになる。

「着₁ zhe」文の動詞の意味特性：
　　［－動作］［＋状態持続］［－移動］［±被動作主］
「着₂ zhe」文の動詞の意味特性：
　　［＋動作］［＋状態持続］［－移動］［＋被動作主］
「着₃ zhe」文中の動詞の意味特性：
　　［＋動作］［＋状態持続］［＋移動］［－被動作主］

2　空間位置の体系における「着zhe」構文の意味特徴
2.1　「着₁ zhe」文の意味特性

　空間位置の体系では、「着₁ zhe」文は、ある位置点にある種の持続状態にある物体がとどまっていることを表す。「着₁ zhe」文のこのような意味特性は、主に下の2点で表される。

　（Ｉ）動詞の後に置かれた「着 zhe」は持続という特徴を有しており、持続は状態の持つ特徴の1つである。馬希文（1987）も「動詞の後に『着 zhe』を加えると、状態を明示するようになる」と考えている。このように、「着 zhe」が静態的意味を持つことは、多くの研究者が気が付いていた問題である。筆者は、「着 zhe」は、単に静態的意味を持っていて、動態的意味を持っていないとは考えず、静態的意味を持つ「着 zhe」と動態的意味を持つ「着 zhe」の2種類に分けられると主張する。ただし、「着 zhe」が非動作動詞の後に置かれるときには、その文は静態的性質を呈するようになり、この場合、文中で動詞を支配する成分と動詞の支配を受ける成分は、どちらも運動の始めの状態を表している。その状態は、時間移動上の静止だけでなく、空間移動上の静止でもある。

　（Ⅱ）「着 zhe」の前に現れる動詞はいずれも非動作動詞である。この種の非動作動詞は、朱徳熙の言うところの、「位置的意味」を持つ「挂／掛ける」、「貼／貼る」、「堆／積む」、「放／置く」などのような動詞であろうとも、「身体姿勢の意味」を持つ「坐／座る」、「躺／横になる」、「蹲／しゃがむ」、「站／立つ」などの動詞であろうとも、意味上はある種の「付着」及び「残る状態」という特徴を表し、しかもこの2つの特徴は、1つの動詞が必ず同時に持たなければならないものである（朱徳熙 1981）。しかし、「付着」と「残る状態」という特性は、「動詞＋静態的意味を表す「着 zhe」」という組み合わせができ

てはじめて実現されるものであるので、明らかに、「ある位置点にある種の持続状態にある物体がとどまっている」という「着₁ zhe」文の意味的特徴も、「非動作動詞＋静態的意味を表す「着 zhe」」という組み合わせにおいてはじめて実現されるのである。

2.2　「着₂ zhe」文の意味特性

　空間位置の体系では、「着₂ zhe」文はある位置点に、動作を持続させている物体がとどまっていることを表す。「着₂ zhe」文のこの種の意味特性は、次のように分析することができる。

　（Ⅰ）「着₁ zhe」文の「着 zhe」は、静態的であり、ある状態の持続を表す。それに対し、「着₂ zhe」文の「着 zhe」は、動態的意味を持ち、ある動作の持続を表す。動詞の持続には2つのレベルの意味がある。

　a　動詞によって表される出来事が動作性を有し、とどまっているのは動作後の状態ではなく、やはりある種の動作である。

　b　表されているのが動作の過程であり、動作の開始や終結ではない。

　このように、動作の持続は必ずしも「着 zhe」によってしか表せないのではなく、適切な時間副詞を用いても、同じように表すことができる。よって、「着₂ zhe」文はいずれも以下のように言い換えることができる。

　　(45) 台 上 演 着 梆子戏。　→　台 上 正在 演 梆子戏。
　　　　ステージ 上 演じる （着 zhe） バンツウ劇
　　　ステージでバンツウ劇を演じている。

　　　　　ステージ 上 〜ている 演じる バンツウ劇
　　　ステージでバンツウ劇を演じているところだ。

　　(46) 书房 里 陪 着 客。　→　书房 里 正在 陪 客。
　　　　書斎 中 相手をする （着 zhe） 客
　　　書斎で客の相手をしている。

　　　　　書斎 中 〜ている 相手をする 客
　　　書斎で客の相手をしているところだ。

意味的には、この言い換え式の両側は等値である。

　（Ⅱ）「着₂ zhe」文の動作の持続は、動作の開始や終結を明示しないものの、時間軸上において起点や終点が明らかでない1つの過程を表すものであり、動

態的である。空間軸上では、この種の動作の持続は、1つの点で行われ、移動しない。「收音机里唱着流行歌曲／ラジオで流行歌を流している」、「书房里陪着客／書斎で客の相手をしている」といった文では、「唱／歌う」という動作の始めと終わりが「收音机里／ラジオの中」で行われており、「陪／相手をする」という動作も終始「书房里／書斎の中」で行われている。「唱着／歌っている」、「陪着／相手をしている」は、時間の開始を明示してはいないが、時間上の運動、普通に言えばつまり時間の経過は、「唱着／歌っている」、「陪着／相手をしている」という表現に表される。よって、「着₂ zhe」文が表している動作の持続をある静態的位置点で行われるものと見なすことは、空間位置の体系から得られる結論である。

（Ⅲ）「着₂ zhe」文がある位置点での動作の持続を表すことは、「着₂ zhe」文の動詞の性質にも表されている。「着₂ zhe」文の動詞は、非移動性を持ち、非移動動詞は空間軸上では一点から別の一点への移動を表すことはできない。よって、非移動動詞と移動動詞では、その後に方向動詞を付加したときに表す意味が異なっている。

　　　唱起来／歌い始める（時間上の運動であり、空間上の移動は表さない。）
　　　拿起来／取り上げる（時間上及び空間上の運動であり、空間における下から上への移動を表す。）

従って、非移動動詞はその後に方向動詞を付加されても、空間上では1種の抽象的移動を表すのみである。言い換えると、非移動動詞によって表される動作は、ある位置点でのみ行われ、移動点では行われない。

2.3　「着₃ zhe」文の意味特性

　空間位置の体系では、「着₃ zhe」文は、ある位置点に方向性のない移動をする物体があることを表す。「着₃ zhe」文のこの種の意味特性は、次のように分析することができる。

　（Ⅰ）空間範囲の形状には「点」、「線」、「面」、「立体」の区別があるが、「着₃ zhe」文における場所を表す語句は、次のように様々に異なる範囲を表すことができる。

　　　　（47）身　后　跟着　一　个　人。　　（点）
　　　　　　　体　後　つける　（着 zhe）　1　個　人

後ろに1人の人がついている。

(48) 马路 上 走 着 一 群 人。　（線）
　　　道路　上　歩く　（着 zhe）　1　群　人
　　　道路を一群の人が歩いている。

(49) 操场 上 滚 着 雪球。　（面）
　　　運動場　上　転がす　（着 zhe）　雪だるま
　　　運動場で雪だるまを転がしている。

(50) 天空 中 飞 着 一 群 白鸽。　（立体）
　　　空　中　飛ぶ　（着 zhe）　1　群　白鳩
　　　一群の白鳩が空を飛んでいる。

　ただし、さらに上位のレベルで概括すると、上述の「点」、「線」、「面」、「立体」はいずれも1種の「点」を表しており、この点は「位置点」でもあれば、「移動点」でもよい。「马路上走着一群人／道路を一群の人が歩いている」における「马路上／道路の上」が表しているのは、「位置点」であり、「马路上走来一群人／道路から一群の人が歩いてくる」における「马路上／道路の上」が表しているのは、「移動点」である。このように、「着₃ zhe」文において、動詞を支配する名詞性成分が表す物体も、あるいは動詞の支配を受ける名詞性成分が表す物体も、それらが置かれる位置は、この上位的レベルでの「点」という範囲内にある。

　（Ⅱ）「着₃ zhe」文の動詞は、移動動詞の1種ではあるものの、この種の空間位置上の「移動性」は、後に付加された「動作持続」を表す「着 zhe」の働きにより弱められ、「着₂ zhe」文の非移動動詞と同じような「動作の持続」としてとどまっている。しかし、動詞の移動性と非移動性という違いによって、移動動詞の動作持続と非移動動詞の動作持続は、位置点における現れが異なっている。図示すると、以下のようになる。

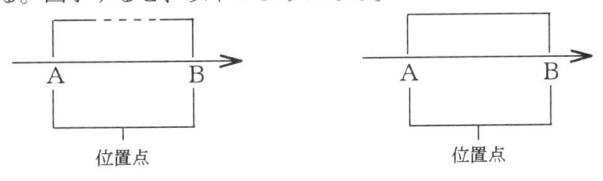

　　　　位置点　　　　　　　　　　位置点
　（移動動詞の動作持続）　　　（被移動動詞の動作持続）

空間位置における、移動動詞と非移動動詞の動作持続の違いは、「幅」構造

と「点」構造の違いである。

（Ⅲ）空間位置の移動を表すものは、必ず始点と終点を持ち、しかも移動の方向も持つものでなければならない。しかし、「着₃ zhe」文における移動は方向性を持たない。なぜなら、文中に移動を表すマーカー、即ち始点や終点を表す前置詞句や方向動詞を欠いているからである。このように、方向性を持たない移動となってはじめて動作の持続を形成することができる。よって、「移動動詞＋「着 zhe」」と「移動動詞＋方向動詞」は相互に排斥しあっている。例えば、「走着／歩いている」と「走来／歩いてくる」においては、「走来／歩いてくる」は方向性を持つ移動であり、「走／歩く」という動作を行う物体が話し手のいるところに向かって「走来／歩いてくる」のである。従って、「走来着／歩いてきている」とも、「走着来／歩いていて来る」とも言えない。「着₃ zhe」文における移動は、持続する動作となっているので、例文の「走着／歩いている」や「跟着／つけている」などの動詞のように、時間軸上でのみ行われるのであり、空間軸上では、やはり静止的であると考えられる。

3 「着₁zhe」文の下位分類の問題

3.0 「着 zhe」構文の下位分類は、主に「着₁ zhe」文について行われるものである。なぜなら、「着₂ zhe」文と「着₃ zhe」文の内部構造は比較的簡単であり、下位分類をする必要がないからである。

3.1 分類の基準

「着₁ zhe」文の下位分類については、その位置点に置かれる物体とその位置点にとどまっている動作状態との間の関係を明らかにすることができるか否かを分類の基準としなければならない。これまですでに「着₁ zhe」文の下位分類に気づき、分類を試みたものはあるが、その分類の結果は満足できるものではなかった。例えば、範方蓮は、動詞が他動詞か自動詞かに基づいて「着₁ zhe」文を分類したが、次の例のように、他動詞と自動詞自体が境界のはっきりしない概念である。

(51) 屋子 里 挤 着 许多 人。
部屋 中 込み合う （着 zhe） たくさん 人
部屋の中はたくさんの人で込み合っている。

(52) 牙刷 上 挤 着 许多 牙膏。
　　　歯ブラシ　上　押す　（着 zhe）　たくさん　練り歯磨き
　　歯ブラシの上にはたくさんの練り歯磨きが押し出されている。
「挤／込み合う、押す」のような動詞は、他動詞と自動詞という基準からはっきりと区別することができない。結局、範方蓮（1963）は、かなりあいまいな言い方で境界を引くことしかできなかった。聶文龍（1989）は、「着₁zhe」文を「坐／座る」タイプと「貼／貼る」タイプに分けているが、それはやはり動詞が他動詞か自動詞かを分類の主な基準としている。李臨定（1990）は『現代漢語動詞／現代中国語の動詞』で、「着₁zhe」文の動詞を意味によってA〜Gの7類に分けている。李臨定の分類も1種の「着₁zhe」文の下位分類と見なすことができるが、形式的には検証できないので、明らかに本稿の「着₁zhe」文の下位分類に対する要求を満たしてはいない。

　本稿が「着₁zhe」文を下位分類する方法は、「着₁zhe」文のそれぞれの構成部分を体系的なネットワークとして考えるものである。「着₁zhe」文において、動作状態をある位置点にとどまらせる参与者（人または事物）は1つだけであるが、その参与者の役割は同じではないため、異なる役割の参与者が「着₁zhe」文の内部分化をもたらすのである。また、「着₁zhe」文がある位置点にとどまる動作または状態を表すのは、主に静態的持続性を持つ「着 zhe」によってもたらされるのであり、「着 zhe」の前の動詞は、「着 zhe」を伴ってはじめて空間位置を表す形式の中の非動作性の「状態動詞」になるのである。「着 zhe」が必ず付加されねばならないために、「着₁zhe」文の表面上の形式が一致するのであり、よって、「着₁zhe」文の下位分類は、必要に応じて「着 zhe」を取り除いた形式において考察しても良い。この原則から、「着₁zhe」文は下の3類に分けられる。このような分類は以前の分類の結果と類似している面もあるが、分類の根拠は異なっており、説明力も違うのである。

3.2　主体「着₁zhe」文

　この種の「着₁zhe」文の参与者はいずれもとどまっている状態の主体として「着₁zhe」文に加わっている。例えば：

(53) 床 上 躺 着 一 个 人。
　　　ベッド　上　横たわる　（着 zhe）　1　個　人

ベッドの上に1人の人が横たわっている。
(54) 外面 站 着 几 个 哨兵。
　　　外　立つ　(着 zhe) いくらか 個　哨兵
　　外に数人の哨兵が立っている。
(55) 门 边 蹲 着 两 只 石狮。
　　　門　あたり　しゃがむ　(着 zhe)　2　匹　狛犬
　　門のあたりに2匹の狛犬がしゃがんでいる。

　この種の動詞には、他に「坐／座る」、「趴／腹這いになる」、「跪／ひざまずく」、「钻／通り抜ける」、「围／囲む」、「卧／俯せに寝る」、「住／住む」、「藏／隠れる」、「混／いい加減に過ごす」などがある。上述の例文では、動作状態「躺着／横たわっている」、「站着／立っている」、「蹲着／しゃがんでいる」は、状態動詞「躺／横たわる」、「站／立つ」、「蹲／しゃがむ」に静態的持続性を持つ「着 zhe」を付加することによって表されたものであり、この種の動作状態が「床上／ベッドの上」、「外面／外」、「门边／門のあたり」という位置点にとどまれるのは、「一个人／1人の人」、「几个哨兵／数人の哨兵」、「两只石狮／2匹の狛犬」という参与者によるのである。従って、この種の「着₁ zhe」文は次のような言い換えにおいて、参与者のうち、主体としての役割を表すことができる。

(56) 床 上 躺 着 一 个 人。 → 一 个 人 躺 在 床 上。
　　　ベッド　上　横たわる　(着 zhe)　1　個　人
　　ベッドの上に1人の人が横たわっている。
　　　　　1　個　人　横たわる　に　ベッド　上
　　　1人の人がベッドに横たわる。
(57) 外面 站 着 几 个 哨兵。 → 几 个 哨兵 站 在 外面。
　　　外　立つ　(着 zhe) いくらか 個　哨兵
　　外に数人の哨兵が立っている。
　　　　　いくらか　個　哨兵　立つ　に　外
　　　数人の哨兵が外に立つ。
(58) 门 边 蹲 着 两 只 石狮。 → 两 只 石狮 蹲 在 门 边。
　　　門　あたり　しゃがむ　(着 zhe)　2　匹　狛犬
　　門のあたりに2匹の狛犬がしゃがんでいる。

　　　　　２　匹　狛犬　しゃがむ　に　門　あたり
　　　　　２匹の狛犬が門のあたりにしゃがんでいる。
　戴浩一（James Tai 1987）は、「動詞の後に現れる場所を表す連用修飾語の働きは、動作の影響を受ける動作参与者の場所を表すことにある」と考えている。上述の言い換え式は、まさに｛主体「着₁ zhe」文｝の参与者の役割を最もよく説明できるものである。

3.3　客体「着₁ zhe」文

　この種の「着₁ zhe」文の参与者はいずれもとどまっている状態の客体として「着₁ zhe」文に参与している。例えば：
（59）　墙　上　挂　着　一　幅　画。
　　　　壁　上　掛ける　（着 zhe）　１　枚　絵
　　　　壁に１枚の絵が掛けてある。
（60）　竹竿　上　晾　着　几　件　衣服。
　　　　竹竿　上　干す　（着 zhe）　いくらか　着　服
　　　　竹竿に数着の服が干されている。
（61）　信封　上　贴　着　两　张　外国　邮票。
　　　　封筒　上　貼る　（着 zhe）　２　枚　外国　切手
　　　　封筒に２枚の外国の切手が貼ってある。
　この種の動詞には、他に「放／おく」、「摆／並べる」、「摊／広げる」、「铺／のばす」、「吊／つるす」、「盛／盛りつける」、「架／支える」、「停／停める」、「垫／しく」、「堆／積む」、「埋／埋める」、「盖／覆いかぶせる」、「戴／つける」、「带／持つ」、「穿／着る」などがある。上述の例文の参与者「一幅画／１枚の絵」、「几件衣服／数枚の服」、「两张外国邮票／２枚の外国切手」は、動作状態「挂着／掛けてある」、「晾着／干してある」、「贴着／貼ってある」が関わる対象である。この種の形式は、「挂着／掛けてある」、「晾着／干してある」、「贴着／貼ってある」という動作状態が「一幅画／１枚の絵」、「几件衣服／数枚の服」、「两张外国邮票／２枚の外国切手」を「墙上／壁」、「竹竿上／竹竿」、「信封上／封筒」という位置点にとどまらせることを表す。従って、｛客体「着₁ zhe」文｝はいずれも次のように言い換えることができる。
　　（62）墙　上　挂　着　一　幅　画。　→　在　墙　上　挂　画。

　　　　　壁　上　掛ける　(着 zhe)　1　枚　絵
　　　　壁に1枚の絵が掛けてある。
　　　　　　　に　壁　上　掛ける　絵
　　　　　壁に絵を掛けている
(63) 竹竿 上 晾 着 几 件 衣服。　→　在 竹竿 上 晾 衣服。
　　　　　竹竿　上　干す　(着 zhe)　いくらか　着服
　　　　竹竿に数着の服が干してある。
　　　　　　　に　竹竿　上　干す　服
　　　　　竹竿に服を干している。
(64) 信封 上 贴 着 两 张 外国 邮票。　→　在 信封 上 贴 邮票。
　　　　　封筒　上　貼る　(着 zhe)　2　枚　外国　切手
　　　　封筒に2枚の外国の切手が貼ってある。
　　　　　　　に　封筒　上　貼る　切手
　　　　　封筒に切手を貼っている。

{客体「着₁zhe」文} も、{主体「着₁zhe」文} のように言い換えることができる。例えば：

(65) 墙 上 挂 着 一 幅 画。　→　一 幅 画 挂 在 墙 上。
　　　　　壁　上　掛ける　(着 zhe)　1　枚　絵
　　　　壁に1枚の絵が掛けてある。
　　　　　　　1　枚　絵　掛ける　に　壁　上
　　　　　1枚の絵が壁に掛けてある。
(66) 竹竿 上 晾 着 几 件 衣服。　→　几 件 衣服 晾 在 竹竿 上。
　　　　　竹竿　上　干す　(着 zhe)　いくらか　着服
　　　　竹竿に数着の服が干されている。
　　　　　　　いくらか　着服　干す　に　竹竿　上
　　　　　数着の服が竹竿に干してある。
(67) 信封 上 贴 着 两 张 外国 邮票。　→　两 张 外国 邮票 贴 在 信封 上。
　　　　　封筒　上　貼る　(着 zhe)　2　枚　外国　切手
　　　　封筒に2枚の外国の切手が貼ってある。
　　　　　　　2　枚　外国　切手　貼る　に　封筒　上
　　　　　2枚の外国の切手が封筒に貼ってある。

しかし、以上のように言い換えた後では、戴浩一（James Tai）が述べるところの「動作参与者」の場所を表すのではなく、動作目標の場所を表すのである。よって、{客体「着₁ zhe」文}は次のように言い換えることができない。
　　(68) 一　幅　画　挂　在　墙　上。　→　*一　幅　画　挂。
　　　　　1　枚　絵　掛ける　に　壁　上
　　　　1枚の絵が壁に掛けてある。
　　　　　　*1　枚　絵　掛ける
　　　　　*一枚の絵が掛ける。
一方、{主体「着₁ zhe」文}は次のように言い換えることができる。
　　(69) 一　个　人　躺　在　床　上。　→　一　个　人　躺。
　　　　　1　個　人　横たわる　に　ベッド　上
　　　　1人の人がベッドに横たわっている。
　　　　　　1　個　人　横たわる
　　　　　1人の人が横たわる。

　従って、3.1の「屋子里挤着许多人／部屋の中はたくさんの人で込み合っている」は、「许多人挤／たくさんの人が込み合う」に言い換えることができるので、{主体「着₁ zhe」文}であるが、「牙刷上挤着许多牙膏／歯ブラシの上にはたくさんの練り歯磨きが押し出されている」は、「许多牙膏挤／たくさんの練り歯磨きが押す」に言い換えることができないので、{客体「着₁ zhe」文}である。

3.4　存在「着₁zhe」文

　この種の「着₁ zhe」文の参与者はいずれもとどまっている状態の結果として「着₁ zhe」文に参与している。例えば：
　　(70) 黑板　上　写　着　几　行　大　字。
　　　　　黒板　上　書く　(着 zhe)　いくらか　行　大きい　字
　　　　黒板に数行の大きな字が書いてある。
　　(71) 袖口　上　绣　着　一　朵　小　花。
　　　　　袖口　上　刺繍する　(着 zhe)　1　輪　小さい　花
　　　　袖口に1輪の小さな花が刺繍してある。
　　(72) 纸　上　画　着　一　只　小　鸭。

265

　　　　　　紙　上　描く　（着 zhe）　1　羽　小さい　カモ
　　　　　紙に1羽の小ガモが描いてある。

　この種の動詞には、他に「刻／刻む」、「织／編む、織る」、「印／印刷する」、「抄／写す」などがある。この種の形式は、「写着／書いてある」、「绣着／刺繍してある」、「画着／描いてある」という動作状態が「黒板上／黒板」、「袖口上／袖口」「纸上／紙」という位置点に残る結果として、「几行大字／数行の大きな字」、「一朵小花／1輪の小さな花」、「一只小鸭／1羽の小ガモ」という参与者を出現させることを表している。即ち、「写／書く」、「绣／刺繍する」、「画／描く」という動作を行った後に、「几行大字／数行の大きな字」、「一朵小花／1輪の小さな花」、「一只小鸭／1羽の小ガモ」が現れたのである。従って、{存在「着₁ zhe」文}は次のように言い換えることができる。

　　(73) 黒 板　上　写　着　几　行　大　字。　→　黒　板　上　写　出　几　行　大　字。
　　　　　　黒板　上　書く　（着 zhe）　いくらか　行　大きい　字
　　　　　黒板に数行の大きな字が書いてある。
　　　　　　　　　黒板　上　書く　だす　いくらか　行　大きい　字
　　　　　黒板に大きな字を数行書き出している。

　　(74) 袖 口　上　绣　着　一　朵　小　花。　→　袖 口 上 绣　出　一　朵　小　花。
　　　　　　袖口　上　刺繍する　（着 zhe）　1　輪　小さい　花
　　　　　袖口に1輪の小さな花が刺繍してある。
　　　　　　　　袖口　刺繍する　だす　1　輪　小さい　花
　　　　　袖口に1輪の小さな花を刺繍している。

　　(75) 紙　上　画　着　一　只　小　鸭。　→　紙　上　画　出　一　只　小　鸭。
　　　　　　紙　上　描く　（着 zhe）　1　羽　小さい　カモ
　　　　　紙に1羽の小ガモが描いてある。
　　　　　　　　紙　上　描く　だす　1　羽　　　　　小さい　カモ
　　　　　紙の上に1羽の小ガモを描きだしている。

　{主体「着₁ zhe」文}と{客体「着₁ zhe」文}の参与者はみな「現れる」という意味を有していない。よって次のように、{存在「着₁ zhe」文}のような言い換えはない。

　　(76) 床　上　躺　着　一　个　人。　→　*床　上　躺　出　一　个　人。
　　　　　　ベッド　上　横たわる　（着 zhe）　1　個　人

266

ベッドに１人の人が横たわっている。
　　　　　*ベッド　上　横たわる　だす　１　個　人
　　　*１人の人がベッドに横たわりだす。
(77) 信封 上 贴 <u>着</u> 两张 外国 邮票。 → *信封 上 贴 <u>出</u> 两张 外国 邮票。
　　　封筒　上　貼る　(着 zhe)　２　枚　外国　切手
　　　封筒に２枚の外国の切手が貼ってある。
　　　　　*封筒　上　貼る　だす　２　枚　外国　切手
　　　*封筒に２枚の外国の切手が貼りだす。
(78) 屋子 里 挤 <u>着</u> 许多 人。 → *屋子 里 挤 <u>出</u> 许多 人。
　　　部屋　中　込みあう　(着 zhe)　たくさん　人
　　　部屋の中はたくさんの人で込み合っている。
　　　　　*部屋　中　込みあう　だす　たくさん　人
　　　*部屋の中はたくさんの人で込み合い出す。
(79) 牙刷 上 挤 <u>着</u> 许多 牙膏。 → *牙刷 上 挤 <u>出</u> 许多 牙膏。
　　　歯ブラシ　上　押す　(着 zhe)　たくさん　練り歯磨き
　　　歯ブラシの上にはたくさんの練り歯磨きが押し出されている。
　　　　　*歯ブラシ　上　押す　だす　たくさん　練り歯磨き
　　　*歯ブラシの上にはたくさんの練り歯磨きが押し出しだす。

以上をまとめると、「着₁ zhe」文の３つのタイプは次頁の表１のようになる。

表１

参与者	動詞	例文	言い換え式	表している意味
主体	躺/横たわる 坐/坐る 站/立つ	床上躺着一个人/ベッドに１人の人が横たわっている	一个人躺在床上/１人の人がベッドに横たわっている	ある位置点にとどまる動作の状態は参与者によりもたらされる
客体	挂/掛ける 晾/干す 贴/貼る	墙上挂着一幅画/壁の上に１枚の絵が掛けてある	在墙上挂画/壁に絵を掛けている	ある位置点に置かれる動作の状態によって参与者がとどまり得る
存在	写/書く 绣/刺繍する 画/描く	纸上画着一只鸭/紙に１羽のカモが描いてある	纸上画出一只鸭/紙に１羽のカモを描きだしている	ある位置点に置かれる動作状態の結果が参与者を出現させる

4 「着zhe」構文の語用的機能
4.1 「着zhe」構文の主題

　李臨定（1987）は、「墙上挂着一幅画／壁に1枚の絵が掛けてある」、「床上躺着一个人／ベッドに1人の人が横たわっている」のような「着₁zhe」文と、その言い換えた形式「一幅画挂在墙上／1枚の絵が壁に掛けてある」、「一幅画在墙上挂着／1枚の絵が壁に掛けてある」、「一个人躺在床上／1人の人がベッドに横たわっている」、「一个人在床上躺着／1人の人がベッドに横たわっている」をすべて静態文の基本的形式であると見なし、「それらの表している基本的意味も同じである」と考えている。実際には、空間位置の体系においてこの3つの形式が表す意味は異なっており、その最も大きな違いは語用的機能であり、それはまず第1に主題が異なっていることに現れている。

　「着 zhe」構文と上に述べた他の2つの構文は、いずれも1種の空間位置の表現であるが、主題となる成分は異なっている。「着 zhe」構文の文頭には、常に方向・位置を表す語句があり、この方向・位置語句の指す所が主題となるが、他の構文はふつうある静態的位置に置かれてる物体を主題とする。主題は、無標の主題と有標の主題の2つに分けられるが、一般に名詞が主題となる場合、無標の主題となり、前置詞句構造が主題となる場合、有標の主題となる。無標の主題（topic）と題述（comment）の間には、比較的長いポーズを置くことができ、また文中語気詞を挿入することもできる。例えば：

(80) 一幅画 在 墙上 挂着。 → 一幅画 哪, 在 墙 上 挂 着 呢。
　　　1 枚絵 に 壁上 掛ける （着 zhe）
　　　1枚の絵が壁に掛けてある。

　　　　1 枚絵 （哪 na） に 壁上 掛ける （着 zhe） （呢 ne）
　　　　1枚の絵がね、壁に掛けてあるよ。

(81) 一个人 躺 在 床上。 → 一个人, 躺 在 床 上 了。
　　　1 個人 横たわる に ベッド 上
　　　1人の人がベッドに横たわっている。

　　　　1 個 人, 横たわる に ベッド 上 （了 le）
　　　　1人の人が、ベッドの上に横になっている。

　「着 zhe」構文の文頭に置かれる方向・位置語句は、いずれもその前に前置詞の「在／に、で」を補うことができるが、日常の使用においてのみ、「同動

詞「在／に、で」はしばしば省略することができる」(李遠哲1990)。よって、「着 zhe」構文の主題は、有標の主題であると見なすことができる。有標な主題においては、主題と題述は緊密に結びついているので、その間にポーズを置いたり、その他の成文を挿入することはできない。

その他、もっと長い文（「着 zhe」構文を持つ提示文を含む文）では、次の例のように、しばしば後続する談話の主題となる働きを持っている。

(82) 墙 上 挂着 一 幅 画, 这 幅 画 是 名 画家 黄胄 画 的, 黄胄 画 的 牛 可 有名 啦…
壁 上 掛ける （着 zhe） 1 枚 絵, これ 枚 絵 （是 shi） 有名 画家 黄胄 描く （的de）, 黄胄 描く （的de） 牛 すごく 有名 （啦la）
壁の上に1枚の絵が掛けてあり、この絵は名画家の黄胄が描いたもので、黄胄の描いた牛はすごく有名なんですよ...

4.2　「着zhe」構文における名詞性成分の定指示と不定指示

「着₁ zhe」文と「着₃ zhe」文における名詞性成分は、新情報として文末に現れ、普通は不定指示であって、「数量詞＋名詞」という形式として用いられる。しかし、「定の名詞句であってもよい」と考える学者もある (李臨定1987)。筆者は「定」の名詞句の出現は一定の条件を必要とすると考えるが、ここには少し説明が必要である。

（Ⅰ）「特定／不特定」という概念は話し手と関係があり、「定指示／不定指示」という概念は聞き手の側に関係している。よって、この2つの概念に与えた定義から見ると、李臨定氏が言うところの「定」は実際には名詞句の「定指示」のことであろう。話し手からすれば、「墙上挂着一幅画／壁に1枚の絵が掛けてある」や「马路上走着一群人／道路を一群の人が歩いている」における「一幅画／1枚の絵」や「一群人／一群の人」のような「数量詞＋名詞」はいずれも特定のものである。

（Ⅱ）文末の名詞性成分は、定指示であるならば、「身旁躺着车长杰／傍らに車長傑が横たわっている」、「墙上挂着"岁寒四友"／壁に「歳寒の四友」がかかっている」に見られるように、普通は固有名詞である。もし文末が人称代名詞ならば、この人称代名詞はその性質上、古い情報、既知の情報を表している。例えば：

(83) 她谈锋甚健地扯着美国的见闻,忽地想起和她一起来的江华怎么好长时间听不见声响了,忙用眼光朝客厅四周扫了一遍,发现 靠 墙拐 的 沙发 上 坐 着 他。①
　　　発見する　近くにある　角の壁　（的 de）　ソファ　上　座る　（着 zhe）　彼
　　彼女は弁舌もさわやかにアメリカでの見聞を話していたが、突然、彼女と一緒にきた江華がどうして長い間声が聞こえないのかと思い、急いで目を応接間の中にさっと走らすと、角の壁に近いソファに彼が座っているのを見つけた。

(84) 王长华与这个女人一路小跑着,只要 听 喘气 声,就 知道 身 后 跟 着 她。
　　　　　　　　　さえ　聞く　呼吸する　声,（就 jiu）　知る　身　後ろ　つく　（着 zhe）　彼女
　　王長華とこの女性は道をずっと小走りに走っていて、ただあえぐ声だけを聞いて後ろに彼女がついてきていることがわかる。

　（Ⅲ）しかし、固有名詞であっても、慣習上その前に数量詞「一个／1つ」、「一位／1人」などをつけ、「その特定性を弱め」なければならない（湯廷池 1980）。筆者は、「身旁躺着车长杰／傍らに車長傑が横たわっている」と「身旁躺着一个车长杰／傍らに（1人）車長傑が横たわっている」、また、「身后跟着她／後ろに彼女がついている」と「身后跟着一个她／後ろに（一人）彼女がついている」という２組の文を用いてテストしたことがあるが、大多数の人は、数量詞が伴われると慣習的話し方により合致すると指摘していた[3]。「着₁ zhe」文と「着₃ zhe」文の文末における固有名詞の使用は、「是／〜だ」文や「有／ある、いる」文の文末における固有名詞の使用ほどは自由ではない。これは「是／〜だ」文や「有／ある、いる」文の文末に現れた固有名詞の多くは場所を表す語句からなるが、「着 zhe」文の文末の名詞は場所を表す語句ではあり得ないからである。

　「着₂ zhe」文の文末の名詞性成分は、多くの場合「数量詞＋名詞」という形式を取らないが、「着₂ zhe」文の文末の名詞性成分が定指示であると言うことではない。「数量詞＋名詞」は不定指示のマーカーであるが、裸名詞が目的語の位置にある時も多くの場合不定指示である。例えば：

---

① 訳者注：逐次訳は下線部のみを示す。

11 静態的位置を表す「着 zhe」の意味と用法

(85) 台 上 演 着 梆子戏。 → 台 上 演 着 一 出 梆子戏。
　　　ステージ　上　演じる　（着 zhe）　バンツウ劇
　　ステージの上でバンツウ劇を演じている。
　　　　　　　ステージ　上　演じる　（着 zhe）　1　（出 chu）　バンツウ劇
　　　　　ステージの上で1つのバンツウ劇を演じている。
(86) 书房 里 陪 着 客。 → 书房 里 陪 着 一 位 客。
　　　書斎　中　相手をする　（着 zhe）　客
　　書斎で客の相手をしている。
　　　　　　　書斎　中　相手をする　（着 zhe）　1　個　客
　　　　　書斎で1人の客の相手をしている。

ただし、「着₂ zhe」文の文末の名詞性成分は定指示でもよく、自由なのであり、「着₁ zhe」文や「着₃ zhe」文のように一定の条件が必要であるわけではない。よって、上述の例文は、次のように言い換えることもできる。

(87) 台 上 演 着 梆子戏。 → 台 上 演 着 梆子戏 《沙家浜》。
　　　ステージ　上　演じる　（着 zhe）　バンツウ劇
　　ステージの上でバンツウ劇を演じている。
　　　　　　　ステージ　上　演じる　（着 zhe）　バンツウ劇　《沙家浜》
　　　　　ステージの上でバンツウ劇《沙家浜》を演じている。
(88) 书房 里 陪 着 客。 → 书房 里 陪 着 那 位 从 北京 来 的 客。
　　　書斎　中　相手をする　（着 zhe）　客
　　書斎で客の相手をしている。
　　　　　　　書斎　中　相手をする　（着 zhe）　あの　方　から　北京　来る　（的 de）　客
　　　　　書斎であの北京からきた客の相手をしている。

4.3　「着zhe」文の前提と焦点

「着 zhe」構文は提示文であり、その談話機能は話の相手に人や事物を提示することにある。

(89) 墙 上 挂 着 一 幅 画。
　　　壁　上　掛ける　（着 zhe）　1　枚　絵
　　壁に1枚の絵が掛けてある。
(90) 台 上 演 着 梆子戏。

271

   ステージ　上　演じる　（着 zhe）　バンツウ劇
  ステージの上でバンツウ劇を演じている。
(91)　马路 上 走 <u>着</u> 一 群 人。
   道路　上　歩く　（着 zhe）　1　群　人
  道路を一群の人が歩いている。

　「着₁ zhe」文においては、話し手は聞き手に「墙上／壁の上」に位置する「一幅画／1枚の絵」を提示しており、「着₂ zhe」文においては、話し手は聞き手に「台上／ステージの上」に存在する「梆子戏／バンツウ劇」を提示している。そして、「着₃ zhe」文においては、話し手は聞き手に「马路上／道路の上」に位置する「一群人／一群の人」を提示している。提示される人や事物がどのような方式でその位置に存在するかは、これら人や事物を表す名詞句の前の動詞と、「持続を表す」助詞「着 zhe」によって決定される。

　「着 zhe」構文の言い換え形式はいずれも提示文ではなく、「主題文」である。主題文の構成は「旧から新へ」の原則に従いわねばならない。即ち、旧情報は前に、新情報は後に置かれる。「着 zhe」構文も、空間位置を表す主題文と同様に、情報の焦点は文末にあるが、「着 zhe」構文の焦点は、静態的位置に置かれる人や事物を表すことにあり、静態的位置を表す方向・位置語句は旧情報になる。一方、主題文の焦点は、人や事物が一定の方式で存在しているその場所にあるので、人や事物の方は旧情報になる。「着 zhe」構文は主題文の旧情報を文末に移動させ、「前景化（foregrounding）」し、文末焦点（endfocusing）にするのである。

　焦点の違いは前提の違いをもたらす。「着₁ zhe」文とその2つの言い換え形式を比較すると、次頁の表2のようになる。

表2

例文	焦点	前提
墙上挂着一幅画 壁に1枚の絵が掛けてある	一幅画 1枚の絵	壁にあるものが掛けてある
一幅画挂在墙上 1枚の絵が壁に掛けてある	墙上 壁	1枚の絵がある形で壁に残っている
一幅画在墙上挂着 1枚の絵が壁に掛けてある	挂着 掛けてある	1枚の絵がある場所に掛けてある

5 「着zhe」構文と対応する「了le」構文

5.1 「場所を表す語句＋動詞＋了＋名詞」から形成される「了le」構文には、それぞれ異なる形式がある。

(ⅰ) 村子 里 死 了 一 头 牛。
　　　村 中 死ぬ （了 le） 1 頭 牛
　　　村で1頭の牛が死んだ。

(ⅱ) 墙 上 挂 了 一 幅 画。
　　　壁 上 掛ける （了 le） 1 枚 絵
　　　壁に1枚の絵を掛けた。

(ⅲ) 台 上 演 了 一 小时 梆子戏。
　　　ステージ 上 演じる （了 le） 1 時間 バンツウ劇
　　　ステージの上で1時間バンツウ劇を演じた。

(ⅳ) 床 上 躺 了 一 个 人。
　　　ベッド 上 横たわる （了 le） 1 個 人
　　　ベッドに1人の人が横たわっている。

この中で、「着 zhe」構文と対応関係にあるものは、第(ⅳ)類の「了 le」構文であろう。そして、第(ⅳ)類の「了 le」構文と対応関係にあるのも、「着₁ zhe」文だけである。従って、この問題を論じるにあたっては、第(ⅳ)類「了 le」構文と「着₁ zhe」文とに集中することになろう。

5.2 だが、「着₁ zhe」文と、「着₁ zhe」文と同じ意味を持つ「了 le」構文を詳しく考察すると、「方向・位置語句＋動詞＋着＋名詞」が「方向・位置語句＋動詞＋了＋名詞」に言い換えられ、かつ静態的位置を表すときに同じような働きを持つのは、「着₁ zhe」文の中の一部分に過ぎないことがわかる。筆者は｛主体「着₁ zhe」文｝のみが「了 le」構文と対応関係にあると考える。例えば：

(92) 床 上 躺 着 一 个 人。 → 床 上 躺 了 一 个 人。
　　　ベッド 上 横たわる （着 zhe） 1 個 人
　　　ベッドに1人の人が横たわっている。
　　　　　　　ベッド 上 横たわる （了 le） 1 個 人
　　　　　　　ベッドに1人の人が横たわっている。

(93) 门 外 站 着 几 个 哨兵。 → 门 外 站 了 几 个 哨兵。

    門　外　立つ　「着 zhe」　いくらか　個　哨兵
   外に数人の哨兵が立っている。
      門　外　立つ　（了 le）　いくらか　個　哨兵
    外に数人の哨兵が立っている。
{客体「着₁ zhe」文}と{存在「着₁ zhe」文}は対応する「了 le」構文はない。
  (94)　墙　上　挂　着　一　幅　画。　→　*墙　上　挂　了　一　幅　画。
    壁　上　掛ける　（着 zhe）　1　枚　絵
    壁に1枚の絵が掛けてある。
      *壁　上　掛ける　（了 le）　1　枚　絵
     *壁に一枚絵を掛けた。
  (95)　袖口　上　绣　着　一　朵　花。　→　*袖口　上　绣　了　一　朵　花。
    袖口　上　刺繍する　（着 zhe）　1　輪　花
    袖口に1輪の花が刺繍してある。
      *袖口　上　刺繍する　（了 le）　1　輪　花
     *袖口に1輪の花を刺繍した。

他に、下に挙げる動詞は「着₁ zhe」文と同じ意味構造を持つ「了 le」構文しか形成できない。一般に、この種の「了 le」構文は「着₁ zhe」文に対応する用法をほとんど持たないのである。これらの動詞には「碎／砕く」、「破／破る」、「留／留まる」、「塌／崩れる」「肿／腫れる」などがある。

  (96)　窗　上　碎　了　一　块　玻璃。　→　*窗　上　碎　着　一　块　玻璃。
    窓　上　割る　（了 le）　1　枚　ガラス
    窓で1枚のガラスが割れた。
      *窓　上　割る　（着 zhe）　1　枚　ガラス
     *窓で1枚のガラスが割れているところだ。
  (97)　衣服　上　破　了　一　个　洞。　→　*衣服　上　破　着　一　个　洞。
    服　上　破る　（了 le）　一　個　穴
    服に穴があいた。
      *服　上　破る　（着 zhe）　一　個　穴
     *服に穴をあいているところだ。
  (98)　小店　里　留　了　两　位　客。　→　*小店　里　留　着　两　位　客。
    店　中　泊まる　（了 le）　2　人　客

店に2人の客が泊まっている。
　　　　　　*店　中　泊まる　（着 zhe）　2　人　客
　　　　*店に2人の客が泊まっているところだ。
　(99)　东院　里　塌　了　一　堵　墙。　→　*东院　里　塌　着　一　堵　墙。
　　　　　東院　中　崩れる　（了 le）　1　面　壁
　　　東院の中で一面の壁が崩れた。
　　　　　　東院　中　崩れる　（着 zhe）　1　面　壁
　　　　東院の中で一面の壁が崩れているところだ。
　上述の3種類の用法をまとめると、表3のようになる。
表3

	変換様式	文中の動詞	「着₁」文	「了」文
1	「着₁」文のみ	挂/掛ける 绣/刺繍する 贴/貼る 写/書く	墙上挂着一幅画/壁に1枚の絵が掛けてある 袖口上绣着一朵花/袖口に1輪の花が刺繍してある	
2	「着₁」文と「了」文の両方あり	躺/横たわる 站/立つ 坐/坐る 蹲/しゃがむ	床上躺着一个人/ベッドに1人の人が横たわっている。 门外站着几个哨兵/外に数人の哨兵が立っている	床上躺了一个人/ベッドに1人の人が横たわっている 门外站了几个哨兵/外に数人の哨兵が立っている
3	「了」文のみ	碎/割る 破/破る 留/泊まる 塌/崩れる		窗上碎了一块玻璃/窓で1枚のガラスが割れた 东院里塌了一堵墙/東院の中で一面の壁が崩れた

5.3　動作状態がとどまっていることを表す「了 le」構文の特性

　この種の「了 le」構文の特性の分析については、下のような角度から行うことができる。

5.3.1　朱德熙氏（1981）は、位置点に動作状態がとどまるという意味を表す「着₁ zhe」文では、文中の動詞は必ず同時に「付着」と「残る状態」という2つの特性を備えていなければならないと考えている。{主体「着₁ zhe」文}

は、「了 le」構文に言い換えられても、「躺／横たわる」、「站／立つ」、「坐／座る」、「蹲／しゃがむ」といった動詞は依然として「付着」と「残る状態」という2つの特性を保っている。例えば、「床上躺了一个人／ベッドに1人の人が横たわっている」における「躺／横たわる」という動作は、その位置点に置かれる「一个人／1人の人」の体に「付着」し、1つの状態として「床上／ベッドの上」という位置点に残る。しかし、{客体「着₁ zhe」文}或いは{存在「着₁ zhe」文}が「了 le」構文に言い換えられると、「付着」と「残る状態」という2つの意味特性は備えなくなる。「墙上挂了一幅画／壁に1枚の絵を掛けた」において、「挂／掛ける」という動作は、すでに完了しており、位置点に置かれる「一幅画／1枚の絵」に「付着」してはいず、また「一幅画／1枚の絵」は「挂／掛ける」という動作の対象であって、決して「挂着／掛けてある」という動作の残る状態ではない。「袖口上绣着一朵花／袖口に1輪の花を刺繍した」も「墙上挂了一幅画／壁に1枚の絵を掛けた」と同じである。従って、{主体「着₁ zhe」文}のみがそれに対応する「了 le」構文を有している。

5.3.2 「床上躺了一个人／ベッドに1人の人が横たわっている」、「门外站了几个哨兵／門の外に数人の哨兵が立っている」といった文における動詞は、やはりある種の動作状態がとどまっていることを表しており、その中の「了 le」は動作の完了を表すのではない。このことは、文中に時間を表す語句が伴えるかどうかという点からも証明することができる。「墙上挂了一幅画／壁に1枚の絵を掛けた」や「袖口上绣了一朵花／袖口に1輪の花を刺繍した」といった文には、「了 le」のテンス特性に関係のある語句を伴うことができる。

(100) 墙 上 先 挂 了 一 幅 画, 后来 又 挂 了 一 幅 字。
　　　 壁 上 先 掛ける (了 le) 1 枚 絵, その後 また 掛ける (了 le) 1 枚 字
　　　 壁に1枚の絵を先に掛け、後でまた一枚の字を掛けた。

(101) 袖口 上 绣 完 了 一 朵 花, 又 在 领口 上 绣 了 起来。
　　　 袖口 上 刺繍する おわる (了 le) 1 本 花, また に 襟元 上 刺繍する (了 le) はじめる
　　　 袖口に1輪の花を刺繍し終わって、また襟元に刺繍し始めた。

「床上躺了一个人／ベッドに1人の人が横たわっている」といった文は、動

276

作の完了と関係のある語句を伴うことができない。例えば、「床上先躺了一个人，又躺了另一个人／ベッドに先に1人の人が横たわり、また別の人が横たわった」と言うことはできない。

5.3.3　体系機能文法の観点から見ると、持続状態がとどまることを表す「着₁ zhe」文では、状態過程の参与者は1つしかない。「床上躺了一个人／ベッドに1人の人が横たわっている」や「门外站了几个哨兵／門の外に数人の哨兵が立っている」といった文においては、参与者も「着₁ zhe」文と同様に1つしかない。「一个人／1人の人」、「几个哨兵／数人の哨兵」は、いずれも主体の参与者として、「躺／横たわる」、「站／立つ」という状態過程に関わっている。「墙上挂了一幅画／壁に1枚の絵を掛けた」や「袖口上绣了一朵花／袖口に1輪の花を刺繍した」といった文における「一幅画／1枚の絵」「一朵花／1輪の花」は、すでに{客体}或いは{存在}の役割を持ってはおらず、動作の目標となっている。動作過程の特徴は、文の中に現れる参与者が1つでも、2つでもよいという点である。参与者は、2つある場合には、動作主と動作過程となり、1つしかない場合には、動作主だけとなる。「墙上挂了一幅画／壁に1枚の絵を掛けた」や「袖口上绣了一朵花／袖口に1輪の花を刺繍した」といった文では、参与者は1つしか現れていないが、この参与者は動作の目標であり、明らかに別のもう1つの参与者、即ち動作主を含意している。参与者が2つあるならば、持続状態がとどまることを表すことはあり得ない。

5.3.4　「着₁ zhe」文と意味構造関係が同じである「了 le」構文は、その参与者がただ1つであるため、受動態形式を持たない。文法辞書（例えば孟綜らの『動詞用法辞典』、上海辞書出版社 1987）には、いくつかの「了 le」構文の用例が挙げられ、これらの「了 le」構文も存在文に属し、よって、静態的位置点に持続状態がとどまるという意味を表すことができる、と見なしているものもある。しかし、筆者は、これらの「了 le」構文には受動態形式があるので、「着₁ zhe」文とは異り、「墙上挂了一幅画／壁に1枚の絵を掛けた」や「袖口上绣了一朵花／袖口に1輪の花を刺繍した」といった種類の文と似通っていると考える。例えば、下に挙げた文には、いずれも動作主が含意されている。

　　（102）脚 上 叮 了 一 个 包。

　　　　　足　上　刺す　（了 le）　1　個　はれもの
　　　　　足を刺されて腫れ物ができた。
（103）　墙　上　掘　了　一　个　洞。
　　　　　壁　上　掘る　（了 le）　1　個　穴
　　　　　壁に穴があけられた。
（104）　窗户　纸　上　捅　了　好　几　个　窟窿。
　　　　　窓　紙　上　突き破る　（了 le）　ずいぶん　いくらか　個　穴
　　　　　窓紙にたくさんの穴を突き破られた。
（105）　马路　中间　挖　了　一　条　沟。
　　　　　道路　真ん中　掘る　（了 le）　1　本　溝
　　　　　道路の真ん中に1本の溝が掘られた。
（106）　地　上　糟蹋　了　好　多　粮食。
　　　　　地面　上　無駄にする　ずいぶん　多い　穀物
　　　　　地面の上にたくさんの穀物が無駄にされている。

5.3.5　「床上躺了一个人／ベッドに1人の人が横たわっている」や「门外站了几个哨兵／門の外に数人の哨兵が立っている」といった文が持続状態がとどまるという意味を持つことができる主な原因は、決してこれらの文における動詞が自動詞だからではない。範方蓮（1963）は、「典型的な内動詞であれば、普通の動詞目的語関係と誤解されることはない」ため、「着₁ zhe」文を「了 le」構文に言い換えることができるのであって、「走／歩く」や「飞／飛ぶ」もこの種の典型的な内動詞に属すると考えている。しかし、実際には、「走／歩く」や「飞／飛ぶ」といった動詞を含む文でも、「着 zhe」と「了 le」の間に対応関係を持たない。

（107）　马路　上　走　着　一　群　人。　→　*马路　上　走　了　一　群　人。
　　　　　道路　上　歩く　（着 zhe）　1　群　人
　　　　　道路の上を一群の人が歩いている。
　　　　　　　*道路　上　歩く　（了 le）　1　群　人
　　　　　　　*道路の上を一群の人が歩いた。
（108）　天　上　飞　着　一　群　小　鸟。　→　*天　上　飞　了　一　群　小　鸟。
　　　　　空　上　飛ぶ　（着 zhe）　1　群　小さい　鳥

空を一群の小鳥が飛んでいる。
　　　　　＊空　上　飛ぶ　（了 le）　１　群　小さい　鳥
　　　＊空を一群の小鳥が飛んだ。
(109) 学校 里 走 了 一 群 人。 → ＊学校 里 走 着 一 群 人。
　　　　学校　中　歩く　（了 le）　１　群　人
　　　学校から一群の人が出ていった。
　　　　　＊学校　中　歩く　（了 le）　１　群　人
　　　＊学校の中を一群の人が歩いている。
(110) 树枝 上 飞 了 一 群 小 鸟。 → ＊树枝 上 飞 着 一 群 小 鸟。
　　　　木の枝　上　飛ぶ　（了 le）　１　群　小さい　鳥
　　　木の枝の上から一群の小鳥が飛んだ。
　　　　　＊木の枝　上　飛ぶ　（了 le）　１　群　小さい　鳥
　　　＊木の枝の上に一群の小鳥が飛んでいる。

「走／歩く」や「飞／飛ぶ」といった移動動詞は、いずれも持続状態がとどまることを表す文を形成することはできない。従って、「床上躺了一个人／ベッドに１人の人が横たわっている」といった文が成立する主な原因は、動詞の自他の区別にあるのではない。

5.4　持続状態がとどまるという意味を表す「了 le」構文の２つの問題

5.4.1　「着₁ zhe」文と対応関係にある「了 le」構文には、強い方言の傾向が見られることを多くの学者が指摘している。範方蓮（1963）は、「『了』を伴ったこの種の形式は、生粋の北京口語ではなく、方言的である。南方の作家の作品に極めて数多く見られる」と述べている。胡明揚と于根元は、浙江海塩方言と上海語の使用状況から「着₁ zhe」文と対応関係にある「了 le」構文に方言の傾向があることを証明している[4]。また、胡と于は論文の中で、その方言において「着₁ zhe」文と「了 le」構文とは対立していること、つまり、「着 zhe」は静態を表し、「了 le」は動態を表すことを証明している。よって、方言においてこの２つの構文は対立している以上、「存在文の動詞は「着 zhe」を伴うことも、「了 le」を伴うこともでき、「了 le」を伴った場合、普通は後の名詞が数量詞を伴わなければならない、と一般に思われている」、この考え方は「おそらく問題があろう」と（胡明揚 1988）述べている。なぜなら、「着 zhe」の

代わりに用いられる「了 le」には方言の傾向があり、また方言における「着 zhe」と「了 le」が対立しているという前提からは、明らかに「存在文の動詞は「着 zhe」を伴うことも「了 le」を伴うこともできる」という結論を見出すことはできないからである。筆者は、「着₁ zhe」文のうち、一部のみが同じ意味を持つ「了 le」構文に言い換えられるのであり、この一部の「着₁ zhe」文がまさに{主体「着₁ zhe」文}であると考えている。

5.4.2　さらに厳密に言うと、「床上躺了一个人／ベッドに1人の人が横たわっている」というような、「着₁ zhe」文と同じ意味構造を持つ「了 le」構文は、決して規範的なものではなく、その使用の頻度に関しては「着₁ zhe」文に遙かに及ばない。さらに、それが持つ「位置点に持続状態がとどまる」という意味も、文の中においてはしばしば表現されることができず、談話構造まで拡大し、文脈によって理解しなければならないこともある。

　　(111)　石得富　朝　南　走去，忽見　十字　路口　挤了　一　堆　人。
　　　　　　石得富　に向かって　南　歩く　いく，　突然　見る　十字　交差点　込み合う
　　　　　　（了 le）　1　（堆 dui）　人
　　　　　　石得富が南に向かって歩いていくと、突然十字路に人だかりがしているのを見た。

　　(112)　玉茹急急跑上楼，心想这父子俩还不知会闹出什么笑话。谁知推门一看，沙发上坐了一个，地板上又趴了一个，正在忙着各自的事呢…
　　　　　　ソファ　上　坐る　（了 le）　1　個，床　上　また　腹這いになる　（了 le）　1　個，
　　　　　　〜ている　忙しい　（着 zhe）　各自　の　事　（呢 ne）
　　　　　　玉茹は急いで階段を上がりながら、この親子2人はまたどんなとんちんかんをしているか分からないと思っていた。門を押してみてとなんと、ソファの上に一人が座り、床の上にもう一人が腹這いになって、自分のことに取り組んでいる所だった…。

　真に「着₁ zhe」文の意味を持つ「了 le」構文は、表3の第3類、「东院里塌了一堵墙／東院の中で一面の壁が崩れた」といった文だけである。ただし、この第3類の「了 le」構文に現れる動詞の数は少なく、『動詞用法詞典』の中でも10あまりしかない。このように見てくると、「着₁ zhe」文と対応関係を有

する「了 le」構文の適格性は、もう一度考え直す必要があると言えよう。

注
1）斉滬揚「現代漢語空間位置系統／現代中国語の空間位置の体系」上海師範大学博士論文、1993 を参照。
2）戴躍晶「現代漢語表示持続体的"着 zhe"的語義分析／現代中国語における持続相を表す『着 zhe』の意味分析」(『語言教学与研究』1991 年 2 期) では、「敲／たたく」と「推／押す」は、2 種の異なる動詞として対比分析されているが、実際には、持続と瞬間におけるこの両者の区別はそれほど顕著ではない。例えば：

敲　了　両　下	推　了　両　下
たたく　(了 le)　2　回	押す　(了 le)　2　回
2回たたいた	2回押した

敲　了　三　分钟	推　了　三　分钟
たたく　(了 le)　3　分間	押す　(了 le)　3　分間
3分間たたいた	3分間押した

敲　着　门	推　着　门
たたく　(着 zhe)　門	押す　(着 zhe)　門
門をたたいている	ドアを押している

実際には、次の2つの条件のうち、1つに満たせば、持続動詞となる。(1) その動作が延長することができる。(2) その動作が繰り返すことができる。
3）調査の結果は以下の通りである。
　調査の対象は、上海師範大学 91 年度と 92 年度の大学院生全部で 24 人である。そのうち、淮河以北出身者は 12 人、淮河以南の各方言地域出身者が 12 人である。

	身旁躺着车长杰 傍らに車長傑が横わっている	身旁躺着一个车长杰 傍らに (1人) 車長傑が横たわっている	身后跟着她 後ろに彼女がついてくる	身后跟着一个她 後ろに (一人) 彼女がついてくる
淮河以北	2	11	1	3
淮河以南	1	10	0	1

4）胡明揚「海塩方言的存在句／海塩方言の存在文」(『中国語文』1988 年第 1 期)、于

根元「関於動詞後附"着"的使用／動詞に後続する『着 zhe』の用法」(『語法研究和探索(1)』参照。

原文:「表示静態位置的"着"字句的語義和語用分析」,『現代漢語空間問題研究』,学林出版社,1998年

12　「着 zhe」研究の補足

陸倹明 著
于康／伊藤さとみ 訳

0　はじめに[①]

　北京語に用いられる「着 zhe」については、すでに色々な研究がある。しかし、それ以上に検討する必要がもうないというわけではない。これまで外国人を対象とする中国語教育の中で、「着 zhe」がずっと教育上の難点であったことは言うまでもないが、事実と理論の両方においても「着 zhe」がすでに解明されたとは言えないのである。本稿は、語学教育における「着 zhe」の問題は検討対象とはせず（これについて別稿で検討することとする）、事実と理論の観点から、先行研究をベースにした上で更なる議論をするものであり、よって、本稿を「補足」と称するのである。

1　北京語における「着zhe」には何種類あるのか

1.1　今のところ、研究者はみな「敲着／たたいてる」と「站着／立っている」における「着 zhe」のみに注目し、その「着 zhe」が1種類なのか2種類なのについて意見を対立させている。実際には、北京語にはもう1種類の「着 zhe」がある。その「着 zhe」はごく少数の動詞の後にしか付加されず、しかもそれによって構成される「V着 zhe」の分布も極めて限られ、主に次の2種類の命令文に用いられる。

　　A　別V着！
　　　　別 拉(la35) 着！[②]　　　　別 伤 着！
　　　　〜ないで　傷を付ける　（着 zhe)　　〜ないで　怪我をする　（着 zhe)
　　　　傷を付けないように！　　　　　　　怪我をしないように！

[①] 訳者注：節番号の一部は訳者による。以下同。
[②] 訳者注：アラビア数字は中国語の声調を表すもので、35は第2声のことである。

別淋着！
〜ないで 濡れる （着 zhe）
濡れないように！

別碰着！
〜ないで ぶつける （着 zhe）
ぶつけないように！

別呛着！
〜ないで 噎せる （着 zhe）
噎せないように！

別切着！
〜ないで 切る （着 zhe）
手を切らないように！

別烧着！
〜ないで 焼く （着 zhe）
焼かれないように！

別摔着！
〜ないで 転ぶ （着 zhe）
転ばないように！

別烫着！
〜ないで 火傷をする （着 zhe）
火傷をしないように！

別噎着！
〜ないで つかえる （着 zhe）
のどを詰まらせないように！

B **小心∨着！**

小心拉着！
気をつける 傷を付ける （着 zhe）
傷を付けないように気をつけて！

小心淋着！
気をつける 濡れる （着 zhe）
濡れないように気をつけて！

小心碰着！
気をつける ぶつける （着 zhe）
ぶつけないように気をつけて！

小心呛着！
気をつける 噎せる （着 zhe）
噎せないよう気をつけて！

小心伤着！
気をつける 怪我をする （着 zhe）
怪我をしないように気をつけて！

小心烧着！
気をつける 焼く （着 zhe）
焼かれないように気をつけて！

小心摔着！
気をつける 転ぶ （着 zhe）
転ばないよう気をつけて！

小心烫着！
気をつける 火傷をする （着 zhe）
火傷をしないように気をつけて！

小心切着！　　　　　　　　　小心噎着！
気をつける　切る　（着 zhe）　気をつける　つかえる　（着 zhe）
手を切らないように気をつけて！　のどを詰まらせないように気をつけて！

1.2　この種の「着 zhe」は、『現代漢語詞典／現代中国語辞典』（改訂本）には収録されていないが、次の叙述文の「着 zhao35」と意味が同じであることから、「着 zhao35」の変形体であろうと思われる。

他　淋　着　雨　了。　　　　　　他　切　着　手　了。
彼　濡れる　（着 zhao35）　雨　（了 le）　彼　切る　（着 zhao35）　手　（了 le）
彼は雨に濡れてしまった。　　　　彼は手が切られてしまった。

他　摔　着　头　了。　　　　　　他　碰　着　头　了。
彼　転ぶ　（着 zhao35）　頭　（了 le）　彼　ぶつける　（着 zhao35）　頭　（了 le）
彼は転んで頭を打ってしまった。　彼は頭をぶつけてしまった。

他　伤　着　腿　了。　　　　　　他　烫　着　手　了。
彼　怪我をする　（着 zhao35）　足　（了 le）　彼　火傷をする　（着 zhao35）　手　（了 le）
彼は足を怪我させてしまった。　　彼は手に火傷をしてしまった。

他　呛　着　了。　　　　　　　　他　烧　着　手指头　了。
彼　噎せる　（着 zhao35）　（了 le）　彼　焼く　（着 zhao35）　指　（了 le）
彼は噎せてしまった。　　　　　　彼は指が焼かれてしまった。

他　噎　着　了。
彼　つかえる　（着 zhao35）　（了 le）
彼はのどを詰まらせてしまった。

この「着 zhao35」は、『現代漢語辞典（改訂版）／現代中国語辞典』における「着 zhao35」の説明とも合わない。この「着 zhao35」の意味については、さらに検討することが必要であろう。

1.3　本稿では、「着 zhao35」の変形体の「着 zhe」については検討せず、「敲着

／たたいてる」と「站着／立っている」における「着 zhe」のみを検討することにする。

2 北京語における「**着**zhe」はいったいどのような文法的意味を表すのか
2.1 北京語における「着 zhe」がいったいどのような文法的意味を表すのかについては、様々な説がある。

1) 持続相、または持続アスペクトを表す。或いは持続状態、つまり動作状態の持続を表す（太田辰夫 1947/1987、梅祖麟 1988、戴耀晶 1991、徐丹 1992、石毓智 1992、曹広順 1992/1995、蒋紹愚 1994、志村良治 1995）。
2) ａ．動作が進行中であることを表す、ｂ．状態の持続を表す、ｃ．存在文に用いられる、ｄ．２つの動作が同時に行われることを表す（『虚詞例釈／虚辞例解』1982、『現代漢語八百詞／中国語用例辞典』1980、李訥・石毓智 1997）。
3) ａ．進行相を表す（進行アスペクト）、ｂ．持続相（持続アスペクト）を表す（高名凱 1948、北京大学『現代漢語／現代中国語』1961/1993、胡裕樹 1962、趙金銘 1979、朱徳熙 1982、劉月華等 1983、劉寧生 1983、孫錫信 1992、伍云姫 1996）。
4)「着₁ zhe」は動作が進行中であることを表し、「着₂ zhe」は状態の持続を表す（木村英樹 1983、房玉清 1992）。
5) 動作の進行アスペクトを表す（呂叔湘 1944、王力 1945、趙元任 1968、潘允中 1982）。
6)「状態化」の標識である。状態を表すものであるが、進行や持続を表すものではない（金奉民 1991、張黎 1996/1997）。
7) 慣性（inertia）を表す。これが「着 zhe」の中心的意味である（Light, Timothy1989）。
8) 動作の進行或いは状態の持続を表す。比較的強い状態描写性を備えており、同時に現在時であることを示す（兪光中 1992）。
9) 話し言葉では状態を表すが、書き言葉では状態と進行を表す（馬希文 1987）。
10)「情状」を表す。或いは「情状」を描写する（費春元 1992）。

2.2 筆者は、「着 zhe」の文法的意味を「行為動作或いは状態の持続を表す」と考える。「行為動作の持続」は動態的持続であり、「状態の持続」は静態的持続である。

動態的持続は2種類ある。1つは、行為動作の開始から終結に至る過程にあることを指す。例えば：

（1）他 不 停 地 说 着, 别人 休 想 插 嘴。
　　　彼 ～ない 止まる （地 de） 話す （着 zhe），他人 できない ～たい 挟む 口
　　　彼はひっきりなしにしゃべっていて、他の人は口を挟むことがまったくできない。

（2）你 在 这儿 等 着, 可 不 能 走 开。
　　　あなた で ここ 待つ （着 zhe），（可 ke）　～ない できる 行く （开 kai）
　　　あなたはここで待ってください。絶対離れるなよ。

（3）他 跑 着 跑 着, 肚子 疼 起来 了。
　　　彼 走る （着 zhe） 走る （着 zhe） お腹 痛い （起来 qilai） （了 le）
　　　走っているうちに、お腹が痛くなった。

（4）你 跟 着 他！
　　　君 付く （着 zhe） 彼
　　　彼の後に付いて行きなさい。

もう1つは、開始から終結に至る過程が極めて短い行為動作が繰り返して行われることを指す。例えば：

（5）她 轻轻 地 敲 着, 生怕 惊醒 了 孩子。
　　　彼女 軽く （地 de） たたく （着 zhe），ひやひやする 目を覚まさせる （了 le） 子供
　　　彼女は子供を起こさないように、軽くたたいている。

（6）他 频频 点 着 头, 似乎 他 都 听 懂 了。
　　　彼 しきりに 頷く （着 zhe） 頭，まるで 彼 みな 聞く わかる （了 le）
　　　彼はまるで聞いて全部わかったかのようにしきりに頷いている。

（7）他 渴 极 了, 倒 了 一 大 碗 凉 白开 就 大 口 大 口 地 喝 着。
　　　彼 乾く たいへん （了 le），注ぐ （了 le） 1 大きい 碗 冷たい お湯 （就 jiu） 大きい 口 大きい 口 （地 de） 飲む （着 zhe）
　　　彼はひどくのどが渇き、碗に湯冷ましをいっぱいに注ぎ、ごくんごくんと飲んでいる。

(8) 他 不 停 地 扔 着, 一连 扔 了 二十 个 藤圈儿, 也 没有 套 上 一个。
   彼　～ない　止まる　（地 de）　投げる　（着 zhe),　引き続き　投げる　（了 le)　20 個　藤の輪,　も　～なかった　掛ける　（上 shang)　1つ
   彼はとまることなく投げ続けて、連続して20個の藤の輪を投げたが、1つも掛からなかった。

静態的持続にも2種類ある。1つは、人或いは動物がある行為動作によってもたらされた姿勢をずっと保っていることを指す。例えば：
 (9) 你 不 用 老 站 着, 累 了 可以 坐 一会儿。
   君　～ない　必要　いつも　立つ　（着 zhe),　疲れる　（了 le)　～てもいい　座る　しばらく
   君はずっと立っている必要はない。疲れたらしばらく座ってもいい。
 (10) 你 干吗 跪 着 呀？又 受 罚 了？
   君　なんで　跪く　（着 zhe)　（呀 ya)？また　受ける　罰　（了 le)
   なんで跪いているのか。また罰を受けたのか。
 (11) 她 靠 着 窗户 坐 着。
   彼女　寄りかかる　（着 zhe)　窓　座る　（着 zhe)
   彼女は窓に寄りかかって座っている。
 (12) 蹲 着, 别 起 来！
   しゃがむ　（着 zhe),　～ないでくれ　起きる　くる
   しゃがんでいなさい。立ち上がるな。

もう1つは、ある行為動作の作用によって物事がずっとある状態を呈していることを指す。例えば：
 (13) 墙 上 挂 着 一 幅 画。
   壁　上　掛ける　（着 zhe)　1　枚　絵
   壁の上に1枚の絵が掛けてある。
 (14) 梁 上 吊 着 一 个 人。
   梁　上　吊す　（着 zhe)　1　個　人
   梁の上に1人の人が吊されている。
 (15) 柱子 上 刻 着 许多 字。
   柱　上　彫る　（着 zhe)　たくさん　字
   柱の上にたくさんの字が彫ってある。

(16) 领子 上 绣 着 两 朵 花。
　　袖　上　刺繍する　(着zhe)　2　輪　花
　　袖の上に2輪の花が刺繍してある。

2.3　ここで以下のことについて説明する必要がある。
　a．なぜ「進行」説を取らないのか
　行為動作の持続（即ち動態的持続）は、実際には行為動作の進行と言ってもよいが、筆者はこの「行為動作の進行」という言い方は取らない。なぜなら、英語の文法学の影響が極めて強く根が深いため、「進行」と言ってしまうと、すぐに「着zhe」の文法的意味を英語の「進行相（progressive）」と結び付けてしまい、中国語の「着zhe」は英語の「進行相」の標識ingに相当すると誤解しやすいからである。従って、この誤解を避けるため、しかも外国人を対象とする中国語教育において「着zhe」をより効果的に説明するため、「行為動作の進行を表す」という言い方を取らずに、「行為動作の持続を表す」という言い方を取ったのである。
　b．なぜ「状態を表す」、「状態化の標識である」という言い方を取らないのか
　「状態」と言っても、その指す範囲は極めて広い。行為動作の実現や完了、また行為動作の持続もみな1種の状態と見なすことができる。よって「着zhe」の文法的意味を「状態を表す」とするのは、外国人を対象とする中国語教育に対して役に立たないと思われる。従って、「状態を表す」、「状態化の標識である」という言い方は取らない。
　c．Light, Timothyの「慣性（inertia）を表す」説が科学的か、また正確かについて
　ここで指摘したいのは、理論文法の観点から「『着zhe』が慣性（inertia）を表す」という説を提起するなら、文法研究者にとっては考慮に値するが、外国人を対象とする中国語教育の観点からすると、文法説明における記述は、なるべく平易でわかりやすく、なおかつ中国語の学習者が容易に理解し、受け入れやすいものでなければならない、という点である。「慣性」という概念は明らかに物理学から借用してきたものなので、教員に「『着zhe』が慣性（inertia）を表す」という意味をはっきりと説明させたり、中国語の学習者にそれを理解させたりすることは、極めて困難なことであろう。従って、本稿は「慣性（inertia）

を表す」説を取らない。
 d．費春元の「情状描写を表す」説について
　費春元説は、極めて思慮を欠いているものであり、語用論レベルのことと文法論レベルのことを混淆している。「動詞＋着 zhe」が情状描写に多用されていると認めるとしても、それは「動詞＋着 zhe」の語用論レベルの機能を言ったものであって、これによって「着 zhe」の文法的意味を「情状描写を表す」とすることはできない。

3　「着zhe」はいったいどのような成分なのか

3.1　「着 zhe」をいったいどのような成分に分析すればいいのかについては、文法研究者の中に様々な観点が見られる。それらをまとめてみると、次のような4種類の説がある。
 1）記号。（王力 1945）
 2）アスペクトの標識（語尾）。（太田辰夫 1947/1987、高名凱 1948、王力 1958、李訥・石毓智 1997）
 3）動詞の接尾辞（語尾、後置成分）。（趙元任 1968、趙金銘 1979、朱徳熙 1982、馬希文 1987、孫錫信 1992、費春元 1992、蒋紹愚 1994）
 4）動態助詞（接辞、虚辞）。（北京大学『現代漢語／現代中国語』1961/1993、胡裕樹 1962、『虚詞例釈／虚辞例解』1982、潘允中 1982、劉月華等 1983、Light, Timothy1989、梅祖麟 1988、宋金蘭 1991、金奉民 1991、石毓智 1992、房玉清 1992、曹広順 1992/1995、伍云姫 1996、孫朝奮 1997、劉一之 1997）

3.2　しかし、筆者は、この「着 zhe」を助詞として分析したい。その理由には次のようなものがある。
　a．「記号」という用語は、王力氏が初期に提起したもので、極めて曖昧な概念である。後になって、王力氏もその用語をやめてしまい、他の人によっても今日まで再び使われたことがないので、「記号」という用語は採用しないのが自然である。
　b．中国語には、インド・ヨーロッパ語のような「テンス（tense）」が存在しない。これはほとんど中国語文法研究学界の共通認識となっている。
　しかし、インド・ヨーロッパ語のような「アスペクト（aspect）」が存在するか否かについては、意見が異なる。筆者は、中国語にはインド・ヨーロッパ語

のような「アスペクト（aspect）」は存在しないと考える。「アスペクト（aspect）」とは、文法の範疇として必ず完全な体系を有し、それぞれの「アスペクト」は、必ずそれぞれに特定の形式を備えた標識を持ち、しかも、全部とは言わないまでも、少なくとも大多数の動詞に適用できるものである。しかし、中国語には、明らかに英語「to be ＋動詞の現在分詞（present participle）［原形動詞＋-ing］」のような動詞進行相に類似するもの、或いは「to have ＋動詞の過去分詞（past participle）［原形動詞＋-ed］」のような動詞完了相に類似するものが存在しない。中国語にインド・ヨーロッパ語のような「アスペクト（aspect）」が存在しないというのは、中国人が動作の進行や持続または完了といった概念を持っていないのではなく、中国人の場合、これらの概念は動詞の「アスペクト」標識によって表されるのでなく、語彙やシンタックスの手段によって表されるということである。従って、「『着 zhe』がアスペクトの標識或いは動詞の語尾である」という説は取らない。

　　c．「着 zhe」を1つの語とは見なさないため、「『着 zhe』が動詞の接尾辞、動詞の語尾或いは動詞の後置成分である」という説も取らない。

　　d．筆者が「着 zhe」を助詞とする重要な根拠は、「着 zhe」は行為動作或いは状態の持続を表すことができるが、行為動作或いは状態の持続は必ずしも「着 zhe」によって表されなくてもよいということにある。多くの言語事実から次のようなことが言えるのである。

　　1）中国語の標準語では行為動作の持続を表す手段は「動詞＋着 zhe」だけではなく、その他に少なくとも次の4つの方法がある。
　（ⅰ）**動詞＋着zhe（＋目的語）**
　　　(17) 你们 先 谈 着，我 去 去 就 来。
　　　　　あなたたち 先に 話す （着 zhe），私 行く 行く （就 jiu） 来る
　　　　　あなたたちは先に話していてください。私はちょっと行ってすぐ戻ってきます。
　　　(18) 你 躺 着！
　　　　　君 横たわる （着 zhe）
　　　　　横になっていてください。
　　　(19) 他 吃 着 吃 着，突然 想 起 了 一 件 事。
　　　　　彼 食べる （着 zhe） 食べる （着 zhe），突然 思う だす （了 le） 1 件 事

彼は食べているうちに、突然ある事を思い出した。
(20) 门 关 着。
　　　ドア 閉まる （着 zhe）
　　　ドアが閉まっている。
(21) 你们 给 我 好好儿 听 着！
　　　君たち （给 gei） 私 よく 聞く （着 zhe）
　　　君たちはよく聞いてくれ。
(22) 书 在 桌 上 搁 着。
　　　本 に テーブル 上 置く （着 zhe）
　　　本はテーブルの上に置いてある。
(23) 他 不 停 地 敲 着。
　　　彼 ～ない 止まる （地 de） たたく （着 zhe）
　　　彼は休むことなくたたいている。
(24) 墙 上 挂 着 一 幅 画。
　　　壁 上 掛ける （着 zhe） 1 枚 絵
　　　壁の上に1枚の絵が掛けてある。

(ⅱ) 在zai＋動詞性語句
(25) 大家 都 在 笑,而 她 在 哭。
　　　みんな みな ～ている 笑う, しかし 彼女 ～ている 泣く
　　　みんな笑っているが、彼女は泣いている。
(26) 妈妈 在 洗 衣服。
　　　お母さん ～ている 洗う 服
　　　お母さんは洗濯している。
(27) "你 在 听 吗？" "我 在 听。"
　　　君 ～ている 聞く （吗 ma）？ 私 ～ている 聞く
　　　「君は聞いているの。」「聞いているよ。」
(28) 爸爸 在 睡觉。
　　　お父さん ～ている 眠る
　　　お父さんは眠っている。

(ⅲ) 前置詞構文「在zai…」＋動詞性語句

(29) 山本 先生 在 房间 里 打 电话。
　　　山本　さん　で　部屋　中　掛ける　電話
　　　山本先生は部屋で電話を掛けている。
(30) 爸爸 在 房间 里 休息。
　　　お父さん　で　部屋　中　休憩する
　　　お父さんは部屋で休憩している。
(31) 弟弟 在 隔壁 看 电视。
　　　弟　で　隣　見る　テレビ
　　　弟は隣の部屋でテレビを見ている。
(32) 藤本 君 正 在 游泳池 里 游泳。
　　　藤本　くん　ちょうど～ている　で　プール　中　泳ぐ
　　　藤本くんはプールで泳いでいる。

(ⅳ) 動詞性語句＋呢ne

(33) "古藤 君 在 干 什么？" "古藤 君 睡觉 呢。"
　　　古藤　くん　～ている　する　何？　古藤　くん　眠る　（呢 ne）
　　　「古藤くんは何をしていますか。」「古藤くんは眠っています。」
(34) 先 别 急 着 走, 外面儿 下 雨 呢。
　　　まず　～ないでくれ　急ぐ　（着 zhe）　行く, 外　降る　雨　（呢 ne）
　　　急いで行かないでください。外は雨が降っています。
(35) "小红, 你 来 帮 帮 忙。" "我 学习 呢。"
　　　紅さん, あなた　来る　手伝う　帮忙＝手伝う　帮忙＝手伝う。私　勉強する　（呢 ne）
　　　「紅さん、手伝ってください。」「私は勉強しているの。」
(36) 现在 他 跟 小王 打 羽毛球 呢。
　　　現在　彼　と　王くん　する　バドミントン　（呢 ne）
　　　今彼は王くんとバドミントンをしています。

2）ある情況下では、意味的には行為動作或いは状態の持続を表していても、形態上、上述の文法的手段を全く使用する必要がない。よく見られるのは次のようなものである。

（ⅰ）動詞＋了le＋時間量を表す数量成分

(37) 走 了 一 个 星期 了。

行く　（了 le）　1　個　週間　（了 le）
行ってから1週間が経つ。
(38) 病 了 五 天 了。
　　　 病気になる　（了 le）　5　日　（了 le）
　　　 病気になって5日経つ。

（ii）動詞＋「个ge」を伴う否定の状態補語
(39) 雨 下 个 不 停。
　　　 雨　降る　（个 ge）　〜ない　止まる
　　　 雨が降り止まない。
(40) 她 笑 个 不 住。
　　　 彼女　笑う　（个 ge）　〜ない　止まる
　　　 彼女は笑いが止まらない。

（iii）（从cong）＋場所を表す目的語＋（動詞）＋来lai＋目的語
(41) 从 前面 走 来 一 个 老太太。
　　　 から　前　歩く　来る　1　個　お婆さん
　　　 前の方から1人のお婆さんが歩いて来る。
(42) 东边儿 来 了 个 老头儿。
　　　 東　来る　（了 le）　個　おじいさん
　　　 東の方から1人のおじいさんが来た。

（iv）「向xiang」＋場所を表す目的語＋動詞＋来lai／去qu
(43) 汽车 向 我们 飞快 地 开 来。
　　　 車　に向かって　私たち　飛ぶように速い　（地 de）　走る　くる
　　　 車が私たちに向かって飛ぶように走ってくる。
(44) 飞机 正 向 北京 飞 去。
　　　 飛行機　ちょうど〜ている　に向かって　北京　飛ぶ　いく
　　　 飛行機が北京に向かって飛んでいく。

（ⅴ）边bian…边bian…
(45) 大家 边 听 边 记 笔记。

みんな 〜ながら 聞く 〜ながら 書く ノート
みんな聞きながらノートを取っている。
(46) 大家 边 吃 边 谈。
みんな 〜ながら 食べる 〜ながら 話す
みんな食べながら話している。

（vi）名詞性語句＋動詞＋在zai＋場所を表す語句
(47) 画 挂 在 墙 上。
絵 掛ける に 壁 上
絵が壁に掛けてある。
(48) 电话 就 放 在 靠窗 的 桌 上。
電話 （就jiu） 置く に 寄りかかる 窓 の テーブル 上
電話が窓辺のテーブルの上に置いてある。

上述の現象は、語彙またはシンタックスの手段を用いてある種の範疇を表す普遍的な現象といってもよい。従って、「了 le」が助詞であると同じように、「着 zhe」も助詞であって、「アスペクト」の標識ではない。

4 「着zhe」の通時的研究

「着 zhe」の歴史的変遷について、王力、呂叔湘、太田辰夫、梅祖麟、潘允中、蒋紹愚、孫錫信、趙金銘、曹広順、李訥、石毓智などの少なからぬ研究がある。彼らの研究によって、次の2つの問題がほぼ明らかになっている。
1)「付着」の意味を表す「着 zhe」はどのように現在の助詞の「着 zhe」に変化してきたのか。
2) 発音はどのように上古のdrjak（梅祖麟）／diak（趙元任）／tiɔk（志村良治）から現在のtʂə に変化してきたのか。
ただし、次の3点も更なる研究が必要である。
1)「付着」の意味を表す動詞は「着 zhe」だけではないが、なぜ動詞の「着 zhe」だけが選ばれ、しかもこの「着 zhe」が変化し、助詞の「着 zhe」に文法化されたのか。
2) 文法化された「着 zhe」は最初に中国人が書いた著書の中に現れたのか、それとも仏典の訳本の中に現れたのか。なぜこの問題を提起したかというと、各研究者の挙げている用例は、仏典以外もあるものの、その大多

数が仏典から採られたものだからである。もし今後の調査の結果、「着 zhe」の文法化現象が最初に仏典の訳本の中に現れたと言えるのであれば、宋金蘭（1991）と劉一之（1997）の仮説の通り、「着 zhe」の出現は外来語の影響を受けた結果となるであろう。もし「着 zhe」の文法化現象が最初に中国人が書いた著書の中に現れたのであれば、別の角度から考えなければならないことになる。

3）方言の使用から見れば、行為動作或いは状態の持続を表す助詞には明らかに2つの系統がある。

　1つは、tʂ-／t-系統である。例えば、客家方言、湘方言、晋方言、北方方言。

　もう1つは、l-系統である。例えば、呉方言、閩方言（閩北方言と閩南方言を含む）、贛方言など。

　なぜこの2つの系統が存在するのか。音韻上の原因でもともと1つであったものが、のちに2つの系統に分化したのか、それとも現在の2つの系統はそれぞれ語源が全く異なるものなのか。

上述の3点を考え、研究するにあたって、1つ注意すべき現象がある。即ち、アルタイ語族の中で進行や持続を表す動詞の語尾と北京語の中の「着 zhe」とが発音上驚くほど相似していることである。例えば：

古代突厥語	-dug、-duq	モンゴル語書き言葉	-dag
ツングース語	-dig		
モンゴル語	-dʒ	オロチョン語	-dʒI
東郷語	-də	東裕固語	-dʒə
ダフール語	-dʒ		

これは偶然の一致なのかそれとも互いに関連するものなのか。宋金蘭（1991）は、「これはおそらく偶然ではないであろう」と考えている。もちろん、今そのように断言するのはまだ早く、更なる調査や研究が必要であろう。

参考文献

呂叔湘　1942　『中国文法要略／中国語文法要略』，商務印書館．

王　力　1945　『中国語法理論／中国語文法理論』，中華書局．

太田辰夫　1947　「北京話里的進行与持続／北京語の進行と持続」，中国語，第1巻第2，3号，太田辰夫『中国語論文集（語学・元雑劇篇）』再録，1995，汲古書院．

高名凱　　1948　　『漢語語法論／中国語文法論』，開明書店.
王　力　　1958　　『漢語史稿／中国語史稿』，中華書局.
北京大学中文系現代漢語教研室　1961　『現代漢語／現代中国語』，商務印書館.
胡裕樹主編　1962　　『現代漢語／現代中国語』，上海教育出版社.
趙元任（Yuen Ren Chao）　1968　*A grammar of spoken Chinese*(中国話的文法),University of California Press,Berkeley and Los Angeles.中国語訳『漢語口語語法／中国語口語文法』，呂叔湘訳,商務印書館，1979.
趙金銘　　1979　　「敦煌変文中所見的"了"和"着"／敦煌変文に見られる『了』と『着』について」，中国語文，第1期.
呂叔湘主編　1980　　『現代漢語八百詞／中国語用例辞典』，商務印書館.
朱徳熙　　1982　　『語法講義／文法講義』，商務印書館.
北京大学中文系1955、1957言言班　1982　『現代漢語虚詞例釈／現代中国語虚辞例解』，商務印書館.
潘允中　　1982　　『漢語語法史概要／中国語文法史概要』，中州書画社.
劉月華等　1983　　『実用現代漢語語法／現代中国語文法総覧』，外語教学与研究出版社.
木村英樹　1983　　「関于補語性詞尾"着/zhe/"和"了/le/"／補語的動詞接尾辞『着/zhe/』と『了/le/』に関して」，語文研究，第2期.
于根元　　1981　　「関於動詞後附"着"的使用／動詞に後続する『着』の用法」，語法研究和探索（1），北京大学出版社.
劉寧生　　1985　　「論"着"及其相関的両個動態範疇／『着』とそれに関連する2つの動態範疇」，語言研究，第2期.
馬希文　　1987　　「北京方言里的"着"／北京方言における『着』」，方言，第1期.
太田辰夫　1987　　『中国語歴史文法』(中訳文)，北京大学出版社.
梅祖麟　　1988　　「漢語方言里虚詞"著"字三種用法的来源／中国語方言における虚辞『著』の3種類の用法の出処」，中国言言学報，第3巻.
Light, Timothy　1989　The Door is Closed on ZHE NE("着"還関在門外呢)，James H-Y Tai & Frank F.S.編　*Functionalism and Chinese Grammar*.王宗炎訳「黎天睦論"着"的核心意義／黎天睦が『着』の中心的意味を論ず」，国外言言学, 1991, 第1期.
金奉民　　1991　　「助詞"着"的基本語法意義／助詞『着』の基本的な文法的意味」，漢語学習，第4期.
戴耀晶　　1991　　「現代漢語表示持続体的"着"的語義分析／現代中国語における持続相

を表す『着』の意味分析」，語言教学与研究，第2期.
宋金蘭　1991　「漢語助詞"了"、"着"与阿爾泰諸語言的関係／中国語の助詞『了』、『着』とアルタイ語族諸言語との関係」，民族語文，第6期.
劉堅、江藍生等　1992　『近代漢語虚詞研究／近代中国語虚辞研究』，語文出版社.
石毓智　1992　「論現代漢語的体範疇／現代中国語のアスペクトについて」，中国社会科学，第6期.
徐　丹　1992　「漢語里的"在"与"着（著）"／中国語における『在』と『着（著）』」，中国語文，第6期.
費春元　1992　「説"着"／『着』について」，語文研究，第2期.
孫錫信　1992　『漢語歴史語法要略／中国語歴史文法要略』，復旦大学出版社.
房玉清　1992　『実用漢語語法／実用中国語文法』，北京語言学院出版社.
胡竹安等　1992　『近代漢語研究／近代中国語研究』，商務印書館.
北京大学中文系現代漢語教研室　1993　『現代漢語／現代中国語』，商務印書館.
郭　鋭　1993　「漢語動詞的過程結構／中国語の動詞の過程構造」，中国語文，第6期.
蒋紹愚　1994　『近代漢語研究概況／近代中国語研究概況』，北京大学出版社.
志村良治　1995　『中国中世語法史研究』（中訳本），中華書局.
曹広順　1995　『近代漢語助詞／近代中国語の助詞』，語文出版社.
伍云姫　1996　「論漢語動態助詞之系統／中国語の動態助詞の系統について」，『湖南方言的動態助詞／湖南方言の動態助詞』，湖南師範大学出版社.
張　黎　1996　「"着"的語義分布及其語法意義／『着』の意味構造及びその文法的意味」，語文研究，第1期.
蒋翼騁、呉福祥　1997　『近代漢語綱要／近代中国語綱要』，湖南教育出版社.
李訥、石毓智　1997　「論漢語体標記誕生的機制／中国語のアスペクト標識の誕生について」，中国語文，第2期.
劉一之　1997　「現代漢語助詞"着"的語法意義及其来源／現代中国語の助詞『着』の文法的意味とその語源」，聖徳学園・岐阜教育大学紀要，第33期.
孫朝奮　1997　「再論助詞"着"的用法及其来源／助詞『着』の用法とその語源についての再考」，中国語文，第2期.
張　黎　1997　「漢語句子的"態"―以"了"、"着"為例／中国語の文の『アスペクト』―『了』と『着』を中心に」，日本中国語学会第47回全国大会発表稿.

原文：「"着（zhe）"字補議」，中国語文，1999年第5期

13 静態的存在文における「Ｖ了」と「Ｖ着」の等価現象

任鷹 著
伊藤さとみ／于康 訳

1

1.1 ６０年代にすでに、範方蓮氏（1963）は主に存在文を論じた論文の中で存在文における「着 zhe」と「了 le」の互換性の問題を提起している。李臨定（1986）は存在文の文型の特性を分析し、存在文においては、動詞の後の「着 zhe」と「了 le」が交換でき、また文の意味に特に影響を与えないことをはっきりと指摘している。聶文龍氏（1989）はさらに、この種の見方は一般に静態的存在文にのみ当てはまることを指摘している。宋玉柱氏（1988）は、存在文について体系的な研究を行い、この問題についても詳しく論じている。他にも、異なる観点からこの問題に触れたいくつかの研究がある。このように、静態的存在文においては、「着 zhe」と「了 le」が相互に置き換えることができる、或いは、場合によって「Ｖ了 le」と「Ｖ着 zhe」とが等価であるということは、すでに研究者たちに注目されていた文法現象である。だが、その原因については、まだ十分な分析や説明が行われていないようである。

1.2 静態的存在文とは、ある人または物がある場所に静止の状態で存在しているという意味を備えている文形式を指す。

A	B
椅子 上 坐 <u>着</u> 一 个 人。[①]	椅子 上 坐 <u>了</u> 一 个 人。
椅子 上 座る （着 zhe） １ 個 人	椅子 上 座る （了 le） １ 個 人
椅子に１人の人が座っている。	椅子に１人の人が座っている。

---

① 訳者注：下線は訳者による。以下同。

门口 停 着 一 辆 车。
入り口 止まる （着 zhe） 1 台 車
入り口に1台に車が止めてある。

身 上 穿 着 红 衣服。
体 上 着る （着 zhe） 赤い 服
赤い服を着ている。

衣柜 里 挂 着 一 排 衣服。
タンス 中 掛ける （着 zhe） 1 列 服
タンスの中に1列の服が掛てある。

地 上 铺 着 木地板。
地面 上 敷く （着 zhe） フローリング
地面にフローリングが敷いてある。

门 上 夹 着 一 张 纸条。
門 上 挟む （着 zhe） 1 枚 メモ
門に1枚のメモが挟んである。

地头 架 着 一 口 锅。
畦 据え付ける （着 zhe） 1 個 鍋
畦に一個の鍋が据え付けてある。

腰 上 别 着 枪。
腰 上 差し挟む （着 zhe） 銃
腰に銃を差し挟んでいる。

纸 上 写 着 字。
紙 上 書く （着 zhe） 字
紙に字が書いてある。

门口 停 了 一 辆 车。
入り口 止まる （了 le） 1 台 車
入り口に1台に車が止めてある。

身 上 穿 了 红 衣服。
体 上 着る （了 le） 赤い 服
赤い服を着ている。

衣柜 里 挂 了 一 排 衣服。
タンス 中 掛ける （了 le） 1 列 服
タンスの中に1列の服が掛けてある。

地 上 铺 了 木地板。
地面 上 敷く （了 le） フローリング
地面にフローリングが敷いてある。

门 上 夹 了 一 张 纸条。
門 上 挟む （了 le） 1 枚 メモ
門に1枚のメモが挟んである。

地头 架 了 一 口 锅。
畦 据え付ける （了 le） 1 個 鍋
畦に一個の鍋が据え付けてある。

腰 上 别 了 枪。
腰 上 差し挟む （了 le） 銃
腰に銃を差し挟んでいる。

纸 上 写 了 字。
紙 上 書く （了 le） 字
紙に字が書いてある。

衣服 上 绣 着 一 朵 花。　　　｜　衣服 上 绣 了 一 朵 花。
服　上　刺繍する　（着 zhe）　1　輪　花　｜　服　上　刺繍する　（了 le）　1　輪　花
服の上に1輪の花が刺繍してある。　｜　服の上に1輪の花が刺繍してある。[1]

上の文形式に入ることのできる動詞は、上に例として挙げたものに留まらず、他に「躺／横たわる」、「住／住む」、「趴／腹這いになる」、「叼／口にくわえる」、「系／結ぶ」、「罩／覆う」、「捆／くくる」、「涂／塗る」、「洒／まく」、「绑／縛る」、「沾／濡れる、汚す」、「腌／塩漬けにする」、「蒸／蒸す」、「煮／煮る」、「刻／刻む」、「印／印刷する」、「画／描く」、「描／模写する」、「织／編む」「补／繕う」、「塞／詰める」、「栽／植える」、「落／もれる、忘れる」などがある。宋玉柱（1988）、聶文龍（1989）などの諸氏の研究により、静態的存在文における動詞の後の「着 zhe」はいずれも「了 le」に変換できることが既に証明されている。見たところ、この現象の及ぶところは個別的語句ではなく、1種の文形式であるようだが、では、なぜこの種の「着 zhe」と「了 le」の互換現象が出現するのか、また、その原因は一体どこにあるのであろうか。

2

静態的存在文における「着 zhe」と「了 le」が相互に置換できる原因については、既に論じられており、次に例を挙げたのはそのうちの比較的代表的な見方である。

2.1

範方蓮氏は「着 zhe」と「了 le」が等価で、しかも互換できる原因を方言の影響に帰結させている。彼はその論文の中で、「『了』を伴ったこの種の形式は、生粋の北京口語ではなく、方言的である。南方の作家の作品に極めて数多く見られるが、北方の作家の作品にも少なからず見受けられる。現代北京の作家の作品にもこの形式は現れるが、恐らく方言の影響を受けたものであろう」と指摘している。だが、存在文の使用を通時的に見ても、共時的に見ても、また、存在文における「着 zhe」と「了 le」の使用や、「着 zhe」と「了 le」の普遍的用法から見ても、この見方に十分な根拠を見出すことは難しい。また、「了 le」を「着 zhe」に替えるという現象は「南方の作家の作品に極めて数多く見られるが、北方の作家の作品にも少なからず見受けられる」のであれば、このような南北の作品のいずれにも見られる傾向は、「了 le」を「着 zhe」に

替えるという現象が一般の「方言的」現象とは明らかに異なっていることを証明している。

2.2　表面的には、A類の文とB類の文で互いに異なっている構造成分はアスペクト成分「着 zhe」と「了 le」だけであるが、この「着 zhe」と「了 le」の違いは文の意味を変えていない。従って、これを根拠に、「着 zhe」と「了 le」の用法が同じである場合もある、と当たり前のように結論している者もいる。宋玉柱氏（1988）はかつて、「静態的存在文における『着』構文と『了』構文は基本的に等価である。これは『着』と『了』の働きが同じであるから、置換することが可能なのである」と述べた。だが、「着 zhe」構文と「了 le」構文が基本的に等価であると言っても、果たしてそれは「着 zhe」と「了 le」の働きが同じであることを証明することになるのであろうか、或いは、両構文の等価現象は「着 zhe」と「了 le」が同じ働きを有していることによってもたらされたのであろうか。

　本質的に、前に述べた2つの見方は相通じるものである。範方蓮氏は「着 zhe」と「了 le」の選択の区別は方言の影響を受けた結果でしかないと考えていたが、これも「着 zhe」と「了 le」自身に違いがないという認識を前提としている。

　「着 zhe」と「了 le」の文法的意味については、中国語文法学界において既に基本的には共通の認識が形成されている。それを助詞と見なすにせよ、接辞或いは語尾と見なすにせよ、一般に「着 zhe」は動作の進行または状態の持続を表し、「了 le」は動作の完了を表すとされ、この2つのアスペクト成分は文法的意味において相対立しているので、言語構造においても、相対立すべきであると考えられている。理屈から言えば、もし既に完了しているのならば、持続を表す「着 zhe」は使えず、もし、今まさに進行また持続しているのならば、完了を表す「了 le」を使うことはできない。1つのパターンを表す時には、どちらか一方の言い方しか選択できないのである。

　筆者も考察を通して、両者が互いに置換できる静態的存在文においては、「着 zhe」と「了 le」が元々有しているアスペクト的意味はいかなる変化も確かに起こしてはいないことがわかった。「了 le」は完了の意味を依然として備えているため、次の例のように、その他の已然の意味を持つ言語成分と共起することができる。

（1）椅子 上 已 坐 了 一 个 人。
　　　　椅子　上　既に　座る　（了 le）　1　個　人
　　　　椅子の上に既に1人の人が座っている。
　（2）纸 上 已经 写 了 两 行 字。
　　　　紙　上　既に　書く　（了 le）　2　行　字
　　　　紙の上に既に2行の字が書いてある。
　（3）衣服 上 又 绣 了 一 朵 花。
　　　　服　上　また　刺繍する　（了 le）　1　輪　花
　　　　服の上にまた1輪の花を刺繍した。
　（4）衣柜 里 刚刚 挂 了 一 排 衣服。
　　　　タンス　中　たった今　掛ける　（了 le）　1　列　服
　　　　タンスの中にたった今1列の服を掛けた。

「已／既に」、「已经／既に」、「又／また」、「刚刚／たった今」などは、いずれも「了 le」とよく共起する、已然の意味を含む副詞である。一方、「着 zhe」は依然として持続の意味を備えているので、次の例のように、その他の持続の意味を備える言語成分と共起することができる。

　（5）椅子 上 一直 坐 着 一 个 人。
　　　　椅子　上　ずっと　座る　（着 zhe）　1　個　人
　　　　椅子の上にずっと1人の人が座っている。
　（6）纸 上 始终 写 着 两 行 字。
　　　　紙　上　終始　書く　（着 zhe）　2　行　字
　　　　紙の上に相変わらず2行の字を書いてある。
　（7）衣服 上 仍然 绣 着 一 朵 花。
　　　　服　上　相変わらず　刺繍する　（着 zhe）　1　輪　花
　　　　服の上に相変わらず1輪の花が刺繍してある。
　（8）衣柜 里 总是 挂 着 一 排 衣服。
　　　　タンス　中　いつも　掛ける　（着 zhe）　1　列　服
　　　　タンスの中にいつも1列の服を掛けている。

「一直／ずっと」、「始终／終始」、「仍然／相変わらず」、「总是／いつも」などは、いずれも「着 zhe」とよく共起する、持続の意味を含む副詞である。
　他に、「还 hai」、「都 dou」などの多義的副詞も、「着 zhe」構文と「了 le」構

文においては、関係成分の「着 zhe」と「了 le」の制約を受け、しばしばその異なる意味項目が実現される。

まず、「还 hai」を取り上げよう。「了 le」と共起する「还 hai」は、次の例のように、「意外である」や「付け足す」などの意味を持つ可能性があるが、持続の意味を持つ可能性はない。

（9）椅子 上 还 坐 了 一 个 人。
　　　　椅子 上 さらに 座る （了 le） 1 個 人
　　　椅子の上にもう1人の人が座っている。

（10）纸 上 还 写 了 两 行 字。
　　　　紙 上 さらに 書く （了 le） 2 行 字
　　　紙の上にさらに2行の字が書いてある。

（11）衣服 上 还 绣 了 一 朵 花。
　　　　服 上 さらに 刺繍する （了 le） 1 輪 花
　　　服の上にもう1輪の花が刺繍してある。

（12）衣柜 里 还 挂 了 一 排 衣服。
　　　　タンス 中 さらに 掛ける （了 le） 1 列 服
　　　タンスの中にもう1列の服が掛けてある。

「着 zhe」と共起する「还 hai」は「意外である」や「付け足す」などの意味を持つ可能性があるほか、次の例のように持続の意味を表す可能性もある。

（13）椅子 上 还 坐 着 一 个 人。
　　　　椅子 上 まだ 座る （着 zhe） 1 個 人
　　　椅子の上にまだ1人の人が座っている。

（14）纸 上 还 写 着 两 行 字。
　　　　紙 上 まだ 書く （着 zhe） 2 行 字
　　　紙の上にまだ2行の字を書いている。

（15）衣服 上 还 绣 着 一 朵 花。
　　　　服 上 まだ 刺繍する （着 zhe） 1 輪 花
　　　服の上にまだ1本の花を刺繍している。

（16）衣柜 里 还 挂 着 一 排 衣服。
　　　　タンス 中 まだ 掛ける （着 zhe） 1 列 服
　　　タンスの中にまだ1列の服を掛けている。

「着 zhe」と共起する「都 dou」は「まとめる」や「でさえ」などの意味を持つ可能性があるが、已然の意味を持つ可能性はない。

(17) 椅子 上 都 坐 着（一 个）人。
　　　椅子　上　すべて　座る　(着 zhe)　(1　個)　人
　　　すべての椅子の上に（1人の）人が座っている。

(18) 紙 上 都 写 着（两 行）字。
　　　紙　上　すべて　書く　(着 zhe)　(2　行　字)
　　　すべての紙の上に（2行の）字を書いている。

(19) 衣服 上 都 绣 着（一 朵）花。
　　　服　上　すべて　刺繍する　(着 zhe)　(1　輪)　花
　　　すべての服の上に（1輪の）花が刺繍してある。

(20) 衣柜 里 都 挂 着（一 排）衣服。[2)]
　　　タンス　中　すべて　掛ける　(着 zhe)　(1　列)　服
　　　すべてのタンスの中に（1列の）服を掛けている。

一方、「了 le」と共起する「都 dou」は「まとめる」や「でさえ」などの意味を持つ可能性があるほか、已然の意味を表す可能性もある。

(21) 椅子 上 都 坐 了 一 个 人 了。
　　　椅子　上　すでに　座る　(了 le)　1　個　人　(了 le)
　　　椅子の上にすでに1人の人が座っている。

(22) 紙 上 都 写 了 两 行 字 了。
　　　紙　上　すでに　書く　(了 le)　2　行　字　(了 le)
　　　紙の上にすでに2行の字を書いている。

(23) 衣服 上 都 绣 了 一 朵 花 了。
　　　服　上　すでに　刺繍する　(了 le)　1　輪　花　(了 le)
　　　身の上にすでに1輪の花を刺繍している。

(24) 衣柜 里 都 挂 了 一 排 衣服 了。
　　　タンス　中　すでに　掛ける　(了 le)　1　列　服　(了 le)
　　　タンスの中にすでに1列の服を掛けている。

以上のテストは静態的存在文における「着 zhe」と「了 le」の意味と機能が全く異なっていることを示している。そしてこのことは、静態的存在文において「着 zhe」と「了 le」が置換可能なのは、「着 zhe」と「了 le」の働きが同じ

であるからではないことを証明している。

2.3　李臨定氏（1986）は、「存在文においては動詞が『着 zhe』を伴うのが基本形式である。なぜなら、存在文は物事の持続している存在状態を表しているからである。従って、『着 zhe』を用いて表すのが最も相応しい。ここに『了 le』を用いることもできるのは、存在文が表すのは既に実現した存在状態であるので、それに完了を表す『了 le』を用いてもいいからである」と考えている。この解釈にはそれなりに理にかなっているが、まだ十分に正確ではない。聶文龍氏（1986）は、「静態文の『着 zhe』は、状態を表す動詞の後について、動作の完了後の状態の持続を表しているので、完了相を表す『了 le』に置換してもいい」と考えている。この解釈は李氏よりさらに正確になっているが、まだ十分にはっきりとはしていないし、具体的でもない。筆者は、「V 着 zhe」と「V 了 le」とが等価であるという、この特殊な文法現象を形成した決定的要因は、主に文中の動詞の備えている意味特性にあると考える。

3
3.1　1.2のA類とB類の例に示されているように、AとBの構造を形成できる動詞には、ある共通点がある。それは、その完全な意味が動態的意味と静態的意味の複合であり、動的動作の完了と静的状態の開始が重なっているという点である。即ち、動作完了の直接の結果が状態の引き金となるのである。これは次のように図示することができる。

$$\frac{Vm_1 \quad | \quad Vm_2}{Vm}$$

Vm は動作の語彙的意味を、Vm_1 は動作の動態的意味を、Vm_2 は動作の静態的意味を表すとすれば、$Vm=Vm_1+Vm_2$ となる。この算式を簡潔に表すと、$V=V_1+V_2$ となる。即ち：

$$\frac{V_1 \quad | \quad V_2}{V}$$

V_1 は動態的意味の動詞を表し、V_2 は静態的意味の動詞を表す。AとBの2種類の静態的存在文における動詞は、同じ動詞ではあるものの、意味上は区別があり、或いはこの両者は真の意味での同一性を備えていないと言うことがで

きる。具体的に言うと、A類の動詞は、V_2であり、B類の動詞はV_1である。V_1の完了は即ちV_2の状態となるので、「V_1 了」は「V_2 着」に等しく、言語構造における現れとしては、「V了 le」は「V着 zhe」に等しいことになる。これは、異なる方法を用いて、異なる視点から同一の現実現象を描写しているわけであり、この2つの構造は基本的には同じ意味を持つ[3]。

3.2 前に述べたように、意味の組み合わせという面から見ると、「着 zhe」は他の持続の意味を含む言語成分と共起することができる。「正／ちょうど～ている」、「正在／ちょうど～ている」、「在／～ている」も「着 zhe」と共起できる副詞である。普通それらは「動作の進行或いは状態の持続という意味を表し、基本的に等しい」[4]と考えられているが、静態的存在文においては、「正／ちょうど～ている」、「正在／ちょうど～ている」、「在／～ている」の使用状況に違いがある。「正／ちょうど～ている」は、静態的存在文に用いられることもあるが、「正在／ちょうど～ている」と「在／～ている」は、用いられないか、或いは用いられると、その文の意味に一定の変化が生じる。例えば：

(25) 椅子 上 正在（在）坐 着 一 个 人。（？）
　　椅子 上 ちょうど～ている （～ている） 座る （着 zhe） 1 個 人
　　椅子の上にちょうど1人の人が座っているところだ（？）

(26) 纸 上 正在（在）写 着 两 行 字。（？）
　　紙 上 ちょうど～ている （～ている） 書く （着 zhe） 2 行 字
　　紙の上にちょうど2行の字を書いているところだ（？）

(27) 衣服 上 正在（在）绣 着 一 朵 花。（？）
　　服 上 ちょうど～ている （～ている） 刺繍する （着 zhe） 1 輪 花
　　服の上にちょうど1輪の花を刺繍しているところだ（？）

(28) 衣柜 里 正在（在）挂 着 一 排 衣服。（？）
　　タンス 中 ちょうど～ている （～ている） 掛ける （着 zhe） 1 列 服
　　タンスの中にちょうど1列の服を掛けているところだ。（？）

「正在／ちょうど～ている」または「在／～ている」を無理に文中に挿入すると、動詞の意味は静態的なものから動態的なものへ変化し、同時に文も少し不自然になる。このような結果となるのは偶然ではない。筆者の考察によれば、「正／ちょうど～ている」、「正在／ちょうど～ている」、「在／～ている」は、

どれも静態動詞と結びつく能力が弱いが、相対的に言えば、「正／ちょうど～ている」の結合能力はやや強く、それに対して「正在／ちょうど～ている」と「在／～ている」は静態動詞を修飾する機能を全く備えていない。言い換えると、これらは動作の進行だけを表し、状態の持続は表せないのである。これももう1つ別の側面から、A類の文における動詞は状態を表し、「着 zhe」は持続を表すという見方を裏付けている。

3.3　現代中国語においては、動態的意味と静態的意味の両方を同時に備え、動作も表せれば動作完了後の状態も表せるゆえに、「V了 le」と「V着 zhe」とが等価であるという現象を起こす動詞は多く、また、この類の動詞のほとんどが使用頻度のかなり高い、用途も相当広範囲にわたる。話し言葉の色彩が強い単音節動詞である。その意味の特性及び、それによってもたらされる文法上の結果は重視されるべきである。

　例を挙げると、『現代漢語詞典／現代中国語辞典』(以下、『詞典』と略す)の解釈では、動詞「挂／掛ける」の基本的意味項目は「縄や鉤、釘などの助けを借りて物体をある場所の一点またはいくつかの点に付着させること」とある。だが、さらに詳しく見るなら、この解釈は決して「挂／掛ける」のすべての意味内包を表していないことが分かる。実際、人々が「挂／掛ける」を用いる時には、「物体をある場所の一点またはいくつかの点に付着させる」という動作を表すだけでなく、「物体がある場所の一点またはいくつかの点に付着している」という状態も表す。ここで、前者を「挂₁／掛ける」、後者を「挂₂／掛かる」とすれば、「挂₁了」は「挂₂着」に等しい。「站／立つ」という動詞を見てみると、『詞典』の解釈では、「体をまっすぐにし、両足を地面につけているまたは物体を踏んでいる」とある。これは状態の記述であり、この状態を形成するに至った動作については触れていない。筆者が『詞典』の解釈についておおざっぱな考察をしたところ、この種の動詞の意味解釈には、静態的意味と動態的意味の両方が含まれるものは少ないことが明らかになった。例えば、「挂／掛ける」類の動詞については、その動態的意味のみに言及しており、「站／立つ」類の動詞については、静態的意味のみに言及している。これは、動詞の意味の複合性或いは「階層性」という特性をあまり十分に考慮していないことを反映している。

日本の学者の荒川清秀氏（1986）はかつて中国語動詞の意味における階層性の問題を論文に取り上げて論じ、「動作過程の異なる階層を表すものとして」、「動詞における変化と静態という２つの異なる階層を考察の対象としなければならない」と述べた。「穿／着る」という動詞を例に取り上げると、荒川氏は、「穿₁／着る₁」と「穿₂／着ている₂」に分けられ、「穿₁／着る₁」と「穿₂／着ている₂」はそれぞれ同一行為の異なる階層を表し、即ち、「穿₁／着る₁」は服をつける所までの階層（変化）であり、「穿₂／着ている₂」は服を着た後のその状態を維持する階層（静態）である、と考えている。そして、具体的な語句の中で用いられるとき、「穿₁／着る₁」と「穿₂／着ている₂」には多くの区別がある。実際、一部の動詞の意味表現におけるこのような階層性の特性については、国内の研究者も既に触れてはいたものの、この問題を、関係する文法現象の形成とさらに関係づけて掘り下げてはいない。

3.4 動態的意味と静態的意味の両方を持つ動詞は、その内部成員の構成は全く同じではない。例えば、時間軸における動態的意味と静態的意味のあり方を見ると、次のようなことがわかる。ある動詞では、動態的意味と静態的意味はいずれも時間軸において持続することができる、即ち、その動詞の表す動作と状態はいずれも明らかに持続性を有するものである。一方、ある動詞では、その動態的意味は瞬時性を備えているため、時間軸において持続することができない、即ち、その動詞の表す動作は持続性を欠いているので、時間軸における動態的意味と静態的意味のあり方は非常に異なり、動態的意味はしばしば１つの時点にのみ集中していて、時間幅まで広がることができない。前者は上掲の「挂／掛ける」類の動詞であり、後者は上掲の「站／立つ」類の動詞である。特に注意されたいのは、「站／立つ」類の動詞の表す動作はほとんどが簡単な動作であり、一般に瞬間的に完了できるものなので、通常の文脈においては、この類の動詞の動態的意味は静態的意味によって覆い隠されやすく、しかも無視されやすい。しかし、通常の文脈がすべての文脈ではない。ある特殊な文脈においては、「站／立つ」類の動詞の表す動態的意味も持続性を備え、容易に意識されるものになる。荒川氏が挙げている「站了半天才站起来／長いこと立とうとしてやっと立ち上がった」や「坐了半天才坐下／長いこと座ろうとしてやっと座った」などの例においては、動詞の動態的意味は、いずれも持続性を

備えており、かつ際立っている。

　動態的意味と静態的意味の境界について見ると、ある動詞についてはその境界は非常に明らかである。即ち、動態的意味を表す時にはかなり強い動作性を備えるが、静態的意味を表す時には表される状態は完全に静止の状態にあり、その目的語はいかなる外的な力の影響も受けない。これに対し、ある動詞についてはその境界はあまり明らかではなく、静態的意味を表す時にも、一定の動作性をまだ備えており、その目的語も、ある程度外的力の影響を依然として受けている。前者に属する動詞は多く、「坐／座る」、「倒／倒れる」、「穿／着る」、「挂／掛ける」、「铺／敷く」、「贴／貼る」、「堆／積む」、「扎／さす」、「放／おく」、「摆／並べる」、「插／差し込む」、「夹／挟む」、「塞／詰める」、「架／据え付ける」、「别／差し挟む」、「写／書く」、「绣／刺繍する」、「站／立つ」、「蹲／蹲る」、「躺／横になる」、「系／結ぶ」、「趴／這う」、「罩／覆う」、「捆／縛る」、「涂／塗る」、「洒／まく」、「绑／縛る」、「沾／ぬらす」、「刻／刻む」、「印／印刷する」、「画／描く」、「描／模写する」、「补／繕う」などである。後者に属する動詞にもいくつかあり、「腌／塩漬けにする」、「蒸／蒸す」、「煮／煮る」、「拿／持つ」などである。

　同一の動詞について言うと、動態的意味と静態的意味は同時に現れることのない意味機能である。つまり、1つの動詞が同時に動作も状態も表すことはできない。言語の実際の使用においては、最終的に実現されるのはそのうちの1種類の意味機能である。また、動態的意味と静態的意味の区別は、言語構造に内在するメカニズムとその全体的様相の違いを直接に生み出しうる。多くの特殊な文法現象の発生と人がある言語構造に対して異なる認識を持つことは、動詞の持つ意味の複合性と階層性という特性と関係があるのである。

4

4.1 A類構造とB類構造は基本的な意味が同じで、同一の文形式に分類されるが、その構成方法は全く同じというわけではないので、形式の言い換えが行われる時、即ち場所を表す成分を主語とする存在文から存在者を主語とする普通の叙述文に言い換える時には、それぞれ異なる形式がある。

Aa	Bb
一个人在椅子上坐着。	一个人坐在了椅子上。

13 静態的存在文における「V了」と「V着」の等価現象

1 個人 に 椅子 上 座る （着 zhe）
1人の人が椅子の上に座っている。

1 個人 座る に （了 le） 椅子 上
1人の人が椅子の上に座っている。

一辆车在门口停着。
1 台 車 に 入り口 停まる （着 zhe）
1台の車が入り口に停まっている。

一辆车停在了门口。
1 台 車 停まる に （了 le） 入り口
1台の車が入り口に停まっている。

红衣服在身上穿着。
赤い 服 に 体 上 着る （着 zhe）
赤い服を身体に着ている。

红衣服穿在了身上。
赤い 服 着る に （了 le） 体 上
赤い服を身体に着ている。

一排衣服在衣柜里挂着。
1 列 服 に タンス 中 掛ける （着 zhe）
1列の服がタンスに掛けてある。

一排衣服挂在了衣柜里。
1 列 服 掛ける に （了 le） タンス 中
1列の服をタンスに掛けている。

木地板在地上铺着。
フローリング に 地面 上 敷く （着 zhe）
フローリングが地面に敷いてある。

木地板铺在了地上。
フローリング 敷く に （了 le） 地面 上
フローリングを地面に敷いている。

一张纸条在门上夹着。
1 枚 メモ に ドア 上 挟む （着 zhe）
1枚のメモがドアに挟んである。

一张纸条夹在了门上。
1 枚 メモ 挟む に （了 le） ドア 上
1枚のメモをドアに挟んでいる。

一口锅在地头架着。
1 個 鍋 に 畦 据え付ける （着 zhe）
1つの鍋が畦に据え付けてある。

一口锅架在了地头。
1 個 鍋 据え付ける に （了 le） 畦
1つの鍋が畦に据え付けてある。

枪在腰上别着。
銃 に 腰 上 差し挟む （着 zhe）
銃を腰に差している。

枪别在了腰上。
銃 差し挟む に （了 le） 腰 上
銃を腰に差している。

311

字 在 紙 上 写 着。　　　　　　｜　字 写 在 了 紙 上。
字 に 紙 上 書く　（着 zhe）　｜　字 書く に　（了 le）　紙 上
字が紙の上に書いてある。　　　｜　字が紙の上に書いてある。

一 朵 花 在 衣服 上 绣 着。　　　｜　一 朵 花 绣 在 了 衣服 上。
1 輪 花 に 服 上 刺繡する （着 zhe）｜　1 輪 花 刺繡する に （了 le）　服 上
一本の花が服に刺繡してある。　｜　一本の花が服に刺繡してある。

　A類構造の言い換え形式はAa類構造であり、B類構造の言い換え形式はBb類構造である。言い換え形式の違いは、もともとの構造の違いの原因を直感的に反映している。Aa類構造とBb類構造においては、存在場所と動詞の前後順序及びテンス・アスペクト成分の選択は、いずれも強制的である。戴浩一氏（James Tai 1985）が提案した時間順序の原則（PTSと略称）の中に、この種の強制性の内在理由を見出すことができ、また文中における動詞の意味特性の違いも見出すことができる。

　PTS原則の基本的内容は、2つの文法単位の相対的順序はそれらの表す概念領域における状態の時間順序によって決まるということである[5]。これによってAa類とBb類の構造を比較すると、動詞の意味と機能の変異が、2つの異なる語順を形成する主要な原因であることがわかる。Aa類構造においては、場所を表す成分は動詞の前にのみ置くことができ、動詞の後には「着 zhe」しか用いられない。これは、この類の構造の中の動詞が表すのは静態的意味であり、存在の主体は相対的に安定した状態に位置し、存在場所との関係も既に確定しているからである。話し手の言語心理において、場所は、状態の持続する背景であり、感知されたり表現されたりする時には、状態に先立っていなければならない。Bb類の構造においては、場所を表す成分は、動詞の後にのみ置かれ、動詞の後にテンス・アスペクト成分を付加する時には、「了 le」しか用いられない。これは、この類の構造において、動詞は動態的な意味を表し、存在の主体は動作が完成してはじめて存在場所に到達または付着し、場所を表す成分と結び付けるからである。話し手の言語心理において、場所は、動作に従属し、動作の結果であって、感知されたり表現されたりする時には、動作の後にしなければならない。Aa類とBb類構造の語順の処理はPTS原則と完全に一致しているのである。また、Aa類構造の動詞の前には持続を表すテンス・

アスペクト成分を付加することができ、Bb 類構造の動詞の前には已然を表すテンス・アスペクト成分を付加することができる。これはそれらに対応する存在文の状況と同じである。

4.2 『中国大百科全書・語言文字／中国大百科全書・言語文字』は、「アスペクト」という文法範疇を説明する際に、このように述べている。「中国語にはテンスの形態範疇はない。一部の文法研究者は中国語にはアスペクトの形態範疇があると思っている。例えば、『着 zhe』は進行相を表し、『了 le』は完了相を表す、などである。しかし、このような分類は十分に精密なものとは言い難い。例えば、『台上坐着主席団／ステージの上に議長団が座っている』の『着 zhe』が表しているのは、静止状態であるのに対し、『屋頂上盖着一层厚厚的雪／屋根の上を分厚い雪が覆っている』の『着 zhe』が表しているのは、動作が残した状態である。『了 le』について、『做了一件好事／一つ良いことをした』のように、完了相を表す機能は確かに持っているものの、『了 le』と『着 zhe』は区別しにくい場合もある。例えば、『开着窗户睡觉／窓を開けて眠る』と『开了窗户睡觉／窓を開けて眠る』において、『着 zhe』と『了 le』はほとんど同じ意味を表している。従って、中国語の文法研究者たちはアスペクトという範疇を採用せず、これらの語を動詞語尾または語気詞[①]として扱っているのである」[6]。だが、ひとまず中国語に果たして「アスペクト」という文法範疇があるのかどうかは論じないとしても、ここで用いられている言語資料と行われている分析自身にも、不適切な点があるので、この結論は信憑性が薄い。「坐／座る」も「盖／覆う」も動態的意味と静態的意味の両方を持つ動詞であるが、両者の区別は、「坐／座る」が「站／立つ」類の動詞に属しており、その動作性は「弱い」ので、通常の文脈の中では無視されやすいのに対し、「盖／覆う」は「挂／掛ける」類に属し、その動作性は「強い」ので、極めて顕著に現れており、無視できない、という点にある。「坐着／座っている」と「盖着／覆っている」における「着 zhe」は動作の完了後の静止状態の持続を表し、

---

① 訳者注：「語気」は中国語学の術語で、よく「modality」か「mood」の訳語としても用いられている。詳細は于康・張勤編『中国語言学情報 1 語気詞と語気』(好文出版、2000 年 9 月) を参照されたい。

高度の同一性を備えている。また、「坐/座る」と「盖/覆う」は意味上複合性と階層性という特性を備えているので、その後の「着 zhe」をすべて「了 le」に変えることができる。「开/開ける」も意味上複合性と階層性という特性を備える動詞であるが、「开了/開けた」における「开/開ける」が表しているのは、動態的意味であり、V₁である。一方「开着窗户/開けてある」における「开/開ける」が表しているのは、静態的意味であり、V₂である。「开了窗户/窓を開けた」と「开着窗户/窓が開けてある。」は文中において1種の付随状態となっており、その意味特性は静態的存在文の意味特性と同じである。よって、たとえもとの構造に主語を加えても、一般的な語感としては、たいてい主語を主要動詞「睡觉/眠る」の動作主であると理解し、「开了窗户/窓を開けた」や「开着窗户/窓が開けてある」の動作主であるとは考えないであろう。このように、動詞と構造の特性が「着 zhe」と「了 le」に相互に置換できる条件を与えているのである。一定の文脈においては、「开/開ける」の動作主が現れると、「开/開ける」において活性化されうるのは動態的意味だけとなるため、「开了窗户/窓を開けた」が状態の描写から出来事の叙述へと変わる。このとき、「了 le」と「着 zhe」は意味上の共通点を失い、もはや相互に置換することはできなくなる。例えば：

(29) 他 开 了 窗户 就 睡觉 了。
　　　彼　開ける　（了 le）　窓　（就 jiu）　眠る　（了 le）
　　　彼は窓を開けたあと、眠った。
(30) 他 一边 开 着 窗户, 一边 大声 嚷 嚷 着。
　　　彼　〜しながら　開ける　（着 zhe）　窓, 〜しながら　大声　騒ぐ　騒ぐ　（着 zhe）
　　　彼は窓を開けながら大声で騒いでいた。

まとめると、「着 zhe」と「了 le」は、いかなる文構造においても「同一の意味」を持つことがなく、その用法が時に「区別しがたい」原因は、主にこれと共起する動詞と特定の文構造の持ついくつかの特性にあるのである。

5

5.1 今までに述べたことをまとめると、静態的存在文における「V了 le」が「V着 zhe」に等しい最も重要な理由は、文中の動詞が動態的意味も静態的意味も備えている、即ち、動作だけでなく、動作完了後の状態も表すことができ

るという意味特性を備えているからである。それでは、このような特性を備えていない動詞が存在文に用いられた時、動詞の後の「着 zhe」と「了 le」は置換できないのであろうか。答えはその通りである。宋玉柱氏（1988）と聶文龍氏（1989）がかつて指摘したことであるが、動態的存在文における「着 zhe」は「了 le」と置換することができない。その置換できない最も重要な理由は、まさにこの類の語句における動詞が、意味上の複合性と階層性という特性を備えていないことにあると考える。言い換えると、それらは動態的意味のみを備えており、静態的意味は備えていないため、VはV₁とV₂に分化することができず、「V了 le」と「V着 zhe」に等しい意味条件を欠いているからである。

5.2　文法構造におけるキーポイントとなる語句の意味特徴が、この種の文法構造の形成と言い換えを制限しているが、これは意味特徴分析の重要な理論的出発点の１つである。本稿が用いた分析方法は意味特徴分析の方法であるが、これは即ち文中の動詞が共有する意味に対する分析を通して、ある種の構造が備えている特殊な形成と言い換えの現象に説明を与えるものである。ただ、普通用いられる方法は語の意味の構成要素を中心に横方向から分解するものであるが、筆者の方法は縦方向から意味要素を切り出すものである。

注
1）例として挙げている動詞のほとんどは、李臨定『現代漢語句型／現代中国語文型』と、聶文龍「存在和存在句的分類／存在と存在文の分類」という論文で言及された存在文に用いられる動詞からの引用である。
2）意味上互いに排斥するために、静態的存在文における「都」は「まとめ」の意味を表す時、その目的語は普通数量詞を伴わない。
3）２類の文は完全に同義ではない。機能主義では「１種類の形式に１種類の機能」があると主張するので、厳密な意味での同義文は存在しない。２つの異なる表層構造形式を備えた語句は、その深層での意味含意においても完全に同じには成り得ず、いかなる形式の変化も意味を表すためにあり、また同時に意味の変化を引き起こせるのである。いわゆる同義文は単に異なる語句の表す客観的な出来事が同じであると言うことに過ぎず、表現者の主観的な認知の要素は考慮に入れていない。ここで言う２類の文は基本的に同義であるが、その表現角度、適用される場合などには違

いがある。
4）呂叔湘主編（1980）『現代漢語八百詞／中国語用例辞典』、商務印書館5月版、599頁参照。
5）戴浩一（James Tai）著、黄河訳（1988）「時間順序和漢語的語序／時間順序と中国語の語順」、『国外語言学』第1期参照。
6）『中国大百科全書・語言文字／中国大百科全書・言語文字』（1988）、中国大百科全書出版社、2月版、471頁参照。
7）聶文龍は「存在和存在句的分類／存在と存在文の分類」の中で、「窗外飞舞着雪花／窓の外を雪が舞っている」、「院子里摇曳着五颜六色的菊花／庭に色とりどりの菊の花が揺れている」、「屋子里飞着一只蜜蜂／部屋の中を1匹のミツバチが飛んでいる」、「大街上走着几个战士／大通りを数人の兵士が歩いている」のような動態的存在文を挙げ、文中の「着 zhe」は「了 le」に置換されることがない、または「了 le」に置換された後では文が存在文でなくなる、と指摘している。上述の例文及びこの論文の中で挙げた他の動態的存在文における動詞は、いずれも動態的意味のみを有し、静態的意味はないため、意味の複合性と階層性という特性を備えていない。よって「了 le」を用いて「着 zhe」に替えることはできないのである。

参考文献

範方蓮　1963　「存在句／存在文」，中国語文，第5期.
李臨定　1984　『現代漢語句型／現代中国語の文型』，商務印書館.
聶文龍　1989　「存在和存在句的分類／存在と存在文の分類」，中国語文，第5期.
朱徳熙　1982　『語法講義／文法講義』，商務印書館.
荒川清秀　1986　「中国語動詞の意味における階層性」，中国語，第9期.
馬慶株　1981　「時量賓語和動詞的類／時間量を表す目的語と動詞の種類」，中国語文，第2期.
陸倹明　1991　「語義特徴分析在漢語語法研究中的運用／中国語文法研究における意味特徴分析の運用」，漢語学習，第1期.
宋玉柱　1989　「評"存現賓語"／『存在・出現の目的語』について」，漢語学習，第4期.

原文：「静態存在句中"Ｖ了"等於"Ｖ着"現象解析」，世界漢語教学，2000年第1期

索　引

あ

アスペクト	
	1, 125, 179, 221, 238, 290
アスペクト形式	125
アスペクト辞	47
アスペクト助詞	1
アスペクト的意味	302
アスペクトマーカー	179

い

意合文法	229
已然	97, 172, 302
位置義動詞	193
位置構文	247
位置点	259
一回性動詞	8
移動構文	247
移動動詞	254
イベント	179
意味的変異体	66
意味特性	55
意味要素	315
意味類型	5

う

受け手	255

え

詠嘆語気	16

か

階層性	308
外部	179
格	148
拡張形式	214
過去	125, 137, 148, 203
過去時	11, 137
重ね型動詞	37
過程の完了	125
含意	209
感覚活動	143
関係文	100, 103
完結性	200
完結相	180
完結相マーカー	181
完結点	226
慣性	286
完全相	125
願望・命令文	134, 135, 213
完了	40, 95, 197, 291, 302
完了相	1, 125, 306

き

軌跡	197
機能の交替	158
疑問語気	16
逆接関係	102
客体	267
旧情報	107, 272
境界	191
共起能力	71, 78
共時的様相	50
強調の語気	83
局部的性質	179
虚辞	31, 156, 290
近過去相	2
均質的	190
均質的状態	214

く

空間位置	256
繰り返し	186

け

経過	197
経験	95, 197, 233
経験相	196
形態的標識	42
形態変化	1

317

結果動詞	65
結果補語	65
限界点	206
言外の意味	103,106
言語成分の同一性	231
兼語フレーズ	38
現在時	17

こ

行為動作の持続	287
構造階層	247
構造助詞	1,238
拘束性	241
交替現象	160
ゴール	209
語気	41
語気詞	1
語気助詞	231,238
事柄の発生時間	3
語尾	2,290
コピュラ動詞	111
語用的機能	268
コンテクスト	244

さ

最終的な付着点	161
サブカテゴリー	47,50

し

使役動詞	38
時間経過性	206
時間参照点	137
時間詞	2
時間上の境界	93
時間助詞	1,151
時間幅	226,253
時間補語	60
時間量	30,225
持続	23,126,223
持続アスペクト	286
持続状態	151,286
持続性	92,183
持続相	125,179,286
持続相のマーカー	159
持続段階	179
持続的特徴	188
持続プロセス	184
実現	240
時量	116,118,120
終結	77,95,232,234
終結性動詞	65
集合	203
終了	240
主体	267
主題	268
主観的願望	228

主観的評価	220
述語性成分	147
主要動詞	152
瞬間結果動詞	187
瞬間動詞	185,252
瞬時性	309
情景描写	73
情状	135,286
状態	223,289
状態化	286
状態持続相	50
状態性	251
状態動詞	252
状態の客体	263
状態の持続	47,83,126,252,286
状態描写性	286
状態様式	129
焦点	271
情貌	196
将来テンス	2
将来の完了	97
将来の時間	1
進行	23,126,223
進行アスペクト	286
進行相	125,286
進行中	125
進行のアスペクト	42
新情報	123,269

せ

静態	163, 189
静態的	164
静態的位置	247
静態的意味	256, 306
静態的持続	287
静態的存在文	299
静態動詞	30, 128, 190
静的持続	49
接辞	290
接続詞	38
接尾辞	47, 203
前景化	272
前置詞	37, 151
前置詞化	23
前置詞フレーズ	20
前提	104, 204, 271

そ

曾然	95
曾然性	206
相補分布	151
即時性	225
存現構文	11
存在	267
存在状態	229
存在文	192

た

台語	160
泰語	160
題述	216
代替関係	166
多音節動詞	32
単音節動詞	31
短縮語	34
単変	184

ち

近い過去	3
近い未来の事柄	73
重複性の動作	162
陳述語気	16

つ

通過	197
通時的様相	50

て

定指示	168, 269
「的」構文	5
点	186
テンス	1, 125, 290
テンス・アスペクト成分	312
テンス・アスペクト助詞	171

と

等価現象	299
動作参与者	265
動作主	215, 255
動作状態の持続	286
動作性	187
動作動詞	10, 114
動作の過程	140
動作の完結	98
動作の完了	48, 77, 97
動作の持続	260
動作の実現	139
動作の進行	47
動作量	181
動詞性目的語	116
動詞接尾辞	232
動詞の重ね型	91, 179
動詞目的語フレーズ	35
動態	163, 198
動態助詞	95, 238, 250, 290
動態／静態二重性	189
動態動詞	30, 128
動態的	164
動態的位置	247
動態的意味	256, 306
動態的持続	287

動態範疇	47
動態文	216
動的連続	49
動補構造	116,183
遠い過去	3

な

内部	179
内包	93
なし手	255

の

能願動詞	111
残る状態	256

は

莫語	160
場所補語	156
発話のシチュエーション	236
発話の時点	96
判断文	16
反復相	205

ひ

非意志動作動詞	115
非一回性動詞	8
非移動性	259
非均質的	189
非均質的状態	214
非持続動詞	167
非持続的特徴	188
非述語性形容詞	116
非瞬間動詞	186,253
非動作動詞	10,113,250
被動作主	218,255
描写性	72

ふ

不確定の時点	117
不完結性	179
不定過去相	232
不定過去態	203
不定指示	168,269
複合音化	32
複合性	308
付着	256
プロセス	1
ポーズ	15
文の表現機能	106
分布	127
文法化	20,47,228
文法的な役割	1
文法的要素	125
文末焦点	272

へ

変異体	158
変形体	285

ほ

方位前置詞	157
包含関係	216
方向補語	65
補語	40
補語的動詞接尾辞	47

み

未完了	203
未完了反復相	203
未然の動作	99
未来	125
未来時	137

む

無標	65,169
無標の主題	268

め

名詞述語文	56

ゆ

有標	65
有標の主題	268

よ

容認度	167

ら

「来着」構文	5

れ

連動式	33
連動文	81

わ

話題	216

A

aspect	2, 125, 290

C

comment	268

D

duration	183

E

endfocusing	272
entering	194

F

foregrounding	272

H

heterogeneous	189
homogeneous	190

I

inertia	286
inside	179

O

outside	179

P

past participle	291
period	186
point	186, 210
present participle	291
presuppose	204
progressive	289

R

recent aspect	2
repetition	186

S

set	203
simple change	184

T

Tai-Languages	160
tense	125, 290
topic	268
trace	197

［編者・訳者略歴］

于　　　康（う　　こう）
　　　1957 年生まれ。1998 年広島大学大学院教育学研究科博士課程修了、博士（学術）。現在関西学院大学経済学部・関西学院大学大学院言語コミュニケーション文化研究科助教授。

張　　　勤（ちょう　きん）
　　　1958 年生まれ。1996 年神戸大学大学院文化学研究科博士課程修了、博士（学術）。現在中京大学教養部助教授。

吉川雅之（よしかわ　まさゆき）
　　　1967 年生まれ。1999 年京都大学大学院文学研究科博士後期課程満期修了、博士（文学）。現在東京大学大学院総合文化研究科専任講師。

成田静香（なりた　しずか）
　　　1964 年生まれ。1991 年東北大学大学院文学研究科博士課程後期課程中退。文学修士。現在関西学院大学文学部助教授。

森　宏子（もり　ひろこ）
　　　1964 年生まれ。1998 年大阪市立大学大学院文学研究科後期博士課程単位取得満期退学。文学修士。現在流通科学大学専任講師。

原田寿美子（はらた　すみこ）
　　　1954 年生まれ。1983 年神戸大学大学院文化学研究科博士課程満期修了。文学修士。現在名古屋学院大学外国語学部助教授。

一木達彦（いちき　たつひこ）
　　　1964 年生まれ。1991 年北九州大学大学院外国語学研究科修士課程修了。文学修士。現在山口大学、北九州市立大学等非常勤講師。

王　占華（おう　せんか）
　　　1951 年生まれ。1994 年大阪市立大学大学院文学研究科後期博士課程単位取得満期退学。文学修士。現在北九州市立大学外国語学部助教授。

丸尾　誠（まるお　まこと）
　　　1968 年生まれ。1995 年東京外国語大学大学院地域文化研究科博士前期課程アジア第一専攻修了、修士（言語学）。現在名古屋大学言語文化部助教授。

中川裕三（なかがわ　ゆうぞう）
　　　1962 年生まれ。1994 年東京都立大学人文科学研究科博士課程単位取得満期退学。文学修士。現在愛知大学現代中国学部助教授。

村松恵子（むらまつ　けいこ）
　　　1956 年生まれ。1988 年名古屋大学大学院文学研究科博士課程後期課程終了。博士（文学）。現在名城大学経営学部教授。

伊藤さとみ（いとう　さとみ）
　　　1970 年生まれ。2001 年京都大学人間・環境学研究科博士後期課程単位取得満期退学。修士（言語学）。現在関西学院大学非常勤講師。

中国語言語学情報 4　テンスとアスペクトⅢ

2001年11月12日　初版発行

　　編　著　于　　康
　　　　　　張　　勤
　　発行者　尾方敏裕
　　発行所　株式会社 好文出版
　　　　　　〒162-0041 東京都新宿区早稲田鶴巻町540-106
　　　　　　TEL 03-5273-2739　FAX 03-5273-2740
　　　　　　振替00160-7-409532
　　印　刷　モリモト印刷

©2001 Printed in Japan　ISBN4-87220-053-5　C3080
定価は表紙に表示してあります。

『中国語言語学情報』シリーズ
于康・張勤 編

1 語気詞と語気　　　　　　　［既刊］

2 テンスとアスペクトⅠ　　　［既刊］

3 テンスとアスペクトⅡ　　　［既刊］

4 テンスとアスペクトⅢ　　　［既刊］

5 助動詞・副詞の用法と表現性

6 受動構文と受動表現

7 使役構文と使役表現

8 補語構文とその表現性